KB023555

초등학생을 위한
표준 한국어
교사용 지도서

고학년
의사소통 2

초등학생을 위한

표준 한국어

국립국어원 기획 · 이병규 외 집필

고학년

의사소통 2

마리북스

교사용 지도서

발간사

　국립국어원에서는 교육부 2012년 '한국어 교육과정' 고시에 따라 교육과정을 반영한 학교급별 교재 개발을 진행하였습니다. 이어서 2017년 9월에 '한국어 교육과정'이 개정·고시(교육부 고시 제2017-131호)됨에 따라 2017년에 한국어(KSL) 교재 개발 기초 연구를 수행하였고, 연구 결과를 바탕으로 초등학교 교재 11권, 중고등학교 교재 6권을 개발하여 2019년 2월에 출판하였습니다.

　교재에 더하여 학교 현장에서 다문화가정 학생들의 한국어 의사소통 능력 및 학습 능력 함양에 보탬이 되고자 익힘책을 개발하게 되었습니다. 교재와의 연계성을 높인 내용으로 구성하여 말 그대로 익힘책을 통해 한국어를 더 잘 익힐 수 있도록 노력하였습니다. 더불어 익힘책의 내용을 추가 반영한 지도서를 함께 출판하여 현장에서 애쓰시는 일선 학교 담당자들과 선생님들에게도 교재 사용의 길라잡이를 제공하고자 하였습니다.

　'다문화'라는 말이 더 이상 낯설지 않은 한국 사회에서 다문화가정 학생들이 한국 사회 구성원으로서의 정체성 함양에 밑거름이 되는 한국어 능력을 기르는 데《초등학생을 위한 표준 한국어》가 도움이 되기를 바랍니다. 국립국어원에서는 이제껏 그래왔듯이 교재 개발 결과가 현장에서 보다 잘 활용될 수 있도록 돕기 위하여 교재 개발은 물론 교원 연수 등을 통해 지속적으로 다문화가정 학생들의 한국어 능력 향상을 위해 노력하겠습니다.

　끝으로 3년간《초등학생을 위한 표준 한국어》교재와 익힘책, 지도서 개발과 발간을 위해 애써 주신 교재 개발진과 출판사에 깊은 감사의 말씀을 드립니다.

2020년 2월

국립국어원장 소강춘

머리말

2012년 '한국어(KSL) 교육과정'이 고시되면서 초등 및 중등 학습자를 위한 한국어(KSL) 교육은 공교육의 체제 속에서 전개되어 왔습니다. 모어 배경과 문화, 생활 경험과 언어적 환경 등에서 매우 다양한 한국어(KSL) 학습자들은 '한국어(KSL) 교육과정'이 적용된 《초등학생을 위한 표준 한국어》를 배워 왔고 일상생활과 학교생활에 필요한 한국어 능력을 길러 왔습니다. 이제 학교에서의 한국어(KSL) 교육은 새로운 도약을 목전에 두고 있다고 할 수 있습니다. 지난 2017년에 '한국어(KSL) 교육과정'이 개정되면서, 새로운 교육과정이 적용된 《초등학생을 위한 표준 한국어》 11권이 2019년에 출간되었습니다. 그리고 올해는 《초등학생을 위한 표준 한국어 익힘책》 11권이 세상에 빛을 보게 되었기 때문입니다.

새 교육과정에 따라 편찬한 《초등학생을 위한 표준 한국어》와 《초등학생을 위한 표준 한국어 익힘책》은 세 가지 원칙을 분명히 하였습니다. 첫째, 개정된 교육과정의 관점과 내용 체계, 교재 개발을 위한 기초 연구의 성과 등을 충실히 반영하는 것입니다. 〈의사소통 한국어〉 교재와 〈학습 도구 한국어〉 교재를 분권하고, 학령의 특수성을 고려한 저학년용, 고학년용 교재의 구분 등도 이러한 맥락에서 실행되었습니다.

둘째, 초등학교 한국어(KSL) 학습자와 교육 현장을 충분히 이해하고 고려하는 것입니다. 이를 위해 연구 집필진은 초등학생 한국어 학습자의 언어 환경, 한국어 학습의 조건과 요구 등을 파악하는 데 많은 노력을 기울였습니다.

셋째, 《초등학생을 위한 표준 한국어》와 《초등학생을 위한 표준 한국어 익힘책》을 긴밀히 연계하여 교수·학습의 효과와 효율성을 높이고자 하였습니다. 본책에서 목표 어휘와 목표 문법에 대한 부족한 활동을 익힘책에서 반복·수행하여 익힐 수 있도록 연계하였습니다.

이 교사용 지도서는 위와 같은 원칙하에 개발된 《초등학생을 위한 표준 한국어》와 《초등학생을 위한 표준 한국어 익힘책》을 교수·학습 상황에 효과적으로 연계하여 활용할 수 있도록 하였습니다. 한국어 교육 경험이 많지 않은 선생님도 이 지도서를 참고하여 교재 연구를 하면 수업 설계를 잘 할 수 있을 것입니다. 특히, 교수·학습의 절차와 교육 내용 등을 교사 언어와 함께 구체적으로 기술하여 수업을 설계하는 데 편의를 도모하고자 하였습니다.

이뿐만 아니라, 이 지도서는 교수·학습 내용에 대한 배경지식과 참고 정보를 풍부하게 제시하고 있으며, 교수 방안에 대한 아이디어 또한 다양하게 제시하고 있습니다. 이를 참고하면 초등학교 한국어 학습자의 특성을 고려한 교수·학습을 수행하는 데 도움이 될 수 있을 것입니다.

초등학교 한국어 교육 현장에 적합한 교육을 설계하고 구현하기 위하여 개발한 교사용 지도서는 많은 분들의 지원과 노력으로 완성되었습니다. 우선 새로운 방식의 지도서가 편찬될 수 있도록 지원을 아끼지 않은 교육부와 국립국어원 관계자 여러분께 깊이 감사드립니다. 그리고 고된 작업 일정과 어려운 여건 속에서도 진심과 열정으로 임해 주셨던 연구 집필진 선생님들께, 그리고 마리북스출판사에도 깊은 감사의 마음을 전합니다.

　　이 지도서가 선생님들이 한국어(KSL) 교수·학습을 운영하는 데 올바른 지침이 될 수 있기를 바랍니다. 이렇게 이루어진 한국어 수업을 통하여 초등학교 한국어 학습자들이 학교생활에 잘 적응할 뿐만 아니라, 교과 학습의 기초와 기반을 다질 수 있는 한국어 능력을 갖게 되길 희망합니다.

2020년 2월
저자 대표 이병규

일러두기

 지도서 소개

《초등학생을 위한 표준 한국어 의사소통 교사용 지도서》는 한국어(KSL) 교재의 교육 목표를 현장에 충분히 구현할 수 있도록 하는 데 목적을 두고 구성했다. 본 지도서의 특징은 다음과 같다.

교사 중심의 교사용 지도서

- 교육 절차와 교육 내용 등을 상세하고 구체적으로 기술하여 한국어(KSL) 교육 경험이 많지 않은 교사도 본 지도서를 참고하면 양질의 수업을 진행할 수 있도록 했다.
- 교사가 알고 있어야 하는 관련 지식과 다양한 활동을 기반으로 한 교수·학습 지침, 유의점 등을 상세하고 구체적으로 기술했다.
- 단원별로 수행 과제로 부과할 만한 교육 활동을 제공하거나 여건에 따라 익힘책 활동을 과제로 전환할 수 있도록 유도하여 교사들의 편의를 도모했다.
- 다양한 유형의 지도서 사용자들을 고려해 단계에 맞는 교사 언어를 제공했다.

다양한 교육 현장에서의 활용을 고려한 지도서

- 교재의 단원 구성 원리와 교수 절차에 맞춰 개발함으로써 실제 사용상의 효율성을 높였다.
- 단원별로 8~10차시를 적절한 교육 시수로 설정하였으나 교육 현장의 상황이나 여건에 맞춰 선택적 사용이 가능하도록 내용을 구성했다.
- 교재와 익힘책의 긴밀성을 확보하는 방향으로 지도서의 내용을 구성했다.

초등 학습자의 특성을 고려한 교수 방안

- 성인 학습자에 비해 경험의 폭이 한정되어 있고 학습 동기의 양상도 다른 초등 학습자를 배려한 교수·학습 방안을 개발했다.
- 교사로 하여금 《초등학생을 위한 표준 한국어》에 반영되어 있는 초등 학습자의 관심사와 학습 흥미를 이끌어 낼 수 있게 도와주고, 학습자가 간접 경험의 기회를 많이 가질 수 있도록 하는 데에 도움을 주는 장치를 다수 마련했다.

- 초등학생들이 경험하는 일상생활과 학교생활을 고려한 교수·학습 방안을 개발했다.
- 초등학생에게 필요한 학습 어휘와 학습 주제를 활용하는 방안을 제시하여 교사가 현장에서 바로 적용하여 사용할 수 있도록 했다.

수업 전반의 진행 방식 및 각 단계의 진행 방식의 구체적 방법을 제시하는 지도서

- '어휘 지식' 등과 같은 보충적 설명을 통해 교사가 사전에 숙지해야 할 내용을 제공하여 지도서가 교사 재교육에 일조할 수 있도록 했다.
- 각 활동을 설명하는 '교사 언어'를 제공하여 활동에 대한 교사와 학습자의 이해도를 높일 수 있도록 했다.

알아 두기

〈'알고 있나요?'와 '점검하기'에 대한 적절한 지도를 위해 알아 두어야 할 사항〉

- 교사는 학습자가 '알고 있나요?'를 통해 해당 권을 학습하기 전 스스로 한국어 실력을 확인해 볼 수 있도록 지도한다.
  - '알고 있나요?'에서 제시된 문제의 70% 이상을 이해하였을 때, 해당 교재를 학습하기 위한 최소한의 언어 능력이 있다고 판단할 수 있다.
- 교사는 학습자로 하여금 교재의 해당 권을 모두 학습한 후에 '점검하기'를 통해 종합적 연습을 할 수 있도록 지도한다.
  - '점검하기'에서 제시된 문제의 80% 이상을 이해하였을 때, 해당 교재의 내용을 충분히 학습하였다고 판단한다. 단 학생이나 현장의 특성에 따라 필수 차시만 학습하고 '점검하기'를 접하게 된 경우에 '점검하기' 문제를 80% 미만으로 이해하였다고 판단되면 해당 교재의 필수 차시를 복습하거나 선택 차시를 학습하도록 지도할 수 있다.

 지도서의 단원 구성

《초등학생을 위한 표준 한국어 의사소통 교사용 지도서》의 단원은 다음과 같은 순서로 구성된다.

단원명 ⇨ 단원의 개관 ⇨ 차시 전개 과정
⇨ 단원 지도상의 유의점 ⇨ 차시별 교수·학습 방법 제시

3 지도서의 단원별 내용 구성

지도서의 내용 구성과 제시의 특징은 다음과 같다.

① 단원의 개관

- 단원의 학습 주제와 학습 활동, 학습 어휘와 문법에 대한 설명을 간략하게 제시했다.
- 단원의 학습 목표와 주제, 장면, 기능, 문법, 어휘, 문화, 담화 유형을 제시했다.

② 차시 전개 과정

- 필수 차시의 차시 제목, 성격, 학습 내용, 교재와 익힘책 쪽수 정보를 제시했다.
- 선택 차시의 차시 제목, 성격, 학습 내용, 교재와 익힘책 쪽수 정보를 제시했다.

③ 단원 지도상의 유의점

- 단원을 지도할 때 전반적으로 유의해야 할 점을 제시했다.

④ 차시별 교수·학습 방법 제시

- 수업 과정에 따라 차시별로 교수·학습 방법을 제공하여 교사의 지도 방향을 구체화했다.
- '주요 학습 내용'을 통해 목표 어휘와 문법 정보, 준비물을 제시했다.
- '어휘 지식' 항목을 설정하여 단원에서 학습해야 하는 목표 어휘와 관련된 전문 지식을 제시했다.
- '문법 지식' 항목을 설정하여 단원에서 학습해야 하는 목표 문법과 관련된 전문 지식을 제시했다.
- '교사 언어(선)'를 제공하여 실제 수업에서 교사가 교육 내용을 어떻게 발화해야 하는지를 구체적으로 제시했다.

4 단계별 지도서 세부 사항

① 단원의 시작

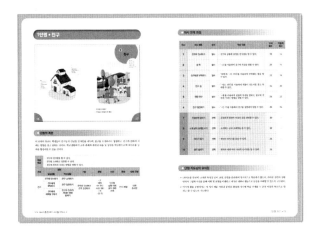

- 해당 단원의 학습 목표, 장면, 기능, 문법, 어휘, 문화, 담화 유형 등 전체 내용을 조망하고 확인할 수 있도록 구성했다.
- 해당 단원의 차시 전개 과정, 필수 학습, 선택 학습, 익힘책과의 연계성을 설명했다.
- 단원명, 단원의 개관, 차시 전개 과정, 단원 지도상의 유의점의 순으로 구성했다.

② 필수 차시(1~6차시)

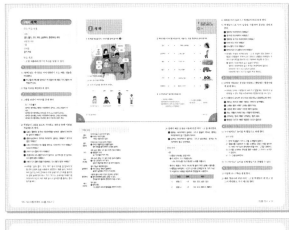

- 필수 차시는 2쪽으로 구성하고 '도입, 제시, 설명, 연습, 적용, 정리' 등 각 단계에 따른 지도 내용을 안내했다.
- 주요 학습 내용으로 '어휘, 문법 및 표현, 준비물'을 안내하고, 해당 차시의 학습 목표를 제시했다.
- 어휘 지식에서 '발음, 정의, 예문' 등을 제시했다(어휘에 따라 '정보' 항목은 선택적으로 제시할 수도 있다).
  - 발음: 발음이 표기와 다를 경우 한국어로 제시했다.
  - 정의: 한국어기초사전 및 표준국어대사전의 풀이를 참조하여 초등학생 수준에 적합하게 풀어썼다(다만 정의의 의미는 학생들에게 알려 주는 것이 아니라 교사에게 주는 정보이다).

- 예문: 해당 어휘 의미가 문맥에 잘 나타난 예문을 새롭게 제시했다.
　• 문법 지식에서 '설명, 예문, 형태, 예시' 등을 제시했다.
　　- 설명: 학습자 언어 등급에 맞는 용어와 문장을 통해 문법을 새롭게 설명했다(해당 문법의 모든 의미가 아닌 해당 단원에서 쓰인 문법의 의미만을 설명했다. 교재에 제시된 문법 설명과 동일한 설명은 되도록 지양했다).
　　- 예문: 교재 예문과 중복되지 않은 예문으로 2~3개 더 추가했다.
　　- 형태: 조건에 따라 이형태를 제시했다.
　　- 예시: 이형태의 용례를 제시했다.

③ 선택 차시(7~10차시)

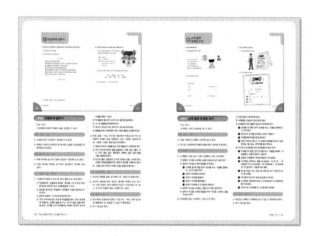

• 선택 차시는 1쪽으로 구성하고 '도입, 전개, 정리', '읽기 전, 읽기 중, 읽기 후', '쓰기 전, 쓰기 중, 쓰기 후', '대화 전, 대화 중, 대화 후' 등 해당 내용에 적합한 단계에 따라 지도 내용을 안내했다.

• 주제와 관련한 질문을 통해 학생들에게 주제를 추측할 수 있도록 도움을 줄 수 있는 교사 언어를 제시했다.

• 언어 학습과 함께 한국 문화를 익힐 수 있는 보충 내용을 소개했다.

차례

1단원 ● 친구

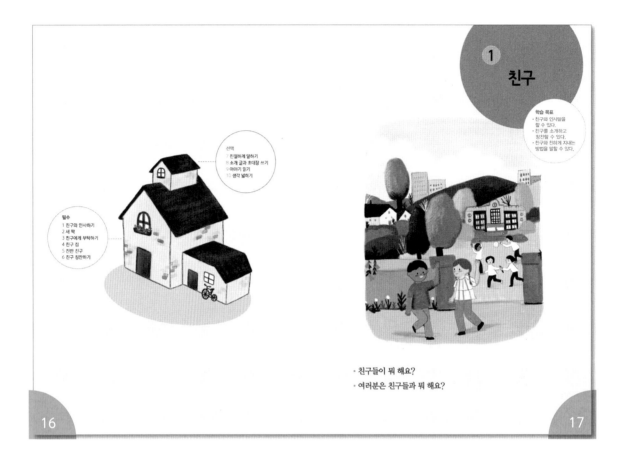

● 단원의 개관

이 단원의 목표는 학생들이 친구들과 간단한 인사말을 나누며, 친구를 소개하거나 칭찬하고, 친구와 친하게 지내는 방법을 알고 말하는 것이다. 학교생활에서 교우 관계와 관련된 내용 및 장면을 학습함으로써 의사소통 능력을 향상시킬 수 있을 것이다.

학습 목표	• 친구와 인사말을 할 수 있다. • 친구를 소개하고 칭찬할 수 있다. • 친구와 친하게 지내는 방법을 말할 수 있다.						
주제	장면		기능	문법	어휘	문화	담화 유형
	일상생활	학교생활					
친구	친구와 인사하기	친구 소개하기	친구와 인사하기 친구 칭찬하기	-고 에게 -어 주다 -어도 되다 -게 -은 지	인사말 상태 어휘 동작 관련 어휘	인사 예절	대화 초대장
	친구에게 부탁하기	친구 칭찬하기					
	친구에게 허락을 구하기	친구와 친하게 지내는 방법 말하기					

차시 전개 과정

차시	차시 제목	성격	학습 내용	교재 쪽수	익힘책 쪽수
1	친구와 인사하기	필수	• 친구와 상황에 알맞은 인사말을 할 수 있다.	18	14
2	새 짝	필수	• '-고'를 사용하여 친구의 특징을 말할 수 있다.	20	16
3	친구에게 부탁하기	필수	• '에게'와 '-어 주다'를 사용하여 부탁하는 말을 할 수 있다.	22	18
4	친구 집	필수	• '-어도 되다'를 사용하여 허용이 되는지를 묻고 허락할 수 있다.	24	20
5	친한 친구	필수	• '-게'를 사용하여 인물의 특징을 말하고, 친구와 친하게 지내는 방법을 말할 수 있다.	26	22
6	친구 칭찬하기	필수	• '-은 지'를 사용하여 친구를 칭찬하며 말할 수 있다.	28	24
7	친절하게 말하기	선택	• 친절하게 말하며 미래의 집을 설명할 수 있다.	30	-
8	소개 글과 초대장 쓰기	선택	• 소개하는 글과 초대장을 쓸 수 있다.	32	-
9	이야기 읽기	선택	• 한국의 이야기를 읽을 수 있다.	34	-
10	생각 넓히기	선택	• 한국과 세계 여러 나라의 인사말을 할 수 있다.	36	-

단원 지도상의 유의점

◆ 〈의사소통 한국어〉 교재의 특성상 단어, 표현, 문법을 분리하여 명시적으로 학습하지 않는다. 주어진 장면과 상황 안에서 그림과 사진을 통해 어휘 및 표현을 이해하고 제시된 대화나 활동으로 문법을 이해할 수 있도록 교수한다.

◆ 마지막 활용 문항에서는 매 차시 배운 어휘나 문법을 활용해 차시별 학습 주제를 두 문장 이상의 복문으로 말하고 쓸 수 있도록 지도한다.

· 주요 학습 내용

어휘
안녕, 만나다, 반갑다, 도와주다, 고맙다, 괜찮다, 축하하다
준비물
듣기 자료, 인사말 그림 카드

· 학습 목표
· 친구와 상황에 알맞은 인사말을 할 수 있다.

1 도입, 듣기·말하기

1) 전체 도입 그림을 보면서 단원 학습 목표와 대략적인 단원 학습 내용을 살펴보게 한다.

🔵 어디예요? 누가 있어요?

🔵 친구들이 뭐 해요?

🔵 여러분은 친구들과 뭐 해요?

2) 단원 학습 목표를 소개한다.

🔵 우리가 1단원에서 공부할 내용이에요.
· 친구와 인사말을 할 수 있다.
· 친구를 소개하고 칭찬할 수 있다.
· 친구와 친하게 지내는 방법을 말할 수 있다.

3) 1차시 도입 그림을 보면서 학습 목표를 예상하도록 한다.

🔵 오늘 공부할 내용을 살펴볼까요? 여기가 어디예요?

🔵 친구들이 뭐 해요?

2 지시, 설명, 1소곤

1) 그림을 보면서 듣기 자료를 듣게 한다.

🔲 친구와 인사해 볼까요? 듣고 그림을 가리키세요.

듣기 자료 🔊 1
① 엠마: 다니엘, 안녕!
　다니엘: 엠마, 안녕!
② 준서: 잘 가.
　유키: 잘 가. 내일 보자.
③ 장위: 나는 장위야. 만나서 반가워.
　빈센트: 나는 빈센트야. 만나서 반가워.
④ 준서: 내가 도와줄 수 있어.
　타이선: 고마워.
⑤ 서영: 괜찮아?
　엠마: 괜찮아.
⑥ 장위: 축하해.
　오딜: 고마워.

2) ①~⑥ 장면을 개별적으로 들려주고 알맞은 그림을 찾아보게 한다.

🔲 대화를 듣고 그림을 가리켜 보세요.

3) 그림을 보며 질문을 통해 어휘를 학습하게 한다.

🔲 (안녕) 학교 가는 길에 다니엘과 엠마가 만났어요. 뭐라고 인사해요?

1 친구와 인사하기

잘 가!

만나서 반가워

안녕!

1. 친구와 인사해 봅시다. 🔊 1

1) 듣고 그림을 가리키세요.

2) 다시 듣고 따라 하세요.

2. '인사하기' 노래를 해 봅시다. 🔊 2

1) 노래를 배워요.

우 리 우 리 친 구 들　안 녕　안 녕

친 구 들 과　인 사 해　○　○　○

○○○에
인사말을 넣어.

2) 노래를 바꿔 불러요.

우리 우리 친구들. 안녕, ○○.
새 친구와 인사해. ○○○.

헤어질 때 인사해. ○○, ○○.
도와줄 때 인사해. ○○○.

18 · 의사소통 한국어 2

18

※ 유의점: 헤어질 때 "안녕"이라고 인사할 수 있으므로 질문을 하면 두 번째 장면에서 설명해도 좋다.

🔲 준서와 유키가 다른 곳으로 가요. 헤어질 때 뭐라고 인사해요? "잘 가.", "내일 보자." 이렇게 인사해요. 헤어질 때 "안녕." 이렇게 인사할 수도 있어요.

🔲 (만나다/반갑다) 장위와 빈센트는 오늘 처음 봤어요. 둘이 서로 보게 되어서 기분이 좋아요. 뭐라고 인사해요?

🔲 (도와주다/고맙다) 타이선이 무거운 것을 들고 가요. 친구가 어려울 때 여러분은 어떻게 해 줘요? 그래요, 친구를 도와줘요. 준서는 뭐라고 해요? 친구가 도와주면 여러분은 뭐라고 말해요? 타이선은 뭐라고 해요?

🔲 (괜찮다) 엠마가 넘어졌어요. 서영이가 엠마를 걱정해요. 서영이가 엠마에게 뭐라고 해요? 엠마는 뭐라고 대답해요? 친구가 어려울 때 여러분은 뭐라고 해요?

🔲 (축하하다) 오딜이 상을 탔어요. 장위가 오딜에게 뭐라고 해요? "축하해!"라고 해요. 축하한다는 말을 듣고 오딜이 뭐라고 해요?

> 안녕, 만나다, 반갑다,
> 도와주다, 고맙다,
> 괜찮다, 축하하다

괜찮아?

고마워.

축하해!

3. 그림 카드를 보고 인사말을 해 봅시다. 부록

〈놀이 방법〉

① 그림 카드를 책상 위에 놓아요.
② 가위바위보를 해요.
③ 이긴 사람이 그림 카드 1장을 골라요.
④ 그림을 봐요. 그리고 인사말을 해요.
⑤ 그림 카드를 가져요.
⑥ ②~⑤를 여러 번 해요.

▶ 누가 그림 카드가 많아요?

1. 친구 • 19

19

어휘 지식

안녕	편한 사이에서, 서로 만나거나 헤어질 때 정답게 하는 인사말. ◉ 친구야, 안녕. 　안녕, 또 만나자.
만나다	누군가 가거나 와서 둘이 서로 마주 보다. ◉ 친구와 만나다. 　우리 서로 만나서 이야기하자.
반갑다 [반갑따]	그리워하던 사람을 만나서 마음이 즐겁고 기쁘다. ◉ 외국에서 한국인을 만나면 참 반갑다. 　친구들이 나를 반갑게 맞이했다.
도와주다	남을 위하여 애써 주다 ◉ 여러 가지로 도와줘서 고맙습니다. 　어려운 사람들을 도와주는 것은 좋은 일이다.
고맙다 [고맙따]	남이 베풀어 준 도움 때문에 마음이 흐뭇하고 즐겁다. ◉ 도와주셔서 고맙습니다. 　따뜻한 말 한마디가 고맙다.
괜찮다 [괜찬타]	걱정이 되거나 문제가 될 것이 없다. ◉ 창문 열어도 괜찮아. 　그렇게 해도 괜찮아.
축하하다 [추카하다]	남의 좋은 일을 기뻐하고 즐거워한다는 뜻으로 인사하다. ◉ 생일 축하해. 　졸업을 축하합니다.

4) 대화를 다시 듣고 따라 하게 한다.

① 그림과 단어를 확인하게 한다.
② 듣기 자료를 들려준다.
③ 듣기 자료를 다시 듣고 따라 하게 한다.
④ 교사와 학생이 역할을 나누어 읽는다.
⑤ 친구와 함께 대화문을 나누어 읽어 보게 한다.
⑥ 내용을 이해했는지 간단히 확인한다.

3

1) '인사하기' 노래를 부른다.

선 '인사하기' 노래를 들어 보세요.
선 '인사하기' 노래를 따라 해 보세요.
선 ○○○에 인사말을 넣어 보세요.

2) '인사하기' 노래를 바꿔 불러 보게 한다.

선 헤어질 때 어떻게 인사해요? "안녕."을 "잘 가."로 바꿔 불러 보세요.
선 도와줄 때 어떻게 인사해요? "반가워."를 "고마워."로 바꿔 불러 보세요.
선 나쁘지 않아요. 걱정 없어요. 이럴 때 어떻게 인사해요? "반가워."를 "괜찮아."로 바꿔 불러 보세요.

3) 가사를 바꾼 노래를 개인별 또는 모둠별로 발표하게 한다.

4

1) 그림 카드를 하나씩 보여 주면서 어떤 인사말을 해야 하는지 질문한다.

선 여러분이 이 상황에 있다면 어떻게 인사해요?

2) 그림 카드로 인사말 놀이를 하도록 한다.

① 그림 카드를 책상 위에 놓는다.
② 친구와 가위바위보를 한다.
③ 이긴 사람이 그림 카드 1장을 고른다.
④ 그림에 알맞은 인사말을 한다.
⑤ 그림에 알맞게 인사말을 하면 그림 카드를 가진다.
⑥ ②~⑤를 여러 번 한다.
선 누가 그림 카드가 많아요?

5

1) 익힘책 14~15쪽을 풀게 한다.

2) 배운 어휘와 표현으로 인사말을 하게 한다.

선 오늘 수업이 끝나면 각자 집으로 가요. 친구들과 어떻게 인사해요?

3) 차시 예고를 한다.

2차시 새 짝

· **주요 학습 내용**

> **어휘**
> 길다, 짧다, 크다, 작다, 날씬하다, 튼튼하다, 세다
>
> **문법 및 표현**
> -고
>
> **준비물**
> 듣기 자료

· **학습 목표**

· '-고'를 사용하여 친구의 특징을 말할 수 있다.

1 도입 - 2분

1) 1번에 있는 지시문을 이야기하면서 오늘 배울 내용을 안내한다.

> 🔴 친구들이 어디에 있어요? 친구들이 뭐 해요? 친구들이 새 짝을 만나요.

2) 학습 목표를 확인하도록 한다.

2 제시, 설명 - 15분

1) 그림을 보면서 이야기를 듣게 한다.

> **듣기 자료** 🔊 3
> 내 짝은 엠마예요. 엠마는 머리카락이 길어요. 그리고 얼굴이 작아요.
> 내 짝은 타이선이에요. 타이선은 키가 크고 다리가 길어요.
> 내 짝은 유키예요. 유키는 머리카락이 짧아요. 그리고 날씬해요.
> 내 짝은 다니엘이에요. 다니엘은 몸이 튼튼하고 힘이 세요.

2) 학생들이 그림을 보도록 지시하고 질문을 통해 어휘를 학습하도록 한다.

> 🔴 (길다) 엠마와 유키의 머리카락을 보아요. 엠마의 머리카락 길이가 어때요?
>
> 🔴 (짧다/날씬하다) 유키의 머리카락 길이는 어때요? 유키의 몸은 어때요?
>
> 🔴 (크다) 타이선과 다니엘을 보아요. 타이선의 키가 어때요? 다리가 어때요?
>
> 🔴 (작다) 다니엘의 키가 어때요?
>
> 🔴 (튼튼하다) 다니엘은 아프지 않아요. 감기에 잘 안 걸려요. 다니엘의 몸이 어때요?
>
> 🔴 (세다) 다니엘이 힘을 자랑해요. 다니엘의 힘이 어때요?

> ※ 유의점: '길다, 짧다, 크다, 작다' 등의 단어를 잘 말하지 못할 경우 손동작 등을 사용하여 표현한다. 예를 들어, '머리카락이 길다'는 머리 근처에서 아래 방향으로 손가락을 움직이며 길게 늘어뜨린다거나 '키가 크다'는 손바닥을 아래로 향하게 하여 자신의 머리 위로 높이고 발뒤꿈치를 올리는 등의 동작을 한다.

---

2 새 짝

1. 새 짝을 만났습니다. 이야기를 들어 봅시다. 🔊 3

1) 듣고 가리켜 보세요.

2) 다시 듣고 따라 하세요.

3) 〈보기〉의 낱말을 빈칸에 써 보세요.

| 〈보기〉 | 길다 | 짧다 | 크다 | 작다 |

머리카락이 _____ .   머리카락이 _____ .   키가 _____ .   키가 _____ .

20 • 의사소통 한국어 2

어휘 지식

길다 [길:다]	이어져 있는 두 끝 사이가 멀다. 예) 타조는 다리가 길다. 기차는 자동차보다 길다.
짧다 [짤따]	이어져 있는 두 끝 사이가 가깝다. 예) 토끼는 뒷발이 길고 앞발이 짧다. 형이 머리를 짧게 깎아서 단정해 보인다.
크다	부피, 높이, 면적, 크기 등이 다른 것보다 더하다. 예) 운동장이 크다. 농구 선수들은 키가 크다.
작다 [작:따]	부피, 높이, 면적, 크기 등이 다른 것보다 덜하다. 예) 나는 언니보다 키가 작다. 글씨가 깨알처럼 작아서 잘 보이지 않는다.
날씬하다	몸이 가늘고 매끈하게 길다. 예) 우리 언니는 허리가 날씬하다. 몸매가 날씬해서 키가 더 커 보인다.
튼튼하다	사람의 몸이나 뼈, 이 등이 단단하고 굳세다. 예) 몸이 튼튼해야 공부도 잘할 수 있다. 편식을 하지 않아야 튼튼하게 자랄 수 있다.
세다 [세:다]	힘이 많다. 예) 힘이 세다. 그는 팔심이 세어서 팔씨름을 하면 꼭 이긴다.

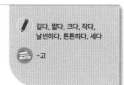

길다, 짧다, 크다, 작다,
날씬하다, 튼튼하다, 세다

-고

2. 짝과 동물 이야기를 해 봅시다. 어울리는 것을 연결하고 읽어 봅시다.

길다		개미는 날씬해요.	
날씬하다		고래는 몸이 _____.	
세다		기린은 목이 _____.	
짧다		쥐는 이빨이 _____.	
크다		코끼리는 힘이 _____.	
튼튼하다		펭귄은 다리가 _____.	

3. '누구일까요?' 놀이를 해 봅시다.

● 친구를 소개해요.
① 내 친구는 목소리가 큽니다.
② 내 친구는 키가 크고 다리가 깁니다.
　　내 친구는 누구일까요?

● 누구인지 말해요.
내 친구는 _____ 입니다.

1. 친구 • 21

21

3) 앞에서 배운 문장을 이용해 연결 어미 '-고'를 제시한다.

　(선) 엠마는 머리카락이 길어요. 그리고 얼굴이 작아요. 엠마는 머리카락이 길고 얼굴이 작아요.

　(선) 유키는 머리카락이 짧아요. 그리고 날씬해요. 유키는 머리카락이 짧고 날씬해요.

문법 지식

-고

· 나열을 나타내는 연결 어미.
　(예) 도서관이 크고 조용합니다.
　　　나는 피아노를 치고 동생은 노래를 부릅니다.

· 동사나 형용사 '이다, 아니다'에 붙어 어떤 상태나 행위를 나열함을 나타낸다. 시간의 순서와 관계없이 두 가지 이상의 사실이나 내용을 대등하게 연결할 때 사용한다.

	조건	형태	예시
①	받침 ○	-고	읽고, 잡고, 넓고, 길고
②	받침 ×	-고	가고, 오고, 빠르고, 예쁘고

4) 대화를 다시 들려주고 학생들이 따라 하게 한다.

5) 학생들이 〈보기〉의 낱말을 사용하여 문장을 말하게 한다.

　(선) 엠마의 머리카락이 어때요?
　(선) 유키의 머리카락이 어때요?
　(선) 엠마와 유키의 머리카락이 어때요?
　(선) 타이선의 키가 어때요?
　(선) 다니엘의 키가 어때요?
　(선) 타이선과 다니엘의 키가 어때요?

　※ 유의점: 학생의 수준에 따라 '-고'로 연결된 문장 중에서 선행절과 후행절의 주어가 같은 문장과 선행절과 후행절의 주어가 다른 문장을 명시적으로 구분하여 학습할 수 있다.
　　(예) 엠마는 머리카락이 길고 얼굴이 작아요.
　　　　엠마는 머리카락이 길고 유키는 머리카락이 짧아요.
　　　　타이선은 키가 크고 다리가 길어요.
　　　　타이선은 키가 크고 다니엘은 키가 작아요.

③ 연습 - 10분

1) 단어와 어울리는 문장을 연결하고 해당하는 형용사를 써 보게 한다.

　※ 유의점: 단어는 기본형으로 보여 주고 말할 때는 '해요체'로 답하게 할 수 있다. 학생 수준에 따라 기본형으로 쓸 수도 있다.

2) 쓰기 활동이 끝나면 친구끼리 질문하고 대답하도록 한다.

　(학) 개미는 허리가 어때? 개미는 (허리가) 날씬해요.
　(학) 고래는 몸이 어때? 고래는 몸이 커요.
　(학) 기린은 목이 어때? 기린은 목이 길어요.
　(학) 쥐는 이빨이 어때? 쥐는 이빨이 튼튼해요.
　(학) 코끼리는 힘이 어때? 코끼리는 힘이 세요.
　(학) 펭귄은 다리가 어때? 펭귄은 다리가 짧아요.

④ 적용 - 11분

1) '누구일까요?' 놀이를 짝 활동으로 하게 한다.

놀이 방법

① 먼저 학생들이 각자 누구를 소개할지 정한다.
② 형용사를 사용하여 친구를 소개하는 문장 2개를 생각한다. 이때 1개 이상의 문장에서 연결 어미 '-고'를 사용한다.
③ 친구를 소개하는 문장을 들은 사람은 그 친구가 누구인지 말한다.
④ ①~③을 반복한다.

2) '누구일까요?' 놀이를 전체 활동으로 진행할 수 있다.

⑤ 정리 - 2분

1) 익힘책 16~17쪽을 풀게 한다.

2) 배운 형용사와 연결 어미 '-고'를 학생들이 잘 알고 있는지 확인하고, 차시 예고를 한다.

· **주요 학습 내용**

> 어휘
> 던지다, 뛰어가다, 주다, 밀다, 흔들다, 걸다
> 문법 및 표현
> 에게, -어 주다

· **학습 목표**

· '에게'와 '-어 주다'를 사용하여 부탁하는 말을 할 수 있다.

1

1) 친구와 전화했던 경험을 생각하며 그림을 보게 한다. 친구에게 어떤 일을 해 달라고 했다거나 맡긴 경험을 질문한다.

2) 친구와 놀았던 기억을 떠올리게 하며 학생들의 관심을 유도한다.

3) 학습 목표를 확인한다.

2

1) 그림을 보며 다니엘과 장위가 무엇을 하는지 확인하게 한다.
   - 신 친구들이 뭐 해요?
   - 신 다니엘이 누구에게 전화했어요?
   - 신 다니엘이 장위에게 어떤 부탁을 해요?

2) 다니엘과 장위의 전화 내용을 읽게 한다.
   - 신 장위, 지금 어디야? 촘푸가 찾아.
   - 신 학교 운동장이야. 촘푸에게 말해 줘.

3) 그림을 보며 친구들이 무엇을 하고 있는지 물어보며 어휘를 제시한다.
   - 신 (던지다) 타이선이 뭐 해요? 공을 친구에게 보내요. 공을 친구에게 던져요.
   - 신 (뛰어가다) 유키가 뭐 해요? 유키가 언니에게 빠르게 가요. 유키가 언니에게 뛰어가요.
   - 신 (주다) 준서가 뭐 해요? 준서가 동생에게 딱지를 건네요. 그래서 준서의 딱지를 동생이 가졌어요. 준서가 동생에게 딱지를 줬어요.
   - 신 (밀다) 오딜이 뭐 해요? 그네 뒤에서 힘을 줘서 그네가 움직이게 해요. 오딜이 그네를 밀어요.
   - 신 (흔들다) 서영이가 뭐 해요? 손을 좌우로 움직여요. 서영이가 손을 흔들어요.
   - 신 (걸다) 엠마가 뭐 해요? 목걸이를 목에 매달아요. 목걸이를 목에 걸어요. 엠마가 목에 목걸이를 걸어 줘요.

---

3 친구에게 부탁하기

1. 다니엘과 장위의 대화를 읽어 봅시다.

1) 다니엘이 누구에게 전화해요?

2) 장위가 어디에서 뭐 해요?

3) 다니엘은 약속 장소를 누구에게 알려 줘요?

어휘 지식	
던지다	손에 든 물건을 다른 곳에 떨어지게 팔과 손목을 움직여 공중으로 내보내다. 예 투수가 포수에게 공을 던졌다. 나는 방바닥에 가방을 던지고 침대에 누웠다.
뛰어가다	달음박질로 빨리 가다. 예 내 친구가 학교로 빨리 뛰어갔다. 비를 피해 건물 안으로 뛰어갔다.
주다	물건 따위를 남에게 건네어 가지거나 누리게 하다. 예 개에게 먹이를 주다. 내 짝이 나에게 사탕을 주었습니다.
밀다 [밀:다]	일정한 방향으로 움직이도록 반대쪽에서 힘을 가하다. 예 아저씨는 수레를 뒤에서 밀었다. 철수는 대문을 밀고 집 안으로 들어갔다.
흔들다	사람이나 동물 등이 몸의 일부나 전체, 또는 손에 잡은 물체 따위를 좌우, 앞뒤로 자꾸 움직이게 하다. 예 강아지가 꼬리를 흔든다. 누나는 동생을 흔들어 잠에서 깨웠다.
걸다 [걸:다]	어떤 물체를 떨어지지 않도록 매달아 올려놓다. 예 벽에 그림을 걸었다. 달리기 선수는 금메달을 목에 걸고 기뻐했다.

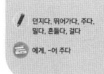
연지다, 뛰어가다, 주다, 밀다, 흔들다, 걸다

에게, -어 주다

2. 1번 그림을 보고 〈보기〉와 같이 말해 봅시다.

1) 누가 누구에게 무엇을 해요?

〈보기〉 다니엘/장위/전화를 걸다
➡ 다니엘이 장위에게 전화를 걸어요.

① 타이선/친구/공을 던지다　　② 준서/동생/딱지를 주다
③ 유키/언니/뛰어가다

2) 누가 무엇을 해 주었어요?

〈보기〉 준서/가방/들다
➡ 준서가 가방을 들어 주었습니다.

① 오딜/그네/밀다　　② 엠마/목걸이/걸다　　③ 서영/손/흔들다

3. 친구에게 부탁해 봅시다.

철봉이 너무 높아. 나를 올려 줘.
나는 그네를 못 타. 그네를 _____.
사진 _____.
① 올리다　　② 밀다　　③ 찍다　　④ ?

1. 친구 • 23

23

4) 교사가 그림을 가리키며 문법 형태가 제시된 문장을 말하면 학생이 따라 말하게 한다.
- 신 타이선이 친구에게 공을 던져요.
- 신 유키가 언니에게 뛰어가요.
- 신 준서가 동생에게 딱지를 줘요.
- 신 오딜이 그네를 밀어 줘요.
- 신 서영이가 손을 흔들어 줘요.
- 신 엠마가 친구에게 목걸이를 걸어 줘요.

5) 그림을 가리키면 학생들이 4)의 문장을 말하게 한다.

> **문법 지식**
>
> **에게**
> · 행위의 영향을 받는 대상임을 나타내는 조사.
> · 명사에 붙어 사람이나 동물이 행위의 영향을 받는 대상임을 나타낼 때 사용한다.
> 예 언니가 물고기에게 먹이를 줘요.
> 　　나는 친구에게 책을 선물했어요.

-어 주다
· 도움을 주는 어떤 행위를 함을 나타내는 표현.
예 내가 한 시간만 놀아 줄게.
　　엄마는 아이에게 바지를 사 주었다.

· 동사에 붙어 다른 사람을 이롭게 하기 위하여 어떤 행위를 함을 나타낸다. 남에게 도움을 제안하거나 약속할 때, 또는 남에게 도움을 요청할 때 주로 사용한다.

	조건	형태	예시
①	ㅏ, ㅗ	-아 주다	찾아 주다, 와 주다
②	ㅏ, ㅗ 이외	-어 주다	먹어 주다, 바꿔 주다
③	-하다	-여 주다 (-해 주다)	전화해 주다, 축하해 주다

3

1) 〈보기〉에 제시된 단어를 이용하여 문법 형태 '에게'를 연습하도록 한다.
- 신 (타이선/친구/공을 던지다) 타이선이 친구에게 공을 던져요.
- 신 (준서/동생/딱지를 주다) 준서가 동생에게 딱지를 줘요.
- 신 (유키/언니/뛰어가다) 유키가 언니에게 뛰어가요.

2) 〈보기〉에 제시된 단어를 이용하여 문법 형태 '-어 주다'를 연습하도록 한다.
- 신 (오딜/그네/밀다) 오딜이 그네를 밀어 줘요.
- 신 (엠마/목걸이/걸다) 엠마가 목걸이를 걸어 줘요.
- 신 (서영/손/흔들다) 서영이가 손을 흔들어 줘요.

4

1) 문법 형태 '에게'와 '-어 주다'를 사용하여 친구들에게 부탁을 하게 한다.
- 신 철봉이 너무 높아요. 장위가 다니엘에게 어떻게 부탁해요?
- 신 동생이 그네를 못 타요. 동생이 오딜에게 어떻게 부탁해요?
- 신 유키와 엠마가 준서에게 어떻게 부탁해요?

2) 학생 각자가 본인이 부탁하고 싶은 것을 생각하게 한다.

3) 문법 형태 '에게'와 '-어 주다'를 사용하여 부탁하는 말을 하게 한다.

5

1) 익힘책 18~19쪽을 풀게 한다.

2) 친구에게 부탁하는 말을 할 수 있는지 물어보며 오늘 배운 어휘와 '에게', '-어 주다' 문법을 학생들이 잘 알고 있는지 확인한다.

3) 차시 예고를 한다.

4차시 친구 집

• 주요 학습 내용

어휘
넓다, 깨끗하다, 예쁘다, 많다, 들어가다, 가지다, 들어오다
문법 및 표현
-어도 되다

• 학습 목표

• '-어도 되다'를 사용하여 허용이 되는지를 묻고 허락
할 수 있다.

1 도입 - 2분

1) 그림을 보면서 어떤 장면인지 질문한다.

2) 친구들이 어디에서 무엇을 하는지 이야기하면서 알고
있는 어휘를 확인하게 한다.

2 제시, 설명 - 15분

1) 그림을 보며 엠마와 유키의 대화를 읽어 보게 한다.

2) 그림을 보며 질문을 통해 어휘를 학습하도록 한다.

- 신 (넓다/깨끗하다) 유키의 방은 어때요? 바다가 넓어요. 여
러분의 학교 운동장이 넓어요? 쓰레기가 있거나 낙서가
있으면 깨끗하지 않아요. 우리 교실은 깨끗해요?

- 신 (예쁘다) 엠마가 인형이 어떻다고 말해요? 여러분도 인형
이 예뻐요?

- 신 (많다) 유키가 엠마에게 인형을 왜 줬어요? 유키는 인형이
많아요. 놀이공원에는 사람들이 많아요. 도로에는 자동차가
많아요. 여러분은 무엇이 많아요? 필통에 연필이 많아요?

- 신 (들어가다) 엠마가 유키에게 뭘 부탁해요? 말하는 사람이
밖에서 안으로 움직일 때 '들어가다'라고 해요. 엠마는 밖
에 있어요. 밖에서 유키 방 안으로 움직이고 싶어 해요. 그
래서 "들어가도 돼?"라고 물어봐요.

- 신 (가지다) 유키가 엠마에게 인형을 주면서 뭐라고 해요? 유
키가 엠마에게 인형을 줬어요. 그래서 인형은 엠마의 것
이 됐어요. '가지다'는 자기 것이 되는 거예요. 연필을 친
구에게 주면서 말해 보세요. "이거 너 가져." 연필을 받은
친구는 "고마워."라고 말해 보세요. 받은 연필을 친구에게
다시 주면서 말해 보세요. "이 연필 너 가져."

- 신 (들어오다) 유키는 엠마에게 뭐라고 대답해요? 유키는 안
에 있어요. 말하는 사람이 안에 있고 누군가가 밖에서 안
으로 움직일 때 '들어오다'라고 말해요. 유키가 안에 있으
니까 "들어와도 돼."라고 대답해요.

어휘 지식

넓다 [널따]	면이나 바닥 등의 면적이 크다. 예 넓고 푸른 바다. 운동장이 넓다.
깨끗하다 [깨끄타다]	더럽지 않다. 예 깨끗한 옷. 그릇을 깨끗하게 씻었다.

4 친구 집

1. 친구 집에 놀러 갔습니다. 대화를 읽어 봅시다.

1) 엠마가 유키 집에 들어가요. 어떻게 말해요?

2) 유키 방은 어때요?

3) 유키가 엠마에게 무엇을 줬어요? 그리고 왜 줬어요?

24 • 의사소통 한국어 2

24

예쁘다 [예:쁘다]	생긴 모양이 아름다워 눈으로 보기에 좋다. 예 옷이 예쁘다. 웃는 얼굴이 예뻐요.
많다 [만:타]	수나 양이 일정한 기준보다 위에 있다. 예 꽃이 많다. 장난감이 많다.
들어가다 [드러가다]	밖에서 안으로 향하여 가다. 예 방에 들어가다. 물속에 들어가다.
가지다	자기 것으로 하다. 예 주운 돈을 가졌다. 사람은 좋은 것을 가지고 싶어 한다.
들어오다 [드러오다]	밖에서 안으로 이동하다. 예 집에 일찍 들어와라. 이쪽으로 들어오세요.

3) 그림을 보며 학생들이 문법 형태가 제시된 문장으로
말하게 한다.

- 신 엠마가 유키 집에 들어가요. 어떻게 말해요? 유키가 뭐라고 대
답해요? 엠마가 유키에게 허락을 받아요. 유키가 엠마의
부탁을 허락해요.

- 신 엠마가 인형을 좋아해요. 유키가 엠마에게 인형을 주면서
뭐라고 말해요?

22 • 의사소통 한국어 교사용 지도서 2

넓다, 깨끗하다, 예쁘다,
많다, 들어가다, 가지다,
들어오다

-어도 되다

2. 그림을 보고 대답해 봅시다.

1) 알맞은 낱말에 ○표 해 보세요.

① 마당이
(넓다/좁다)

② 손이
(깨끗하다/더럽다)

③ 꽃이
(많다/적다)

④ 교실에
(들어가다/들어오다)

2) 그림에 어울리는 말을 해 보세요.

늘 너희 집에 ....?
(가다)

선생님, 너무 급해요.
화장실 ....?
(다녀오다)

괜찮아.
오후에 와도 돼.

3. '허락하기 놀이'를 해 봅시다.

〈놀이 방법〉
① 하고 싶은 행동을 해도 되는지 친구에게 물어봐요.
② 다른 친구는 허락하거나 허락을 하지 않아요.
③ 친구가 허락하면 행동을 해요.

창문 열어도 돼?
→ 응, 열어도 돼. →
→ 아니, 안 돼. →

1. 친구 • 25

25

문법 지식

-어도 되다

· 어떤 일이나 상황에 대한 허락이나 허용을 나타내는 표현.
　예 사진 찍어도 돼요.
　　옷을 입어 봐도 돼요?

· 동사나 형용사 '이다, 아니다'에 붙어 어떤 행위나 상태를 허락하거나 허용함을 나타낸다. 허용이 되는지를 질문하거나 이에 대해 허용한다는 의미의 대답을 할 때 사용한다.

	조건	형태	예시
①	ㅏ, ㅗ	-아도 되다	와도 되다, 비싸도 되다
②	ㅏ, ㅗ 이외	-어도 되다	먹어도 되다, 커도 되다
③	-하다	-여도 되다 (-해도 되다)	공부해도 되다. 깨끗해도 되다

4) 학습한 어휘와 문법 형태에 주의하며 대화를 다시 읽어 보게 한다.

1) 그림을 보고 알맞은 단어에 표시하게 한다.
　선 마당이 어때요?
　선 손이 어때요?
　선 꽃이 어때요?
　선 친구가 뭐 해요?

2) 각 상황에서 허용이 되는지를 질문하거나 이에 대해 허락한다는 의미의 대답을 할 때 '-어도 되다'의 표현을 사용하게 한다.
　선 친구 집에 가고 싶어요. 어떻게 말해요?
　선 화장실에 가고 싶어요. 어떻게 말해요?

3) 일상생활 중에 허용이 되는지를 질문하거나 허락하는 표현을 사용한 경험을 말하게 한다.

1) '허락하기 놀이'를 짝 활동으로 하게 한다.
　① 본인이 하고 싶은 행동을 친구에게 물어보게 한다.
　　학 창문 열어도 돼?
　② 다른 친구는 친구의 질문에 대해 허락하거나 허락을 하지 않는다.
　　학 응, 열어도 돼./아니, 안 돼.
　③ 친구의 대답을 듣고 그에 알맞은 행동을 한다. 예를 들어, 허락하면 창문을 열고, 허락하지 않으면 창문을 열지 않는다.

2) '허락하기 놀이'가 어땠는지 이야기하거나 표정으로 표현하게 한다.

1) 익힘책 20쪽을 풀게 한다.
　선 1번 글 상자에 제시된 낱말을 큰 소리로 읽어 보세요. "넓다, 많다, 깨끗하다, 들어가다."
　선 그림에 어울리는 낱말을 아래의 빈칸에 써 보세요.
　선 2번 문장을 읽고 빈칸에 들어갈 알맞은 낱말을 써 보세요.

2) 익힘책 21쪽을 풀게 한다.
　선 '앉다', '놀다'와 같이 'ㅏ, ㅗ' 뒤에서는 '앉아도 돼요', '놀아도 돼요'와 같이 '-아도 되다'로 써요. 'ㅏ, ㅗ'가 아닐 때에는 '-어도 되다'로 써요.
　선 '가지어도 되다'에서 '-지어-'는 '-져-'로 줄여서 '가져도 되다'로 쓸 수 있어요.
　선 '하다' 뒤에는 '-여도 되다'로 써요. '하여도 되다'에서 '하여-'는 '해-'로 줄여서 '해도 되다'로 쓸 수 있어요.

3) 친구 집에서 나눌 수 있는 대화를 확인하며 오늘 배운 어휘와 '-어도 되다' 문법을 학생들이 잘 알고 있는지 확인한다.

4) 차시 예고를 한다.

· 주요 학습 내용

> **어휘**
> 좋다, 친하다, 웃다, 재미있다, 착하다, 친절하다
>
> **문법 및 표현**
> -게
>
> **준비물**
> 문장 붙임 딱지

· 학습 목표

· '-게'를 사용하여 인물의 특징을 말하고, 친구와 친하게 지내는 방법을 말할 수 있다.

1

1) 내 친구는 어떤지 생각해 보게 한다.

2) 그림을 보고 서영이가 무엇을 하는지 이야기하도록 한다.

2

1) 그림을 보며 글을 읽어 보게 한다. 교사가 읽으면 학생이 따라 읽게 한다.

2) 글을 읽고 질문을 통해 어휘와 문법 형태를 학습한다.

> 🔵 (좋다) 착하고 친절한 사람이 좋아요. 못되고 친절하지 않은 사람은 싫어요. 여러분은 누가 좋아요?

> 🔵 (친하다) 서영이는 친구와 어떻게 지내요? 여러분은 친구들과 친하게 지내요?

> 🔵 (웃다) 서영이는 무엇을 잘해요? 서영이 반 친구들의 얼굴을 보세요. 얼굴 표정이 어때요? 모두 웃고 있어요.

> 🔵 (재미있다) 여러분은 재미있게 읽은 책이 있어요? 재미있게 본 영화가 있어요? 여러분은 무엇을 할 때 재미있어요?

> 🔵 (착하다) 나는 서영이를 어떻게 생각해요? 신데렐라는 마음씨가 고와요. 백설공주도 마음씨가 고와요. 신데렐라와 백설공주는 착해요. 마음씨가 고운 것을 '착하다'고 해요.

> 🔵 (친절하다) 일곱 난쟁이는 갈 곳이 없는 백설공주를 내쫓지 않고 함께 살았어요. 모르는 것도 잘 가르쳐 주었고요. 일곱 난쟁이가 백설공주에게 정답게 잘해 주었어요. 일곱 난쟁이는 친절해요. 여러분은 누가 친절하게 해 줘요?

어휘 지식	
좋다 [조:타]	어떤 일이나 대상이 마음에 들다. 🔵 나는 그 친구가 좋다. 나는 우리 반이 좋다.
친하다	가까이 사귀어 정이 두텁다. 🔵 그 둘은 무척 친하다. 이제부터 나와 친하게 지내자.
웃다 [욷:따]	이어져 있는 두 끝 사이가 가깝다. 🔵 웃는 얼굴. 빙그레 웃다.
재미있다 [재미읻따]	아기자기하게 즐겁고 유쾌한 기분이나 느낌이 있다. 🔵 영화가 참 재미있다. 재미있는 하루였다.

5 친한 친구

1. 엠마의 글을 선생님과 읽어 봅시다.

서영이가 좋아요

서영이는 친구와 친하게 지내요.
서영이는 잘 웃고 이야기를 재미있게 해요.
친구 말을 잘 들어주고 친절하게 말해요.

나는 오늘 운동장에서 넘어졌어요.
무릎에서 피가 났어요.
눈에서 눈물이 흘렀어요.
"괜찮니? 울지 마."
서영이가 내 손을 잡아 주었어요.
서영이는 정말 착하고 친절해요.
나는 서영이가 좋아요.

1) 서영이는 친구와 어떻게 지내요?

2) 서영이가 나에게 어떻게 했어요?

3) 나는 서영이를 어떻게 생각해요?

착하다 [차카다]	언행이나 마음씨가 곱고 바르며 상냥하다. 🔵 착한 일. 마음씨가 착하다.
친절하다	대하는 태도가 매우 정겹고 고분고분하다. 🔵 친절한 학생. 그는 외국인에게 길을 친절하게 가르쳐 주었다.

3) 일상생활 중에 목표 어휘가 사용되는 예를 찾아보도록 한다.

> 🔵 (좋다) 여러분은 친구가 좋아요? 학교가 좋아요? 또 뭐가 좋아요?

> 🔵 (친하다) 여러분은 누구와 친하게 지내요?

> 🔵 (웃다) 선생님이 지금 어떤 표정을 짓고 있어요? 여러분도 함께 웃어요.

> 🔵 (재미있다) 여러분은 무엇을 할 때 재미있어요?

> 🔵 (착하다) 여러분 친구 중에서 누가 착해요?

> 🔵 (친절하다) 선생님이 친절해요? 또 누가 친절해요?

4) 그림을 보며 학생들이 문법 형태가 제시된 문장으로 다시 말하게 한다.

좋다, 친하다, 웃다,
재미있다, 착하다,
친절하다

-게

2. 〈보기〉와 같이 말해 봅시다.

〈보기〉 지민이는 이야기를 재미있게 해요.
(재미있다)

① 서영이가 머리를 .... 잘랐어요.
(짧다)

② 글씨가 너무 작아요. 글씨를 .... 써 주세요.
(크다)

③ 다니엘이 나에게 약속 장소를 .... 알려 주었어요.
(친절하다)

3. 좋은 말로 ♡를 만들어요. 붙임 딱지

1) 어떻게 친구와 친하게 지내요? 붙임 딱지를 ◇에 붙이고 ♡를 만드세요.

2) ♡ 속의 문장을 친구와 크게 읽어 보세요. 그리고 서로 약속해요.

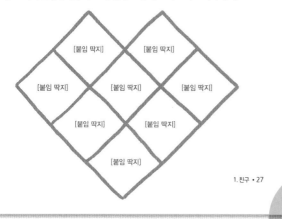

1. 친구 • 27

27

📢 서영이는 친구와 어떻게 지내요?

📢 서영이는 이야기를 어떻게 해요?

📢 서영이는 친구에게 어떻게 말해요?

5) 학습한 어휘와 문법 형태에 주의하며 글을 다시 읽어 보게 한다.

문법 지식

-게

· 정도나 방식을 나타내는 연결 어미.
  📌 내 친구는 글씨를 예쁘게 써요.
  더우니까 머리를 짧게 잘라 주세요.

· '-게'는 동사나 형용사에 붙어 뒤에 오는 상태나 행동의 정도 또는 방식을 나타낸다. '어떻게' 또는 '얼마나'에 대한 답으로 사용한다.

	조건	형태	예시
①	받침 ○	-게	굳게, 길게
②	받침 ×	-게	느리게, 크게

---

③ 우선 10분

1) 2번 〈보기〉의 단어를 '-게'를 사용해 문장을 완성하도록 한다.

📢 서영이가 머리를 어떻게 잘랐어요?

📢 글씨가 너무 작아요. 글씨를 어떻게 써 달라고 부탁해요?

📢 다니엘이 나에게 약속 장소를 어떻게 알려 주었어요?

2) 말한 단어와 문법 형태를 빈칸에 쓰게 한다.

④ 어휘 14분

1) 친구와 친하게 지내는 방법으로 알맞은 문장을 찾아 붙임 딱지를 붙이게 한다.

2) 각 칸에 다음의 붙임 딱지를 붙이는지 확인한다.

붙임 딱지 잘 웃어요.
붙임 딱지 잘 도와줘요.
붙임 딱지 친절하게 해요.
붙임 딱지 친구를 칭찬해요.
붙임 딱지 재미있게 지내요.
붙임 딱지 친구와 같이 놀아요.
붙임 딱지 친구 말을 잘 들어요.
붙임 딱지 나쁘게 말하지 않아요.

3) 붙임 딱지를 붙여 ♡를 완성하였는지 확인한다.

4) ♡ 안의 문장을 다시 한번 읽게 한다.

5) 친구와 친하게 지내는 방법을 말하게 한다.

⑤ 정리 4분

1) 익힘책 22쪽 1번을 풀게 한다.

📢 '서영이가 좋아요' 내용을 생각하면서 익힘책 1번을 읽어 보세요.

📢 서영이는 친구와 어떻게 지내요?

📢 서영이는 이야기를 어떻게 해요?

📢 서영이는 어떻게 말해요?

2) 익힘책 22쪽 2번을 풀게 한다.

📢 엠마는 서영이가 좋아요. 나는 내 친구가 좋아요.

📢 엠마와 서영이는 친해요. 두 친구는 친해요.

3) 익힘책 23쪽을 풀게 한다.

📢 친구를 만났어요. 어떻게 할까요?

📢 너무 시끄러워요. 어떻게 할까요?

📢 교실에 쓰레기가 많아요. 어떻게 할까요?

4) 친구와 친하게 지내는 방법을 말하며 오늘 배운 어휘와 '-게' 문법을 학생들이 잘 알고 있는지 확인한다.

5) 차시 예고를 한다.

왼쪽 페이지

6차시 친구 칭찬하기

· 주요 학습 내용

문법 및 표현
-은 지

준비물
듣기 자료

· 학습 목표
· '-은 지'를 사용하여 친구를 칭찬하며 말할 수 있다.

1 도입 - 2분

1) 학생들이 한국에 언제 왔는지 생각하게 한다.

2) 그림을 보고 어떤 장면인지 이야기하도록 한다.
   [선] 학교에 누가 전학을 왔어요?

2 제시, 설명 - 15분

1) 교사는 도식을 활용하여 문법 형태 '-은 지'가 어떻게 사용되는지 학생들이 짐작하게 한다.

2) 빈센트와 선생님의 대화를 듣게 한다.

> **듣기 자료 ◎4**
> 빈센트: 안녕하세요. 빈센트예요. 저는 모르는 게 많아요. 친절하게 잘 알려 주세요.
> 선생님: 빈센트는 한국에 언제 왔어요?
> 빈센트: 저는 2월에 왔어요.
> 선생님: 빈센트는 2월에 한국에 왔어요. 그리고 3개월이 지났어요. 빈센트는 한국에 온 지 3개월이 됐어요.
> 빈센트: 네. 벌써 한국에 온 지 3개월이 됐어요.
> 선생님: 그런데도 한국어를 참 잘해요. 만나서 반가워요.

3) 들은 내용을 확인한다.
   [선] 빈센트는 한국에 언제 왔어요?
   [선] 지금은 몇 월이에요?
   [선] 빈센트는 한국에 2월에 왔고, 3개월이 지났어요. 빈센트가 한국에 온 지 얼마나 됐어요?

> **문법 지식**
>
> **-은 지**
> · 어떤 행위에 대한 시간의 경과를 나타내는 표현.
>
> | | 조건 | 형태 | 예시 |
> |---|---|---|---|
> | ① | 받침 ○ | -은 지 | 먹은 지, 읽은 지 |
> | ② | 받침 × | -ㄴ 지 | 간 지, 떠난 지 |
> | | ㄹ 받침 | -ㄴ 지(어간 'ㄹ' 탈락) | 산 지, 만든 지 |
>
> · 동사나 형용사에 붙어 뒤에 오는 상태나 행동의 정도 또는 방식을 나타낸다. '어떻게' 또는 '얼마나'에 대한 답으로 사용한다.
> [예] 약을 먹은 지 30분이 됐습니다.
> 더우니까 머리를 짧게 잘라 주세요.

오른쪽 페이지

6 친구 칭찬하기

1. 빈센트가 전학을 왔어요. 대화를 들어 봅시다. ◎4

1) 빈센트와 선생님의 대화를 들으세요.

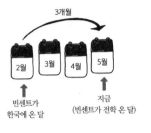

3개월

2월 3월 4월 5월

빈센트가
한국에 온 달

지금
(빈센트가 전학 온 달)

2) 빈센트는 한국에 온 지 얼마나 됐어요?

3) 다시 듣고 쓰세요.

① 저는 모르는 게 많아요. 친절하게 잘 _____.

② 빈센트는 한국에 _____ 3개월 됐어요.

4) 여러분은 한국에 온 지 얼마나 됐어요?

● 나는 한국에 온 지 _____ 됐어요.

28 • 의사소통 한국어 2

28

4) 문법 형태 '-은 지'에 유의하여 빈센트와 선생님의 대화를 다시 듣게 한다.

5) 빈칸에 알맞은 말을 쓰게 한다.
   [학] 저는 모르는 게 많아요. 친절하게 잘 알려 주세요.
   [학] 저는 서울에 온 지 2개월이 됐어요.

6) 문법 형태 '-은 지'를 사용하여 자신의 경험을 말하게 한다.
   [선] 여러분은 한국에 온 지 얼마나 됐어요?
   [학] 저는 한국에 온 지 5개월이 됐어요.
   [선] 여러분은 부산에 온 지 얼마나 됐어요?
   [학] 저는 부산에 온 지 3개월이 됐어요.
   [선] 여러분은 우리 학교에 온 지 얼마나 됐어요?
   [학] 저는 우리 학교에 온 지 1개월이 됐어요.

3 연습 - 10분

1) 〈보기〉를 보고 '-은 지'를 사용해 문장을 말하도록 한다.
   [선] 비가 너무 안 와요. 비가 안 온 지 얼마나 됐어요?

-은 지

2. 〈보기〉와 같이 묻고 대답해 봅시다.

〈보기〉 한국에 온 지 얼마나 됐어요?
➡ 한국에 온 지 3개월이 됐어요. (한국/오다/3개월)

① 비가 너무 안 와요. 비가 안 온 지 얼마나 됐어요?
➡ _____ (비/안 오다/한 달)

② 빈센트가 아직 집에 안 와요. 수업이 끝난 지 얼마나 됐어요?
➡ _____ (수업/끝나다/30분)

3. 친구를 칭찬해 봅시다.

1) 〈보기〉와 같이 친구를 칭찬해 보세요.

바이올린 배운 지 얼마나 됐어요? 바이올린 참 잘한다.

바이올린 배운 지 3개월 됐어. 칭찬해 줘서 고마워.

〈보기〉
① 한국어/3개월 ② 태권도/2개월 ③ 피아노/1년 ④ 수영/2년

2) 친구를 칭찬해 보세요.

1. 친구 • 29

29

신 빈센트가 아직 집에 안 와요. 수업이 끝난 지 얼마나 됐어요?

2) '-은 지'를 사용하여 말한 문장을 빈칸에 쓰게 한다.
학 (비/안 오다/한 달) 비가 안 온 지 한 달이 됐어요.
학 (수업/끝나다/30분) 수업이 끝난 지 30분이 됐어요.

4 적용 - 11분

1) 문법 형태 '-은 지'를 사용하여 친구를 칭찬하게 한다.
2) 그림에 제시된 단어를 사용하여 친구를 칭찬하게 한다.
학1 한국어 잘한다. 한국어 배운 지 얼마나 됐어?
학2 한국어 배운 지 3개월 됐어. 칭찬해 줘서 고마워.
학1 태권도 잘한다. 태권도 배운 지 얼마나 됐어?
학2 태권도 배운 지 2개월 됐어. 칭찬해 줘서 고마워.
학1 피아노 잘한다(잘 친다). 피아노 배운 지 얼마나 됐어?
학2 피아노 배운 지 1년 됐어. 칭찬해 줘서 고마워.
학1 수영 잘한다. 수영 배운 지 얼마나 됐어?
학2 수영 배운 지 2년 됐어. 칭찬해 줘서 고마워.

3) 친구를 칭찬해 보게 한다.
학1 발레 잘한다. 발레 배운 지 얼마나 됐어?
학2 발레 배운 지 6개월 됐어. 칭찬해 줘서 고마워.
학1 기타 잘 친다. 기타 배운 지 얼마나 됐어?
학2 기타 배운 지 1년 됐어. 칭찬해 줘서 고마워.
학1 플루트 잘 분다. 플루트 배운 지 얼마나 됐어?
학2 플루트 배운 지 2년 됐어. 칭찬해 줘서 고마워.

5 정리 - 2분

1) 익힘책 24쪽 1번을 풀게 한다.
신 빈센트와 선생님의 대화를 읽어 보세요.
신 빈센트는 한국에 온 지 얼마나 됐어요?
신 '-은 지'를 써서 대답해 보세요.

2) 친구를 칭찬하게 하고 오늘 배운 '-은 지' 문법을 학생들이 잘 알고 있는지 확인한다.

3) 익힘책 25쪽 주사위 놀이를 하게 한다.
신 친구를 만났어요. 뭐라고 말해요? "안녕!"이라고 말해요.
신 잎의 크기가 달라요. 하나는 잎이 크고, 하나는 잎이 작아요.
신 마당이 집보다 커요. 마당이 넓어요, 좁아요? 네, 마당이 넓어요.
신 꽃이 여러 개가 있어요. 꽃이 많아요, 적어요? 네, 꽃이 많아요.
신 손이 빛나요. 손이 깨끗해요, 더러워요? 네, 손이 깨끗해요.
신 과일이 여러 개가 있어요. 과일이 많아요, 적어요? 네, 과일이 많아요.
신 친구가 교실 밖에서 문을 열고 안으로 가요. 친구가 교실에 들어가요.
신 친구가 빠르게 달려가고 있어요. 친구가 뛰어가요.
신 친구가 공을 멀리 보내요. 친구가 공을 던져요.
신 형이 그네가 움직이도록 도와줘요. 형이 그네를 밀어요.
신 친구가 도와줘요. 뭐라고 말해요? "고마워."라고 말해요.
신 인형이 있어요. 인형이 어때요? 인형이 예뻐요. '가지다'를 쓰고 싶어요? 그때는 "인형을 가지다"라고 말해요.
신 언니가 동생 목에 목걸이를 매달아요. 언니가 목에 목걸이를 걸어요.
신 친구가 다쳤어요. 뭐라고 말해요? "괜찮아?"라고 말해요.
신 치마의 길이가 달라요. 분홍색 치마는 길이가 어때요? 체크무늬 치마는 길이가 어때요? 분홍색 치마는 짧아요. 체크무늬 치마는 길어요.
신 펭귄은 다리 길이가 어때요? 다리가 짧아요.
신 코끼리는 힘이 어때요? 코끼리는 힘이 세요.
신 옷이 빛나요. 옷이 깨끗해요, 더러워요? 네, 옷이 깨끗해요.
신 형이 동생에게 딱지를 건네요. 형이 동생에게 딱지를 줘요.
신 친구와 헤어져요. 뭐라고 말해요? "잘 가."라고 말해요.

4) 학생들끼리 평가를 해 보게 할 수도 있다.

목소리	발음	내용	자신감	그 외
♡♡♡♡♡	♡♡♡♡♡	♡♡♡♡♡	♡♡♡♡♡	♡♡♡♡♡

7 친절하게 말하기

1. 어떤 말이 기분이 좋아요? 친절하게 말하고 친구의 말을 잘 들어 봅시다.

1) 기분 좋은 말을 생각해요.

2) '친절하게 말하기 놀이'를 해요.

〈놀이 방법〉

① 4칸 쪽지와 연필을 준비해요.
② 선생님께서 음악을 들려줘요. 음악을 듣고 교실을 천천히 걸어요.
③ 선생님께서 음악을 멈춰요. 여러분도 멈춰요.
④ 가까이에 있는 친구와 가위바위보를 해요.
⑤ 가위바위보에서 진 사람이 이긴 사람에게 친절하게 말을 해요.
⑥ 이긴 사람은 "고마워."라고 말하고, 쪽지에 친구의 말을 적어요.
⑦ 4칸 쪽지가 다 차면 자기 자리에 앉아요.

친절하게 말해요

3) 여러분은 어떤 말이 가장 기분이 좋았어요?

2. 친구에게 허락을 받고 미래의 집을 설명해 봅시다.

1) 유키가 엠마의 설명을 듣고 그림을 그렸어요. 설명에 맞게 하나하나 가리켜 보세요.

엠마: 준비됐어?
유키: 응, 설명해도 돼.
엠마: 미래의 나의 집은 마당이 넓어. 마당에 꽃이 많고, 나무도 커. 지붕이 높아.

유키의 그림

2) 여러분도 아래의 낱말을 넣어서 미래의 집을 설명해 보세요.

길다 깨끗하다 넓다 높다
많다 예쁘다 짧다 크다 튼튼하다

3) 친구의 설명을 듣고 그림을 그려 보세요.

7차시 친절하게 말하기

• **학습 목표**
• 친절하게 말하며 미래의 집을 설명할 수 있다.

1 도입 - 2분

1) 친절한 말이 무엇인지 생각해 보게 한다.

2) 허락을 구하거나 허락을 할 때 어떤 표현을 사용하였는지 생각해 보게 한다.

2 말하기 전 - 3분

1) 어떤 단어를 들으면 기분이 좋은지 생각해 보게 한다.

2) 어떤 단어를 말하면 친구들이 좋아할지 생각해 보게 한다.

3 말하기 중 - 30분

1) '친절하게 말하기 놀이'를 집단 활동으로 하게 한다.

① 학생들에게 '친절하게 말해요' 쪽지를 나누어 준다.(쪽지를 별도로 마련하지 않고 교재를 활용할 수 있다.)

② 음악을 들려주면 학생들이 자유롭게 교실을 돌아다니도록 한다.

③ 음악이 멈추면 그 자리에 정지하게 한다.

④ 가장 가까이에 있는 친구와 짝 활동을 한다. 만난 친구에게 어울리는 친절한 말을 해 주고, 자기가 들은 말을 쪽지에 쓴다. 단어를 쓰기 어려워하는 학생이 있으면 교사의

도움을 받을 수 있다.

⑤ 짝 활동이 끝나면 교사가 다시 음악을 들려준다.

⑥ ③~⑤ 활동을 반복하게 한다.

⑦ 쪽지가 단어로 가득 차면 자기 자리에 앉게 한다.

⑧ 활동을 마치고 어떤 말이 가장 기분이 좋았는지 말하게 한다.

2) 문법 표현 '-어도 되다'를 사용하여 허용을 해 주면 상대방이 미래의 집을 설명하고, 듣는 사람은 설명에 따라 그림을 그리는 활동임을 안내한다.

① 엠마와 유키의 대화를 읽고 어떤 활동인지 짐작하게 한다.

② 각자 자신의 미래의 집을 설명한다. 이때 '길다, 짧다, 크다, 작다, 세다, 넓다, 깨끗하다, 예쁘다, 많다' 등의 형용사를 사용하게 한다.

③ 자신이 들은 설명대로 친구의 미래의 집을 그리게 한다. 교재의 빈칸을 활용하거나 별도의 종이를 사용하게 한다.

④ 그림을 보여 주면서 미래의 집을 설명하도록 한다.

4 말하기 후 - 3분

1) 자신이 설명한 집을 친구들이 잘 그렸는지 말해 본다.

2) 교사의 재량에 따라 자신이 생각한 미래의 집과 친구가 그린 미래의 집이 어떻게 다른지 이야기할 수도 있고, 친구의 미래의 집을 소개할 수도 있다.

5 정리 - 2분

1) 친구에게 친절하게 말할 수 있는지, '-어도 되다'를 일상 대화에서 잘 적용할 수 있는지 확인한다.

2) 차시 예고를 한다.

8 소개 글과 초대장 쓰기

1. 나를 소개해 봅시다.

1) 선생님과 함께 읽어 보세요.

안녕하세요. 장위입니다.
저는 중국에서 왔습니다.
저는 달리기를 잘하고
그림 그리기를 좋아합니다.
한국에 온 지 3개월이 되었습니다.

2) 내 이야기를 써 보세요.

안녕하세요. _____.
저는 _____ 에서 왔습니다.
저는 _____ 고,
_____.
한국에 _____ 이/가 되었습니다.

2. 생일 초대장을 써 봅시다.

1) 선생님과 함께 읽어 보세요.

2) 내 이야기를 써 보세요.

초대합니다

_____ 아/야.
_____ 월 _____ 일이 내 생일이야.
꼭 _____ 그리고
내 생일날 만나자!
✔ 언제: _____ 월 _____ 일 _____ 요일 _____ 시
✔ 어디서: _____
✔ 연락처: _____

8차시 소개 글과 초대장 쓰기

- 학습 목표
- 소개하는 글과 초대장을 쓸 수 있다.

1 도입 - 2분

1) 나를 어떻게 소개할지 생각해 보게 한다.

2) 친구를 초대하려면 어떻게 해야 할지 생각해 보게 한다.

2 전개 - 35분

1) 소개하는 글을 읽고 나를 소개하는 글을 쓰게 한다.

① 장위가 자신을 소개하는 글을 선생님과 같이 읽게 한다.

② 장위가 자신을 소개한 방법을 파악한다.

- 선 소개를 할 때 제일 먼저 인사를 하고, 이름을 말했어요. 누구의 글인가요?
- 선 장위가 어디에서 왔어요?
- 선 장위가 무엇을 잘해요?
- 선 장위가 무엇을 좋아해요?
- 선 장위가 한국에 온 지 얼마나 됐어요?

③ 장위가 자신을 소개하는 글을 다시 한번 읽게 한다.

④ 장위가 자신을 소개한 방법을 따라 자신을 소개하는 글을 써 보게 한다.

2) 초대장을 읽고 초대하는 글을 쓰게 한다.

① 어떤 글인지 파악하게 한다.

② 초대장을 선생님과 같이 읽게 한다.

③ 초대장에 어떤 내용이 있는지 파악하게 한다.

- 선 초대할 때 제일 먼저 인사를 하고, 이름을 말했어요. 누구인가요?
- 선 타이선이 친구를 초대하는 이유가 뭐예요?
- 선 초대할 때 무엇을 알려 줬어요?
- 학 언제, 어디서 하는지, 누구에게 전화해야 하는지 알려 줬어요. 때, 장소, 연락처를 알려 줬어요.

④ 타이선의 초대장을 따라 초대장을 써 보게 한다.

- 선 초대할 때 제일 먼저 인사를 하고, 이름을 말해요. 내 생일에 누구를 초대하고 싶어요?
- 선 생일이 언제예요? 몇 월 며칠인지 써 보세요.
- 선 친구에게 부탁하는 말을 써 보세요. "꼭 와 줘.", "축하해 줘."라고 써 보세요. "꼭 기억해 줘.", "꼭 축하해 줘."도 알아요? 그렇게 써도 돼요.
- 선 몇 월, 며칠, 무슨 요일, 몇 시에 만나요? 언제 만나는지 써 보세요.
- 선 어디에서 만나요? 만날 장소를 써 보세요.
- 선 누구에게 전화하면 돼요? 집 전화번호나 내 전화번호를 써 보세요.
- 선 자기가 쓴 초대장을 큰 소리로 읽어 보세요.

3 정리 - 3분

1) 자신을 소개하고 초대장을 쓸 수 있는지 확인하게 한다.

2) 차시 예고를 한다.

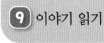

9 이야기 읽기

1. 만화를 읽고 질문에 대답해 봅시다.

아얏!

누구냐?

누가 제 몸을 찔렀습니다. 그래서 아팠습니다.

누가 찔렀느냐?

잘 모르겠습니다.

한음아, 내가 찌른 걸 알면서 왜 모른다고 했니?

네가 혼날까 봐 그랬어.

나를 생각해 줘서 고마워. 앞으로도 친하게 지내자.

1) 왜 오성이 한음의 몸을 찔렀어요?

2) 왜 한음은 오성이 찔렀다고 말하지 않았어요?

3) 친구가 여러분을 생각해 준 경험이 있어요? 친구들에게 이야기해 보세요.

2. 친구와 역할극을 해 봅시다.

오성: 한음아, 내가 찌른 걸 알면서 왜 모른다고 했니?
한음: 네가 혼날까 봐 그랬어.
오성: 나를 생각해 줘서 고마워. 앞으로도 친하게 지내자.
한음: 그러자.

9차시 이야기 읽기

- 학습 목표
- 한국의 이야기를 읽을 수 있다.

1 도입 - 2분

1) 친구와 관련된 재미있는 이야기를 듣거나 읽은 경험을 말하게 한다.

2) 한국의 이야기를 아는지 말하게 한다.

2 읽기 전 - 3분

1) 옛날과 오늘날의 교육이 어떻게 다른지 이야기한다.

2) 옛날에는 학교가 아니라 서당에서 공부했다는 사실을 알려 준다.

3 읽기 중 - 15분

1) 서당에서 있었던 〈오성과 한음〉의 이야기를 만화로 읽어 보게 한다.

- 신 공부할 때 한음이 뭐 했어요?
- 신 왜 오성이 한음의 옆구리를 찔렀어요?
- 신 한음이 왜 소리를 질렀어요?
- 신 왜 한음이 오성이가 찔렀다고 말하지 않았어요?
- 신 오성이 한음에게 뭐라고 말했어요?

2) 〈오성과 한음〉의 이야기를 선생님을 따라 소리 내어 읽게 한다.

3) 친구가 자신을 생각해 준 경험을 친구들에게 이야기하게 한다.

4 읽기 후 - 18분

1) 만화의 내용을 역할극으로 표현한다.

2) 오성과 한음의 역할을 정한다. 인물의 특성과 상황을 살려 역할극을 한다.

3) 감사하는 마음을 잘 표현했는지 말하게 한다. 만화에서 읽은 내용 이외의 표현을 아는지 말하게 한다.

※ 유의점: 한국의 문화를 소개하는 방편으로 역할극에 사용한 도구를 제작하거나 색칠할 수 있다. 한복이 준비되어 있으면 한복을 입고 역할극에 참여할 수 있다.

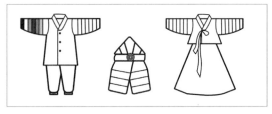

5 정리 - 2분

1) 친구에게 감사의 말을 할 수 있는지 확인한다.

2) 차시 예고를 한다.

36

37

10차시 생각 넓히기

- **학습 목표**
- 한국과 세계 여러 나라의 인사말을 할 수 있다.

1 도입 - 2분

1) 일상생활에서 여러 가지 인사말을 한 경험을 말하게 한다.

2) 외국의 인사말을 아는지 말하게 한다.

2 대화 전 - 2분

1) 1차시에서 배운 인사말을 상기시킨다.

2) 친구와 만날 때, 헤어질 때, 고마울 때, 축하할 때 어떤 인사말을 했는지 말하게 한다.

3 대화 중 - 15분

1) 한국에 상황에 따른 다양한 인사말이 있다는 사실을 알려 주고 말하게 한다.

- 📵 학교에 갈 때 "다녀오겠습니다."
- 📵 선생님을 만났을 때 "선생님, 안녕하세요."
- 📵 음식을 먹을 때 "감사합니다. 잘 먹겠습니다."
- 📵 집으로 돌아갈 때 "선생님, 안녕히 계세요."
- 📵 학교에서 집으로 돌아왔을 때 "다녀왔습니다."
- 📵 잠을 자기 전에 "안녕히 주무세요."

2) 세계 여러 나라에 상황에 따른 다양한 인사말이 있다는 사실을 알려 주고 행동하며 말하게 한다.

- 📵 중국에서는 어떻게 인사해요? "니하오."라고 인사해요.
- 📵 일본에서는 어떻게 인사해요? "오하이오 고자이마스."라고 인사해요.
- 📵 베트남에서는 어떻게 인사해요? "씬 짜오."라고 인사해요.
- 📵 인도에서는 어떻게 인사해요? "나마스떼."라고 인사해요.
- 📵 프랑스에서는 어떻게 인사해요? "봉주르."라고 인사해요.
- 📵 이스라엘에서는 어떻게 인사해요? "샬롬."이라고 인사해요.

4 대화 후 - 18분

1) '인사하기 놀이'를 집단 활동으로 하게 한다. 〈부록〉의 그림 카드를 활용한다.

① 그림 카드를 여러 장 들고, 두 줄로 둥글게 선다.

② 1차시에서 학습한 '인사하기' 노래를 부르면서 서로 반대쪽으로 돌게 한다. 예를 들어, 안쪽 원에 선 학생들이 시계 방향으로 돌면 바깥쪽 원에 선 학생들은 시계 반대 방향으로 돈다.

③ 노래가 끝나면 그림 카드를 뽑는다.

④ 그림 카드를 보고, 서로 인사한다.

2) '인사하기 놀이'를 한 느낌을 이야기하도록 한다.

5 정리 - 3분

1) 한국과 세계 여러 나라의 상황에 따른 다양한 인사말을 할 수 있는지 확인한다.

2) 대단원을 정리한다.

2단원 ● 가족과 친척

● 단원의 개관

이 단원의 목표는 학생들이 가족을 간단하게 소개하고 친척 호칭을 말하며, 웃어른께 높임말을 사용하는 방법을 알고 말하는 것이다. 가족과 친척을 소개하고 가족 모임이나 가족 행사 장면을 학습함으로써 의사소통 능력을 향상시킬 수 있을 것이다.

학습 목표	• 가족을 소개할 수 있다. • 높임말을 사용할 수 있다. • 친척 호칭을 말할 수 있다.						
주제	장면		기능	문법	어휘	문화	담화 유형
	일상생활	학교생활					
가족과 친척	가족 모임	가족사진 소개하기	가족 소개하기 높임말 사용하기	께서 -으사- -는 것 -고 있다 -고 계시다	가족 친척 높임말	가족 예절	그림책 소개문
	친척 모임	가족 소개					
	가족에게 안부 묻기	가족 행사					

차시 전개 과정

차시	차시 제목	성격	학습 내용	교재 쪽수	익힘책 쪽수
1	우리 가족	필수	• 가족 호칭을 사용하여 가족을 소개할 수 있다.	40	26
2	가족사진	필수	• '께서', '-으시-'를 사용하여 높임말을 할 수 있다.	42	28
3	가족 소개	필수	• '-는 것'을 사용하여 가족을 소개할 수 있다.	44	30
4	가족 행사	필수	• 가족 행사표를 만들고 행사를 소개할 수 있다.	46	32
5	가족 안부	필수	• '-고 있다', '-고 계시다'를 사용하여 지금 가족이 하고 있는 일을 말할 수 있다.	48	34
6	친척	필수	• 친척 호칭을 사용하여 소개할 수 있다.	50	36
7	가족과 한 일 쓰기	선택	• 가족사진을 보고 친척과 한 일을 쓸 수 있다.	52	-
8	효도 이용권 만들기	선택	• 가족 호칭을 써서 효도 이용권을 만들 수 있다.	54	-
9	이야기 읽기	선택	• 간단한 이야기를 읽고 그림책을 만들 수 있다.	56	-
10	생각 넓히기	선택	• 한국의 가족 예절을 알고 상황에 맞게 말할 수 있다.	58	-

단원 지도상의 유의점

◆ 〈의사소통 한국어〉 교재의 특성상 단어, 표현, 문법을 분리하여 명시적으로 학습하지 않는다. 주어진 장면과 상황 안에서 그림과 사진을 통해 어휘 및 표현을 이해하고 제시된 대화나 활동으로 문법을 이해할 수 있도록 교수한다.

◆ 친척 호칭어 학습 시 교재에 제시되지 않은 친척 호칭어라 하더라도 학생들이 일상생활에서 사용하고 있거나 궁금해할 경우 지도할 수 있으나, 학생들이 호칭어 사용에 어려움을 느낄 수 있으므로 지나치게 강조하지 않는다.

1차시 우리 가족

· **주요 학습 내용**

> **어휘**
> 아버지, 어머니, 할아버지, 할머니, 오빠, 언니, 형, 누나, 동생, 남동생, 여동생

· **학습 목표**
· 가족 호칭을 사용하여 가족을 소개할 수 있다.

1 도입 5분

1) 전체 도입 그림을 보면서 단원 학습 목표와 대략적인 단원 학습 내용을 살펴본다.
   - 신 누가 있어요?
   - 신 무슨 날이에요?
   - 신 가족과 뭐 해요?
   - 신 어떤 친척이 있어요?
   - 신 여러분은 가족, 친척과 뭐 해요?

2) 단원 학습 목표를 소개한다.
   - 신 우리가 2단원에서 공부할 내용이에요.
     · 가족을 소개할 수 있다.
     · 높임말을 사용할 수 있다.
     · 친척 호칭을 말할 수 있다.

3) 1차시 도입 그림을 보면서 학습 목표를 예상한다.
   - 신 어떤 그림이에요?
   - 신 가족이 뭐 해요?

2 도서 보면 12분

1) 1번에 있는 지시문을 이야기하면서 오늘 배울 내용을 안내한다.
   - 신 서영이 가족이 몇 명이에요?
   - 신 타이선 가족은 몇 명이에요?
   - 신 여러분의 가족은 몇 명이에요?

2) 그림을 보며 질문을 통해 어휘를 학습한다.
   - 신 (아버지/어머니/언니) 서영이 가족을 손으로 가리키면서 말해 보세요.
   - 신 (할아버지/할머니/형/동생) 타이선 가족을 손으로 가리키면서 말해 보세요.
   - 신 여러분은 할아버지, 할머니가 계세요? 어디에 사세요?
   - 신 여러분은 형이 있어요? 남자는 형이라고 불러요.
   - 신 여자는 오빠라고 불러요. 여러분은 오빠가 있어요?
   - 신 여러분은 동생이 있어요? 남자 동생은 남동생, 여자 동생은 여동생이라고 해요.

1 우리 가족

1. 친구들과 가족에 대해 이야기해 봅시다.

1) 서영이와 타이선의 가족이 몇 명이에요?

서영이 가족 — 아버지, 어머니, 언니, 나

타이선 가족 — 아버지, 어머니, 할머니, 할아버지, 형, 나, 동생

2) 서영이와 타이선의 가족을 말해 보세요.

40 · 의사소통 한국어 2

40

어휘 지식

아버지	자기를 낳아 준 남자를 이르거나 부르는 말. 예 아버지, 안녕히 다녀오세요. 아버지의 얼굴을 떠올렸다.
어머니	자기를 낳아 준 여자를 이르거나 부르는 말. 예 어머니, 학교에 다녀왔습니다. 우리 어머니께서 주무신다.
할아버지	부모의 아버지를 이르는 말. 예 할아버지, 진지 드세요. 우리는 방학 때 할아버지 댁에 갔다.
할머니	부모의 어머니를 이르는 말. 예 할머니, 안녕히 주무세요. 할머니께서 나를 꼭 안아 주셨다.
오빠	자기보다 나이가 많은 남자 형제를 여동생이 이르거나 부르는 말. 예 오빠, 오늘 뭐 해? 우리 오빠는 중학교에 다닌다.
언니	자기보다 나이가 많은 여자 형제를 여동생이 이르거나 부르는 말. 예 언니, 오늘 나랑 놀자. 나는 집에서 언니와 이야기를 많이 한다.
형	자기보다 나이가 많은 남자 형제를 남동생이 이르거나 부르는 말. 예 형, 축구하러 가자. 우리 형은 고등학생이다.

아버지, 어머니, 할아버지, 할머니, 오빠, 언니, 형, 누나, 동생, 남동생, 여동생

2. 〈보기〉에서 알맞은 낱말을 찾아 빈칸에 써 봅시다.

〈보기〉	할아버지	할머니	아버지(아빠)	어머니(엄마)	형
	누나	오빠	언니	여동생	남동생

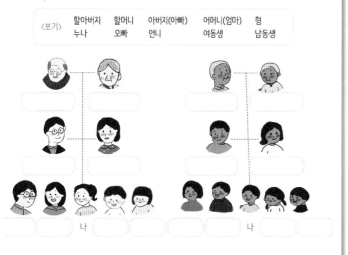

| 나 | | | 나 | |

3. 〈보기〉의 낱말에서 나의 가족에 동그라미를 그리고 친구와 선생님께 소개해 봅시다.

저는 서영이에요. 저는 아버지, 어머니, 언니와 같이 살아요. 우리 가족은 모두 4명이에요.

〈보기〉	할아버지	할머니	아버지(아빠)	어머니(엄마)	형
	누나	오빠	언니	여동생	남동생

2. 가족과 친척 • 41

41

누나	자기보다 나이가 많은 여자 형제를 남동생이 이르거나 부르는 말. ⑩ 누나, 이것 좀 가르쳐 줘. 누나는 엄마를 닮고, 나는 아빠를 닮았다.
동생	자기보다 나이가 적은 형제를 이르거나 부르는 말. ⑩ 동생, 잘 놀았어? 내 동생은 키가 크다.
남동생	남자 동생. ⑩ 내 남동생은 유치원에 다녀. 내 동생은 공놀이를 좋아한다.
여동생	여자 동생. ⑩ 내 여동생은 나보다 두 살이 어려. 내 밑으로 여동생이 하나, 남동생이 하나 있다.

3 연습 - 10분

1) 2번 〈보기〉에서 가족 호칭을 익힌다.
- 🔵 〈보기〉를 따라 읽어 봅시다. 할아버지, 할머니, 아버지, 어머니, 형, 누나, 오빠, 언니, 남동생, 여동생.

2) 빈칸에 가족 호칭을 쓰게 한다.
- 🔵 오른쪽은 남학생이에요. 가족 호칭을 말하면서 써 보세요.

- 🔵 남자는 자기보다 나이가 많은 형제를 '형, 누나'라고 불러요.
- 🔵 왼쪽은 여학생이에요. 가족 호칭을 말하면서 써 보세요.
- 🔵 여자는 자기보다 나이가 많은 형제를 '오빠, 언니'라고 불러요.
- 🔵 한국에서 자기보다 나이가 적은 형제를 '동생'이라고 하지만, "동생!", "동생아." 이렇게 잘 안 불러요. 주로 "서영아!", "타이선!" 이렇게 이름을 불러요.

3) 학습 수준에 따라 외조부모 어휘를 학습할 수 있다.
- 🔵 어머니의 아버지와 어머니를 뭐라고 부르는지 알아요?
- 🔵 외할아버지, 외할머니라고 불러요.

4 적용 - 10분

1) 학습한 어휘를 정리한다.
- 🔵 3번 〈보기〉의 낱말을 큰 소리로 읽어 볼까요?
- 🔵 〈보기〉의 낱말 중에서 나의 가족이 있어요? 낱말에 동그라미를 그려 보세요.

2) 학습한 어휘를 사용하여 가족을 소개하게 한다.
- 🔵 서영이처럼 가족을 소개해 보세요.

5 정리 - 5분

1) 익힘책 26쪽을 풀게 한다.
- 🔵 1번 글 상자에 제시된 낱말을 큰 소리로 읽어 보세요. "아버지, 어머니, 할아버지, 할머니, 동생, 누나, 오빠, 형."
- 🔵 타이선의 가족을 가리키면서 알맞은 호칭을 말해 보세요.
- 🔵 아래의 빈칸에 알맞은 낱말을 써 보세요.

2) 익힘책 27쪽에 배운 어휘를 쓰게 한다.
- 🔵 2번을 보고 서영이의 가족을 가리키면서 알맞은 호칭을 말해 보세요.
- 🔵 빈칸에 알맞은 낱말을 써 보세요.

3) 익힘책 27쪽에 나의 가족을 소개하는 글을 쓰게 한다.
- 🔵 학습한 어휘를 사용하여 가족을 소개해 보세요.
- 🔵 가족 소개하기 활동을 생각하며 3번에 나의 가족을 소개하는 글을 써 보세요.

4) 배운 어휘와 표현으로 친구의 가족을 말하게 한다.
- 🔵 ○○ 친구의 가족을 말해 보세요.

5) 차시 예고를 한다.

· **주요 학습 내용**

> **어휘**
> 계시다, 낮잠, 자다, 주무시다
> **문법 및 표현**
> 께서, -으시-
> **준비물**
> 듣기 자료

· **학습 목표**
· '께서', '-으시-'를 사용하여 높임말을 할 수 있다.

1 도입 – 2분

1) 1번에 있는 지시문을 이야기하면서 오늘 배울 내용을 안내한다.
   - 웹 아래 그림이 뭐예요?
   - 웹 유키의 가족사진이에요.

2) 학습 목표를 확인한다.

2 제시, 설명 – 15분

1) 첫 번째 그림을 보면서 가족이 무엇을 하는지 이야기하게 한다.
   - 웹 첫 번째 그림을 보세요. 유키 가족이에요. 유키 가족이 뭐 해요?
   - 웹 유키 가족이 사진을 찍어요.
   - 웹 유키가 사진을 찍어요. 유키 동생도 사진을 찍어요.
   - 웹 아버지께서 사진을 찍으세요. 어머니께서 사진을 찍으세요.
   - 웹 한국에서 자기보다 나이가 많은 사람에게 높임말을 써요.

2) 두 번째 그림을 보면서 가족이 무엇을 하는지 이야기하게 한다.
   - 웹 두 번째 그림을 보세요. 바닷가에 누가 있어요?
   - 웹 유키 가족이 있어요. 아버지, 어머니, 유키, 그리고 동생이 있어요.
   - 웹 유키 가족이 뭐 해요?
   - 웹 유키 가족이 수영을 해요.
   - 웹 유키가 수영을 해요. 유키 동생도 수영을 해요.
   - 웹 아버지께서 수영을 하세요. 어머니께서 수영을 하세요.
   - 웹 유키 가족이 즐거워 보여요. 유키 가족 얼굴을 보세요. 어때요?
   - 웹 유키 가족이 웃어요. 유키가 웃어요. 유키 동생도 웃어요.
   - 웹 아버지께서 웃으세요. 어머니께서 웃으세요.

3) 세 번째 그림에서 가족이 무엇을 하는지 이야기하면서 자연스럽게 어휘를 학습한다.
   - 웹 세 번째 그림을 보세요. 어디예요?
   - 웹 방이에요.
   - 웹 뭐 해요?

---

2 가족사진

1. 가족사진을 보고 이야기해 봅시다.

1) 바닷가에 누가 있어요?   2) 방에서 누가 자요?

3) 듣고 따라 하세요. 🔊 5

> 유키가 수영을 합니다.
> 아버지께서 수영을 하십니다.
> 유키가 웃습니다.
> 어머니께서 웃으십니다.

> 동생이 방에 있습니다.
> 어머니께서 방에 계십니다.
> 동생이 낮잠을 잡니다.
> 어머니께서 낮잠을 주무십니다.

42 · 의사소통 한국어 2

42

- 웹 (자다) 잠을 자요.
- 웹 (낮잠) 밤이 아니에요. 낮이에요. 낮에 자요. 낮잠을 자요.
- 웹 누가 방에 있어요?
- 웹 동생이 방에 있어요. 어머니께서 방에 계세요.
- 웹 누가 자요?
- 웹 동생이 잠을 자요. 어머니께서 잠을 주무세요.
- 웹 (계시다) 어머니께는 '계시다'라고 해요. '있다'의 높임말은 '계시다'예요.
- 웹 (주무시다) 어머니께는 '주무시다'라고 해요. '자다'의 높임말은 '주무시다'예요.

어휘 지식

계시다 [계:시다/ 게:시다]	'있다'의 높임말. 예 우리 할아버지께서는 시골에 계십니다. 선생님께서는 교실에 계세요.
낮잠 [낟짬]	낮에 자는 잠. 예 날씨가 더워서 낮잠을 잤습니다. 낮잠을 자서 밤에 잠이 안 온다.
자다	눈을 감고 한동안 쉬는 상태가 되다. 예 늦잠을 잤다. 어제 잠을 못 자서 피곤해요.

✏ 계시다, 낮잠,
자다, 주무시다

💳 께서, -으시-

2. 그림과 어울리는 문장을 연결하고 써 봅시다.

자다   웃다   요리를 하다   책을 읽다

●   ●   ●   ●

●   ●   ●   ●

아버지께서 요리를   어머니께서 책을   할아버지께서   할머니께서

3. 가족이 무엇을 하는지 말해 봅시다.

할아버지께서
주무십니다.

2. 가족과 친척 • 43

43

주무시다 | '자다'의 높임말.
💬 안녕히 주무셨어요?
아버지께서 낮잠을 주무십니다.

4) 다음 문장을 듣고 따라 하게 한다.

🔵 유키가 수영을 합니다. 아버지께서 수영을 하십니다.

🔵 유키가 웃습니다. 어머니께서 웃으십니다.

🔵 높여 말할 때 '께서'와 '-으시-'를 써요.

🔵 동생이 방에 있습니다. 어머니께서 방에 계십니다.

🔵 동생이 낮잠을 잡니다. 어머니께서 낮잠을 주무십니다.

🔵 높여 말할 때 '계시다', '주무시다'처럼 낱말이 바뀌기도 해요.

문법 지식

께서

· 어떤 동작을 하는 주체 또는 어떤 상태에 있는 대상이 높은 사람임을 나타내는 조사.

· 명사에 붙어 어떤 행위를 하는 사람 또는 어떤 상태의 주체가 되는 사람이 높은 사람임을 나타낸다. 문장의 주어가 화자보다 높은 사람임을 나타낼 때 사용한다.

💬 할아버지께서 주무세요.
    선생님께서 학교에 계세요.

-으시-

· 문장 내 주어의 행위나 상태를 존대함을 나타내는 선어말 어미.

💬 한국에 언제 다시 오시겠어요?
    선생님께서 교실 앞에 있는 의자에 앉으십니다.

· 동사나 형용사 '이다, 아니다'에 붙어 문장 안에 등장하는 주어를 높여서 주어의 행위나 상태를 존대함을 나타낼 때 사용한다.

	조건	형태	예시
①	받침 ○	-으시-	읽으시다, 작으시다
②	받침 ×	-시-	가시다, 예쁘시다
	ㄹ 받침	-시- (어간 'ㄹ' 탈락)	만드시다, 사시다

3 연습 - 10분

1) 2번 문제의 그림을 보면서 가족이 무엇을 하는지 질문한다.

🔳 할아버지께서 뭐 하십니까? 할아버지께서 주무십니다.

🔳 할머니께서 뭐 하십니까? 할머니께서 웃으십니다.

🔳 아버지께서 뭐 하십니까? 아버지께서 요리를 하십니다.

🔳 어머니께서 뭐 하십니까? 어머니께서 책을 읽으십니다.

2) 단어와 어울리는 문장을 연결하고 서술어를 높임말로 쓰게 한다. 단어는 기본형으로 보여 주고 교사가 질문을 하면 '-으시-'의 결합형으로 말하고 나서 쓰게 한다. 학습자의 수준에 따라 '해요체'나 '습니다체' 사용이 모두 가능하나 '-으시-'의 형태가 나타나려면 '습니다체'를 사용하는 것이 좋다.

4 적용 - 10분

1) 높임말을 사용하여 가족이 무엇을 하는지 말하게 한다. 2번을 종합하는 활동으로 평소에 가정에서 흔히 발생하는 일에 해당한다.

🔳 그림을 보면서 가족이 무엇을 하는지 말해 보세요.

2) 학생들이 각자 자신의 가정에서 가족이 어떤 일을 하는지 생각해 보고 할아버지, 할머니, 아버지, 어머니가 무엇을 하는지 높임말을 써서 말하게 한다.

5 정리 - 2분

1) 익힘책 28~29쪽을 풀게 한다.

2) 교사는 오늘 배운 단어와 조사 '께서', 선어말 어미 '-으시-'를 학생들이 잘 알고 있는지 확인한다.

3) 차시 예고를 한다.

3차시 가족 소개

· 주요 학습 내용

어휘
회사에 다니다, 유치원, 사이가 좋다, 수영하다, 음악을 듣다

문법 및 표현
-는 것

준비물
듣기 자료, 가족사진

· 학습 목표
· '-는 것'을 사용하여 가족을 소개할 수 있다.

1 도입 - 2분

1) 우리 가족이 어떤 일을 하는지, 무엇을 좋아하는지 생각하며 그림을 보게 한다.

2) 학습 목표를 확인한다.

2 제시, 설명 - 15분

1) 그림을 보며 장위와 장위 가족이 무엇을 하는지 확인하게 한다.

  📧 장위가 뭐 해요?

  📧 사람들이 뭐 해요?

2) 잘 듣고 그림에서 장위의 가족을 찾아보게 한다.

  📧 잘 듣고 그림에서 장위의 가족을 가리키세요.

  > **듣기 자료 🔊 6**
  > 우리 가족이에요.
  > 아버지께서는 회사에 다니세요.
  > 어머니께서는 선생님이세요.
  > 동생은 유치원에 다녀요.
  > 저는 장위예요.
  > 우리 가족은 서로 사랑해요.

3) 그림을 보며 장위의 가족이 무엇을 하는지 대답하면서 자연스럽게 어휘를 학습하게 한다.

  📧 (회사에 다니다) 장위 아버지께서는 뭐 하세요? 장위 아버지께서는 매일 회사에 가서서 일하세요. 장위 아버지께서는 회사에 다니세요. 여러분의 아버지께서는 뭐 하세요?

  📧 장위 어머니께서는 뭐 하세요?

  📧 (유치원) 장위 동생은 어디에 다녀요? 장위 동생은 아직 초등학교에 가지 않았어요. 초등학교에 가기 전에 유치원에 다녀요. 여러분도 유치원에 다녔지요? 유치원에서 한 일 중에서 기억나는 게 있어요?

  📧 (음악을 듣다) 장위는 뭐 해요? 장위의 머리에 뭐가 있어요? 네, 헤드폰이라고 해요. 헤드폰을 쓰고 있어요. 장위는 음악을 들어요. 여러분은 어떤 음악을 좋아해요? 여러분도 음악 듣는 것을 좋아해요?

---

3 가족 소개

1. 장위의 가족을 소개해 봅시다. 🔊 6

  1) 잘 듣고 가리키세요.

  2) 다시 듣고 써 보세요.

  아버지께서는 회사에 _____.
  어머니께서는 선생님 _____.
  동생은 유치원에 _____.

  3) 장위와 아빠는 뭐 하는 것을 좋아해요?

  | 장위는 음악 듣는 것을 좋아해요. | 아빠는 요리하는 것을 좋아하세요. |

어휘 지식	
회사에 다니다	회사를 정기적으로 늘 갔다 오다. 📧 나는 작은 회사에 다닌다. 어머니께서는 12월까지 회사에 다니셨다.
유치원	초등학교에 입학하기 전의 어린이가 다니는 교육 시설. 📧 내 동생은 유치원을 다닌다. 유치원을 졸업하고 초등학교에 들어간다.
사이가 좋다 [사이가 조:타]	서로 정답다. 또는 서로 친하다. 📧 나는 내 친구와 사이가 좋다. 우리는 사이가 좋은 형제이다.
수영하다	물속을 헤엄치다. 📧 수영장에서 수영하며 노는 아이들. 수영할 줄 안다고 깊은 곳에 함부로 들어가면 위험하다.
음악을 듣다 [으마글 듣따]	음악을 감각 기관을 통해 알아차리다. 📧 형은 큰 소리로 음악을 듣는다. 누나가 방에서 음악을 듣고 있다.

4) 장위의 가족이 하는 일을 듣고 따라 하게 한다.

  📧 아버지께서는 회사에 다니세요.

  📧 어머니께서는 선생님이세요.

  📧 동생은 유치원에 다녀요.

회사에 다니다, 유치원,
사이가 좋다, 수영하다,
음악을 듣다

-는 것

2. 장위 가족이 좋아하는 것을 연결하고 말해 봅시다.

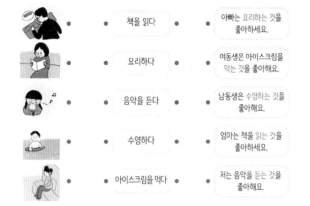

책을 읽다 · · 아빠는 요리하는 것을 좋아하세요.

요리하다 · · 여동생은 아이스크림을 먹는 것을 좋아해요.

음악을 듣다 · · 남동생은 수영하는 것을 좋아해요.

수영하다 · · 엄마는 책을 읽는 것을 좋아하세요.

아이스크림을 먹다 · · 저는 음악을 듣는 것을 좋아해요.

3. 장위처럼 여러분도 친구들에게 가족사진을 보여 주고 소개해 봅시다.

저는 장위예요.
우리 가족은 모두 네 명이에요.
아버지께서는 회사에 다니세요. 요리하는 것을 좋아하세요.
어머니께서는 선생님이세요. 책 읽는 것을 좋아하세요.
동생은 유치원에 다녀요. 아이스크림 먹는 것을 좋아해요.
저는 음악 듣는 것을 좋아해요.
우리 가족은 사이가 좋아요.

2. 가족과 친척 • 45

45

5) 장위와 아빠가 좋아하는 것을 '-는 것'의 형태로 대답
하게 한다.
🔵 장위는 뭐 하는 것을 좋아해요?
🔵 장위 아빠는 뭐 하는 것을 좋아하세요?

문법 지식

-는 것
· 문장에서 명사처럼 쓰여 주어나 목적어 등으로 사용하도록
만드는 표현.
📌 제 꿈은 가수가 되는 것입니다.
집에 오면 손을 먼저 씻는 것이 중요해요.

· 동사나 '있다, 없다, 계시다'에 붙어 어떤 행위나 사실을 나
타내거나 행위와 관련된 사물을 가리킨다. 결합하는 말이
문장 내에서 명사로 기능하게 하여 주어나 목적어 및 서술
어 등으로 사용할 수 있게 한다.

	조건	형태	예시
①	받침 ○	-는 것	읽는 것, 먹는 것
②	받침 ×	-는 것	가는 것, 보는 것
	ㄹ 받침	-는 것 (어간 'ㄹ' 탈락)	노는 것, 만드는 것

③ 연습 - 10분

1) 2번 그림을 보면서 가족이 무엇을 하는지 말하게 한다.
🔵 아빠가 뭐 하세요?
🔵 엄마가 뭐 하세요?
🔵 장위 여동생이 뭐 해요?
🔵 (수영하다) 장위 남동생이 뭐 해요? 남동생이 물속을 헤엄
쳐요. 장위 남동생은 수영해요.
🔵 장위가 뭐 해요?

2) 제시된 단어를 이용하여 문법 형태 '-는 것'을 연습하게
한다.
🔵 아빠는 뭘 좋아하세요?
🔵 엄마는 뭘 좋아하세요?
🔵 장위 여동생은 뭘 좋아해요?
🔵 장위 남동생은 뭘 좋아해요?
🔵 장위는 뭘 좋아해요?

④ 적용 - 11분

1) 장위의 가족 소개 글을 읽게 한다.
🔵 장위가 가족을 소개해요. 장위의 글을 읽어 보세요.
🔵 (사이가 좋다) 장위 가족은 정다워요. 서로 친해요. 장위 가
족은 관계가 어때요? 장위 가족은 사이가 좋아요. 여러분
가족도 사이가 좋아요?

2) 자신의 가족사진을 보여 주며 장위처럼 가족을 소개하게
한다.

저는 ○○이에요/예요.
우리 가족은 모두 ○○명이에요.
아버지께서는 ○○이세요/세요. ○○는 것을 좋아하세요.
어머니께서는 ○○이세요/세요. ○○는 것을 좋아하세요.
형/오빠/누나/언니/동생은 유치원에 다녀요. ○○는 것을
좋아해요.
저는 ○○는 것을 좋아해요.
우리 가족은 서로 사랑해요.

⑤ 정리 - 2분

1) 익힘책 30쪽 1번 활동을 하면서 필수 어휘 '회사에 다
니다', '유치원'을 읽고 쓰는 연습을 하게 한다.

2) 익힘책 30쪽 2번 활동을 하면서 '-는 것'을 사용하여
쓰는 연습을 하게 한다.

3) 익힘책 31쪽 3번 활동을 하면서 소개하는 글을 이해하
였는지 확인하고, 필수 어휘 '음악을 듣다', '-는 것'을
사용하여 문장을 완성하는 연습을 하게 한다.

4) 가족을 소개할 수 있는지 물어보며 오늘 배운 어휘와
'-는 것' 문법을 학생들이 잘 알고 있는지 확인한다.

5) 차시 예고를 한다.

- 주요 학습 내용

> 어휘
> 설날, 세배, 졸업, 입학, 어버이날, 가족 여행, 생신
> 준비물
> 가족 행사표

- 학습 목표
- 가족 행사표를 만들고 행사를 소개할 수 있다.

1 도입

1) 그림을 보고 어떤 장면인지 이야기하게 한다.

2) 가족들이 언제 무엇을 하는지 이야기하면서 알고 있는 어휘를 확인한다.

2 제시, 설명

1) 그림을 보며 서영이의 가족이 어떤 행사를 했는지 이야기하게 한다.

📘 서영이의 가족이 작년에 한 행사예요. 어떤 행사를 했어요?

📘 설날 가족 모임, 언니 중학교 졸업, 동생 초등학교 입학, 어버이날 가족 모임, 가족 여행, 아빠 생신 파티를 했어요.

2) 그림을 보며 질문을 통해 어휘를 학습하게 한다.

📗 (설날/세배) 서영이가 할아버지와 할머니께 뭐 해요? 세배해요. 세배는 설날에 해요. 설날이 언제예요? 설날은 1월 1일이에요. 설날에 세배해요.

📗 (졸업) 서영이 언니가 꽃을 들고 있어요. 언니가 지금 뭐 해요? 중학교 졸업을 해요. 언니는 곧 고등학생이 돼요.

📗 (입학) 서영이 동생이 뭐 해요? 초등학교 입학을 해요. 서영이 동생이 이제 초등학생이 되었어요. 유치원을 졸업하면 초등학교에 입학할 수 있어요.

📗 (어버이날) 네 번째 그림을 보세요. 가족 모임을 언제 했어요? 어버이날에 했어요. 어버이날은 5월 8일이에요. 어버이날은 부모님의 사랑을 기념하는 날이에요. 여러분은 어버이날에 뭐 했어요?

📗 (가족 여행) 서영이 가족이 차를 타고 여행을 가요. 서영이가 가족 여행을 가요. 여러분은 언제 가족 여행을 다녀왔어요?

📗 (생신) 마지막 그림을 보세요. 케이크가 있어요. 어떤 날이에요? 아빠 생신이에요. 웃어른의 생일은 '생신'이라고 해요.

어휘 지식

설날 [설:랄]	우리나라 명절의 하나. 음력 1월 1일. 📗 설날 아침에 떡국을 먹는다. 설날에 가족과 윷놀이를 했다.
세배 [세:배]	설날에 웃어른께 인사로 하는 절. 📗 설날에 어른들께 세배를 했다. 새해 첫날 부모님께 세배를 올렸다.

---

4 가족 행사

1. 서영이의 가족이 작년에 한 행사입니다. 같이 이야기해 봅시다.

설날   언니 중학교 졸업   동생 초등학교 입학

1) 위 그림을 보고 어떤 행사가 있었는지 읽어 보세요.

2) 서영이의 가족 행사표를 만들고 소개하세요.

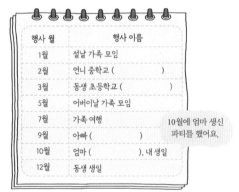

행사 월	행사 이름
1월	설날 가족 모임
2월	언니 중학교 ( )
3월	동생 초등학교 ( )
5월	어버이날 가족 모임
7월	가족 여행
9월	아빠 ( )
10월	엄마 ( ), 내 생일
12월	동생 생일

> 10월에 엄마 생신 파티를 했어요.

46 • 의사소통 한국어 2

졸업 [조럽]	학생이 규정에 따라 교과 과정을 마침. 📗 졸업 시험. 언니는 대학 졸업 후 유학을 갔다.
입학 [이팍]	학생이 되어 공부하기 위해 학교에 들어감. 📗 입학 선물. 입학을 축하합니다.
어버이날	낳아 주시고 길러 주신 아버지와 어머니의 사랑을 기념하는 날. 📗 5월 8일은 어버이날이다. 어버이날에는 부모님께 빨간 카네이션을 달아 드린다.
가족 여행	가족이 함께 다녀오는 여행. 📗 이번 주말에 가족 여행을 간다. 우리는 가족 여행을 자주 간다.
생신	'생일'을 높여 이르는 말. 📗 오늘은 어머니 생신이다. 아버님, 생신을 축하합니다.

3) 서영이의 가족 행사표를 만들고 소개하게 한다.

📘 그림을 보고 가족 행사표를 만들어 보세요.

📘 여러분이 서영이가 되어 가족 행사를 소개해 보세요.

1월에 설날 가족 모임을 했어요.

2월에 언니가 중학교 졸업(식)을 했어요.

3월에 동생이 초등학교 입학(식)을 했어요.

설날, 세배, 졸업, 입학,
어버이날, 가족 여행,
생신

어버이날 가족 모임　　가족 여행　　아빠 생신

2. 그림에 어울리는 낱말을 연결해 봅시다.

세배　　생신(생일)　　입학　　졸업

3. 올해 나의 가족 행사표를 만들어 봅시다. 부록

2. 가족과 친척 • 47

47

5월에 어버이날 가족 모임을 했어요.
7월에 가족 여행을 했어요.
9월에 아빠 생신 파티를 했어요.
10월에 엄마 생신 파티를 했어요. 내 생일 파티도 했어요.
12월에 동생 생일 파티를 했어요.

③ 연습 – 10분

1) 단어를 읽어 보게 한다.

선 낱말을 읽어 보세요. "세배, 생신(생일), 입학, 졸업."

2) 단어와 어울리는 그림을 연결하고 문장으로 말하게 한다.

선 서영이가 할아버지, 할머니께 세배를 해요.
선 생신 파티를 해요.
선 동생이 초등학교에 입학을 해요.
선 언니가 중학교 졸업을 해요.

④ 적용 – 11분

1) 〈부록〉의 '가족 행사표'에 올해 나의 가족 행사표를 만들게 한다.

2) 나의 가족 행사를 소개하게 한다.

행사 월	행사 이름
'가족 행사표' 예시	
1월	제주도 가족 여행
2월	설날 친척 모임
3월	동생 초등학교 입학식
4월	가족 나무 심기 행사
5월	어린이날 가족 모임
6월	엄마 생신
7월	할머니 생신
8월	강원도 가족 여행
9월	아빠 생신
10월	가족과 놀이공원 가기
11월	내 생일
12월	동생 생일

⑤ 정리 – 2분

1) 익힘책 32쪽 1번 활동을 하면서 필수 어휘 '설날, 세배, 입학, 졸업, 가족 여행, 생신'을 연습하게 한다.

선 낱말을 따라 읽어 봅시다. "생신, 입학, 설날, 세배, 졸업, 가족 여행."
선 ①번 그림에서 친구가 뭐 해요? 네, 할아버지, 할머니께 세배를 해요.
선 ②번 그림에 뭐가 있어요? 케이크가 있어요. 촛불도 켜져 있어요. 어떤 날 같아요?
선 ③번 그림에서 아이가 어디에 있어요? 학교 교문 앞에 있어요. 교문에 뭐라고 써 있어요?
선 ④번 그림에서 가족이 어디에 있어요? 네, 자동차 안에 있어요. 어디를 가고 있을까요?
선 ⑤번 그림에서 학생이 무엇을 가지고 있어요? 꽃을 가지고 있어요. 왜 꽃을 가지고 있어요?
선 어울리는 말을 연결해 보세요.
선 연결하고 낱말을 써 보세요.
선 낱말을 쓰고 문장을 읽어 보세요.

2) 익힘책 33쪽 2번 활동을 하면서 '생신'과 '생일'의 차이점을 이해하게 한다.

3) 익힘책 33쪽 3번 활동에서 글을 읽고 필수 어휘 '설날, 세배, 어버이날'을 읽고 쓰는 연습을 하게 한다.

4) 가족 행사를 소개할 수 있는지 확인한다.

5) 차시 예고를 한다.

5차시 가족 안부

- **주요 학습 내용**

  문법 및 표현
  -고 있다, -고 계시다
  준비물
  듣기 자료

- **학습 목표**
- '-고 있다', '-고 계시다'를 사용하여 지금 가족이 하고 있는 일을 말할 수 있다.

① 도입 - 2분

1) 1번 그림을 보고 어떤 장면인지 생각해 보게 한다.

  🔵 어디예요? 서영이가 뭐 해요?

2) 우리 가족과 비교하며 서영이 가족이 무엇을 하고 있는지 생각해 보게 한다.

② 제시, 설명 - 15분

1) 그림을 보며 대화를 듣게 한다.

> **듣기 자료 🔊 7**
> 서영: 엄마, 언제 오세요?
> 엄마: 응, 내일 집에 가. 아빠 오셨어?
> 서영: 네.
> 엄마: 아빠 뭐 하시니?
> 서영: 지금 샤워하고 계세요.
> 엄마: 동생들은?
> 서영: 한 명은 텔레비전 보고 있고, 한 명은 밥 먹고 있어요.
> 엄마: 너는 밥 먹었니?
> 서영: 네, 다 먹었어요. 지금 숙제하고 있어요. 엄마, 보고 싶어요.
> 엄마: 나도 보고 싶어. 내일 빨리 갈게.

  🔵 엄마는 가족이 뭐 하는지를 물어봐요. 왜 물어봐요?

  🔵 엄마가 오늘 집에 안 계세요. 그래서 가족이 무엇을 하는지 궁금해요. 가족이 잘 지내는지, 밥은 잘 먹었는지 궁금해요. 이렇게 다른 사람이 편안하게 잘 지내고 있는지 그렇지 않은지 묻는 것을 '안부를 묻다'라고 해요. 엄마는 서영이에게 가족의 안부를 물어요.

2) 다시 듣고 따라 하게 한다.

3) 질문을 듣고 그림을 가리키면서 대답하게 한다.

  🔵 아빠는 지금 뭐 해요? 아빠는 샤워하고 계세요.

  🔵 동생들은 지금 뭐 해요? 한 명은 텔레비전 보고 있고, 한 명은 밥 먹고 있어요.

  🔵 서영이는 뭐 해요? 서영이는 지금 엄마와 통화를 해요. 엄마와 통화하기 전에 숙제하고 있었어요.

  🔵 서영이와 동생들은 '하고 있어요', 아빠는 '하고 계세요'라고 했어요. '하고 계세요'는 '하고 있어요'의 높임말이에요.

---

5 가족 안부

1. 전화로 가족 안부를 묻고 대답해 봅시다. 🔊 7

  1) 서영이가 엄마와 통화를 해요. 듣고 따라 하세요.

  2) 서영이, 아빠, 동생들이 뭐 해요?

  3) 여러분 가족은 집에서 주로 뭐 해요?

48 • 의사소통 한국어 2

48

문법 지식

-고 있다

· 동사에 붙어 어떤 동작이 끝나지 않고 진행되고 있음을 나타낸다. 지금 무엇을 하는지에 대해 설명할 때 사용한다. 또한 진행의 의미가 확장되어 어떤 일을 반복적으로 지속한다는 의미를 나타내기도 한다. 이때는 주로 계획을 수행하기 위해 요즘 하고 있는 일을 설명할 때 사용한다.

	조건	형태	예시
①	받침 ○	-고 있다	찾고 있다, 먹고 있다
②	받침 ✕	-고 있다	가고 있다, 흐르고 있다

-고 있다, -고 계시다

2. 그림을 보고 〈보기〉와 같이 묻고 대답해 봅시다.

〈보기〉 장위가 무엇을 하고 있어요?   장위가 음악을 듣고 있어요.

어머니께서 무엇을 하고 계세요?   어머니께서 책을 읽고 계세요.

3. 친구의 행동을 보고 말해 봅시다.

준서가 스케이트를
타고 있어요.

2. 가족과 친척 • 49

49

③ 연습 – 10분

1) 그림을 보고 '-고 있다', '-고 계시다'를 사용해 질문하고 대답하도록 한다.

　🔵🔴 장위가 무엇을 하고 있어요? 장위가 음악을 듣고 있어요.

　🔵🔴 남자아이가 무엇을 하고 있어요? 남자아이가 수영을 하고 있어요.

　🔵🔴 여자아이가 무엇을 하고 있어요? 여자아이가 아이스크림을 먹고 있어요.

　🔵🔴 어머니께서 무엇을 하고 계세요? 어머니께서 책을 읽고 계세요.

　🔵🔴 아버지께서 무엇을 하고 계세요? 아버지께서 요리를 하고 계세요.

　🔵🔴 할머니께서 무엇을 하고 계세요? 할머니께서 텔레비전을 보고 계세요. 할머니께서 웃고 계세요.

2) 높임말을 할 때 '-고 계시다'를 쓰도록 안내한다.

④ 적용 – 11분

1) 상대방의 동작을 보고 '-고 있다', '-고 계시다'를 사용하여 어떤 동작인지 말하게 한다.

2) 행위의 대상자를 본인이 지정할 수 있다. 예를 들어 수염을 표현한 뒤 걸으면 "할아버지께서 걷고 계세요."라고 말한다.

3) 짝 활동이나 모둠 활동으로 운영한다.

⑤ 정리 – 2분

1) 익힘책 34쪽 1번 활동에서 '-고 있다'를 사용하여 말하고 쓰게 한다.

　🔵 장위가 뭐 하고 있어요? 장위가 음악을 듣고 있어요.

　🔵 남동생이 뭐 하고 있어요? 남동생이 수영을 하고 있어요.

　🔵 여동생이 뭐 하고 있어요? 여동생이 아이스크림을 먹고 있어요.

　🔵 서영이가 뭐 하고 있어요? 서영이가 자동차를 타고 있어요.

2) 익힘책 34쪽 2번 활동에서 '-고 계시다'를 사용하여 말하고 쓰게 한다.

　🔵 어머니께서 무엇을 하고 계십니까? 어머니께서 책을 읽고 계십니다.

　🔵 아버지께서 무엇을 하고 계십니까? 아버지께서 요리를 하고 계십니다.

　🔵 할머니께서 무엇을 하고 계십니까? 할머니께서 텔레비전을 보고 계십니다.

　🔵 선생님께서 무엇을 하고 계십니까? 선생님께서 빈센트를 소개하고 계십니다.

3) 익힘책 35쪽 3번에서 그림을 보면서 상황에 알맞게 '-고 있다', '-고 계시다'를 사용하여 말하고 쓰게 한다.

　🔵 그림을 보고 대답하세요. 서영이가 뭐 하고 있어요? 서영이가 통화하고 있어요. 서영이가 누구와 통화하고 있어요? 서영이가 엄마와 통화하고 있어요.

　🔵 아빠는 뭐 하고 계세요? 아빠는 샤워하고 계세요.

　🔵 여동생은 뭐 하고 있어요? 여동생은 텔레비전을 보고 있어요.

　🔵 남동생은 뭐 하고 있어요? 남동생은 밥을 먹고 있어요.

　🔵 강아지가 뭐 하고 있어요? 강아지가 잠을 자고 있어요.

4) 가족의 안부를 묻고 가족이 지금 무엇을 하고 있는지를 '-고 있다', '-고 계시다'를 사용하여 말할 수 있는지 확인한다.

5) 차시 예고를 한다.

2단원 가족과 친척 • 43

6차시 친척

· 주요 학습 내용

어휘
큰아버지, 작은아버지, 삼촌, 고모, 사촌, 외삼촌, 이모, 외사촌
준비물
빙고판

· 학습 목표
· 친척 호칭을 사용하여 소개할 수 있다.

1 도입 - 2분

1) 1번 그림을 보고 어떤 장면인지 생각해 보게 한다.
   🔧 어떤 장면이에요?

2) 우리 가족과 비교하며 준서 가족이 무엇을 하고 있는지 생각해 보게 한다.
   🔧 태어난 후 첫 번째 생일, 즉 한 살이 되는 생일을 돌잔치라고 해요. 여러분도 돌잔치에 가 본 적이 있어요?

3) 그림에서 알고 있는 단어를 말하게 한다.

2 제시, 설명 - 15분

1) 돌잔치에 모인 친척의 호칭을 읽게 한다.
   🔧 준서 동생의 돌잔치에 누가 모였어요?

어휘 지식	
큰아버지 [크나버지]	아버지의 형을 이르는 말. 예 큰아버지, 안녕하셨어요? 명절에는 큰아버지 댁에서 차례를 지낸다.
작은아버지 [자그나버지]	아버지의 결혼한 남동생을 이르는 말. 예 작은아버지, 잠깐만 기다려 주세요. 나는 작은아버지가 두 분이다.
삼촌	아버지의 결혼하지 않은 남자 형제를 이르거나 부르는 말. 예 삼촌, 저 다음 달에 외국에 가요. 두 사람은 삼촌과 조카 사이인 것 같다.
고모	아버지의 여자 형제를 이르거나 부르는 말. 예 고모, 언제 우리 집에 오세요? 고모와 고모부께서 생일 선물을 사 주셨다.
사촌	아버지 형제의 자녀. 예 아빠가 형제가 많아서 나는 사촌이 많다. 친척이 모이면 사촌과 놀 수 있어서 좋다.
외삼촌 [외:삼촌/ 웨:삼촌]	어머니의 남자 형제를 이르거나 부르는 말. 예 외삼촌, 외할머니 어디 계세요? 외할머니 댁에서 외삼촌과 외숙모를 만났다.
이모	어머니의 여자 형제를 이르거나 부르는 말. 예 이모, 보고 싶어요. 외할아버지 댁에 이모와 이모부께서 먼저 와 계셨다.
외사촌 [외:사촌/ 웨:사촌]	어머니 형제의 자녀. 예 외사촌과 나는 나이가 같다. 나는 외사촌과 가깝게 지내며 컸다.

2) 〈보기〉의 단어를 참조하여 가계도의 빈칸에 친척 호칭을 쓰게 한다.

---

6 친척

1. 준서의 동생 생일(돌잔치)에 친척들이 모였어요. 선생님과 같이 이야기해 봅시다.

1) 내 동생 생일(돌잔치)에 누가 모였어요?

2) 빈칸에 알맞은 낱말을 쓰세요.

50 · 의사소통 한국어 2

50

🔧 아버지의 형을 뭐라고 불러요?
🔧 아버지의 남동생을 뭐라고 불러요?
🔧 아버지의 남동생 중에서 특히 결혼하지 않은 동생을 뭐라고 불러요?
🔧 어머니의 오빠나 남동생을 뭐라고 불러요?
🔧 어머니의 언니나 여동생을 뭐라고 불러요?
🔧 큰아버지, 작은아버지, 고모의 아들이나 딸을 뭐라고 불러요?
🔧 외삼촌, 이모의 아들이나 딸을 뭐라고 불러요?

3 연습 - 10분

1) 친척 호칭 게임을 설명한다.

① 빙고 칸에 친척 호칭을 쓰게 한다. 필수 어휘 '큰아버지, 작은아버지, 삼촌, 외삼촌, 고모, 이모, 사촌, 외사촌' 이외에 본문에 제시된 '할아버지, 할머니, 외할아버지, 외할머니' 등을 쓸 수 있다고 설명한다. 이외에 학생들이 '큰어머니, 작은어머니, 고모부, 이모부' 등의 호칭을 알고 있다면 이를 설명한 뒤 친척 호칭 게임에 활용할 수 있다.

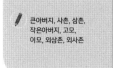
큰아버지, 사촌, 삼촌,
작은아버지, 고모,
이모, 외삼촌, 외사촌

2. 친척 호칭 게임을 해 봅시다.

〈놀이 방법〉
① 빙고 칸에 친척 호칭을 써요.
② 순서대로 친척 호칭을 말해요.
③ 먼저 3칸을 채워 한 줄이 되도록 해요.

3. 나의 친척을 쓰고 소개해 봅시다.

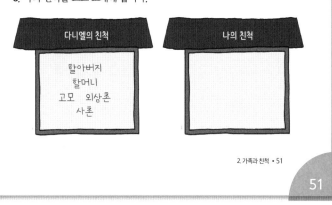

다니엘의 친척

할아버지
할머니
고모   외삼촌
사촌

나의 친척

2. 가족과 친척 • 51

51

② 학생들이 빙고 칸에 호칭을 모두 썼는지 확인하고, 순서를 정하여 친척 호칭을 말하게 한다.

③ 친구들이 말한 호칭 칸에 색칠을 한다. 먼저 3칸을 채워 한 줄이 되게 한다.

2) 3칸을 채워 한 줄이 되면 '빙고'를 외친다. 학습자 수준에 따라 가로, 세로, 대각선 등 3줄을 완성할 때까지 게임을 운영할 수 있다.

3) 승부가 과열되지 않게 주의하고 친척 호칭을 크게 말하면서 단어를 익히는 데 집중하게 한다.

4 적용 – 11분

1) 다니엘의 친척을 참고하여 예시로 소개하는 방법을 안내한다.

신 다니엘이 친척을 소개해요. 잘 들어 보세요.
저는 할아버지, 할머니, 고모, 외삼촌, 사촌이 있습니다.
할아버지, 할머니께서는 시골에 계십니다.
고모는 선생님이십니다. 서울에 계십니다.

고모 댁에서 사촌과 놀면 재미있습니다.
외삼촌은 필리핀에 계십니다.

2) 나의 친척을 빈칸에 쓰고 소개하도록 한다.

신 빈칸에 쓴 친척을 소개해 볼까요?

5 정리 – 2분

1) 익힘책 36쪽 1번 활동의 친족 관계표를 보면서 친척 호칭을 읽고 쓰게 한다.

2) 익힘책 37쪽 친척 말판 놀이를 설명한다.

① 친구와 몇 바퀴를 돌지 정한다.
② 주사위를 던져서 그 수만큼 앞으로 간다.
③ 설명을 읽고 해당하는 낱말을 말한다. 예를 들어, '아버지의 아버지' 칸에 도착하면 이 설명을 읽고 '할아버지'라고 말한다. 이때 해당 낱말을 말하면 그 자리에 머무르고, 낱말을 말하지 못하거나 틀리면 처음 자리로 되돌아간다.
④ 출발로 먼저 돌아오는 사람이 이긴다.

신 아버지의 아버지를 뭐라고 불러요? (할아버지)
신 어머니의 언니를 뭐라고 불러요? (이모)
신 어머니의 어머니를 뭐라고 불러요? (외할머니)
신 큰아버지의 아들과 딸을 뭐라고 불러요? (사촌)
신 어머니의 오빠를 뭐라고 불러요? (외삼촌)
신 아버지의 누나를 뭐라고 불러요? (고모)
신 아버지의 남동생을 뭐라고 불러요? (삼촌, 작은아버지)
신 어머니의 여동생을 뭐라고 불러요? (이모)
신 나보다 나이가 어린 형제를 뭐라고 불러요? (동생)
신 어머니의 아버지를 뭐라고 불러요? (외할아버지)
신 아버지의 형을 뭐라고 불러요? (큰아버지)
신 이모의 아들과 딸을 뭐라고 불러요? (외사촌)
신 아버지의 여동생을 뭐라고 불러요? (고모)
신 어머니의 남동생을 뭐라고 불러요? (외삼촌)
신 아버지의 어머니를 뭐라고 불러요? (할머니)

3) 친척 호칭을 잘 알고 있는지, 친척 호칭을 사용하여 소개할 수 있는지 확인한다.

4) 차시 예고를 한다.

7 가족과 한 일 쓰기

1. 준서가 가족사진을 설명합니다. 같이 읽어 봅시다.

1) 누구 생신이에요?

외할머니 생신이에요.
어머니와 이모께서 음식을 만드세요.
아버지께서 식탁을 정리하세요.
형이 케이크를 샀어요.
나는 외할머니께 선물을 드렸어요.
모두 같이 생일 축하 노래를 불렀어요.

2) 다시 읽고 누구인지 쓰세요.

어머니와 ....

2. 엠마의 가족사진을 보고 글을 써 봅시다.

* 태국에서 코끼리를 탔어요.
  할아버지......... 동생을 코끼리 등에 올려
  .... (주다).
  코끼리 등이 아주 높았어요.
  동생이 무서워서 울었어요.
  할아버지......... 동생을 보고 .... (웃다).
  나도 웃었어요.

7차시 가족과 한 일 쓰기

- **학습 목표**
- 가족사진을 보고 친척과 한 일을 쓸 수 있다.

1 도입 – 2분

1) 친척과 모인 경험을 생각해 보게 한다.

2) 높임말을 할 때 어떤 표현을 사용하였는지 생각해 보게 한다.

2 쓰기 전 – 8분

1) 준서의 가족사진을 보며 무슨 날인지 생각해 보게 한다.
   - 선 무슨 날이에요? 외할머니 생신이에요.

2) 준서가 소개한 글을 읽어 보게 한다. 학습자 수준에 따라 교사를 따라 읽게 할 수 있다.
   - 선 어머니와 이모께서 뭐 하세요? 음식을 만드세요.
   - 선 아버지께서 뭐 하세요? 식탁을 정리하세요.
   - 선 형이 뭐 했어요? 케이크를 샀어요.
   - 선 준서는 뭐 했어요? 외할머니께 선물을 드렸어요.
   - 선 모두 같이 뭐 했어요? 생일 축하 노래를 불렀어요.

3) 글을 다시 읽고 그림에 해당하는 가족과 친척이 누구인지 쓰게 한다.
   - 학 이모, 아버지, 형, 나(준서).

3 쓰기 중 – 25분

1) 엠마의 가족사진을 보며 무엇을 하는지 생각하게 한다.
   - 선 누구의 가족사진이에요? 엠마의 가족사진이에요.
   - 선 여기는 어디예요? 태국이에요.
   - 선 뭐 하고 있어요? 코끼리를 타고 있어요.
   - 선 누가 동생을 코끼리 등에 올려 주셨어요?

2) 엠마의 가족사진을 보면서 글을 쓰게 한다.
   태국에서 코끼리를 탔어요.
   할아버지께서 동생을 코끼리 등에 올려 주셨어요.
   코끼리 등이 아주 높았어요.
   동생이 무서워서 울었어요.
   할아버지께서 동생을 보고 웃으셨어요.
   나도 웃었어요.

4 쓰기 후 – 3분

1) '께서', '-으시-'를 잘 썼는지 확인한다.

2) 교사의 재량에 따라 학생 자신의 가족사진을 보고 글을 쓸 수 있게 한다.

5 정리 – 2분

1) 가족사진을 보고 높임말을 사용하여 친척과 한 일을 쓸 수 있는지 확인한다.

2) 차시 예고를 한다.

8 효도 이용권 만들기

1. 유키와 엄마의 대화를 들어 봅시다. 🔊 8

1) 두 사람의 대화를 듣고 따라 하세요.

2) 다시 듣고 대답하세요.

① 유키가 왜 효도 이용권을 만들었어요?   ② 어버이날이 언제예요?
③ 유키가 만든 효도 이용권 3개를 말하세요.

2. 그림을 보고 〈보기〉의 효도 이용권 번호를 써 봅시다.

〈보기〉
① 심부름 이용권   ② 설거지 이용권   ③ 일찍 일어나기 이용권
④ 안마하기 이용권   ⑤ 안아 주기 이용권   ⑥ 정리하기 이용권

3. 부모님, 할머니, 할아버지께 드릴 효도 이용권을 만들어 봅시다.

54 • 의사소통 한국어 2

54

2. 가족과 친척 • 55

55

8차시 효도 이용권 만들기

• 학습 목표
• 가족 호칭을 써서 효도 이용권을 만들 수 있다.

1 도입 - 2분

1) 어버이날에 어떤 일이 있었는지 말하게 한다.

2) 부모님을 도와드렸던 경험을 생각해 보게 한다.

2 전개 - 35분

1) 유키와 엄마의 대화를 듣고 따라 하게 한다.

> **듣기 자료** 🔊 8
>
> 유키: 엄마, 5월 8일이 어버이날이에요. 그래서 오늘 학교에서 효도 이용권을 만들었어요.
> 엄마: 효도 이용권? 어디 보자. 심부름 이용권, 설거지 이용권, 일찍 일어나기 이용권… 야, 진짜 좋다. 고마워, 유키야.

2) 다시 듣고 질문에 대답하게 한다.

   신 유키는 왜 효도 이용권을 만들었어요?

   신 어버이날이 언제예요?

   신 유키 엄마가 말한 효도 이용권이 뭐예요?

3) 그림을 설명하고 이에 어울리는 효도 이용권이 무엇인지 질문한다.

   신 첫 번째 그림에서 유키가 뭐 해요? 부모님 등을 두드려요. 부모님께서 어떤 효도 이용권을 사용하셨을까요? '④ 안

마하기 이용권'을 사용하셨어요.

   신 두 번째 그림에서 유키가 뭐 해요? 책상을 정리해요. 부모님께서 어떤 효도 이용권을 사용하셨을까요? '⑥ 정리하기 이용권'을 사용하셨어요.

   신 세 번째 그림에서 유키가 뭐 해요? 엄마를 안아 드려요. 부모님께서 어떤 효도 이용권을 사용하셨을까요? '⑤ 안아 주기 이용권'을 사용하셨어요.

   신 다섯 번째 그림에서 유키가 뭐 해요? 일찍 일어나요. 부모님께서 어떤 효도 이용권을 사용하셨을까요? '③ 일찍 일어나기 이용권'을 사용하셨어요.

4) 효도 이용권을 만들어 본다.

   신 부모님, 할머니, 할아버지께 드릴 효도 이용권을 만들어 보세요.

   – 설거지 이용권: 저는 부모님께서 부탁하시는 설거지를 열심히 하겠습니다.

   – 청소 이용권: 저는 할머니께서 부탁하시는 청소를 열심히 하겠습니다.

   – 그릇 치우기 이용권, 책 읽기 이용권, 책 제자리에 넣기 이용권, 장난감 정리하기 이용권, 화분에 물 주기 이용권, 텔레비전 안 보기 이용권, 휴대 전화 안 하기 이용권 등.

3 정리 - 3분

1) 가족 호칭을 써서 효도 이용권을 만들 수 있는지 확인한다.

2) 차시 예고를 한다.

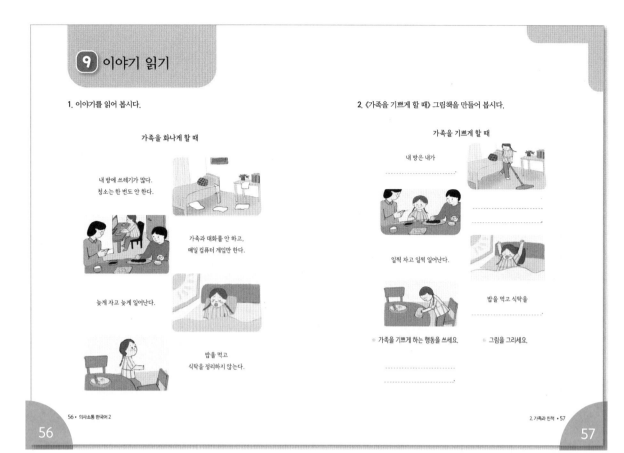

9차시 이야기 읽기

· 학습 목표
· 간단한 이야기를 읽고 그림책을 만들 수 있다.

1 도입 - 2분

1) 가족이 화를 낸 경험을 생각해 보도록 한다.

2) 가족이 기뻐했던 경험을 생각해 보도록 한다.

2 읽기 전 - 3분

1) 내가 가족을 화나게 한 경험을 말하게 한다.

2) 내가 가족을 기쁘게 한 경험을 말하게 한다.

3 읽기 중 - 15분

1) '가족을 화나게 할 때' 그림에 대해 대화한 뒤 이야기를 읽어 보게 한다.

- 🔴 첫 번째 그림을 보세요. 방이 어때요? 쓰레기가 많아요.
- 🔴 두 번째 그림에서 엠마가 뭐 해요? 컴퓨터 게임만 해요.
- 🔴 세 번째 그림에서 엠마가 뭐 해요? 늦게 자고 늦게 일어나요.
- 🔴 네 번째 그림에서 식탁을 보세요. 어때요? 정리하지 않았어요.
- 🔴 '가족을 화나게 할 때'를 읽어 보세요.

2) '가족을 기쁘게 할 때' 그림에 대해 대화한 뒤 이야기를 쓰게 한다.

- 🔴 첫 번째 그림을 보세요. 엠마가 뭐 해요? 방 청소를 해요.
- 🔴 두 번째 그림에서 엠마가 뭐 해요? 가족과 함께 밥을 먹어요. 이야기를 해요.
- 🔴 세 번째 그림에서 엠마가 뭐 해요? 일찍 자고 일찍 일어나요.
- 🔴 네 번째 그림에서 엠마가 뭐 해요? 식탁을 정리해요.
- 🔴 '가족을 기쁘게 할 때' 그림책을 완성해 보세요.

4 읽기 후 - 18분

1) 가족을 기쁘게 할 때를 생각하며 그림에 알맞은 글을 쓰게 한다. 이때 정답을 요구하지 말고 학생들이 자유롭게 그림을 해석하고 설명할 수 있게 유도한다.

2) 그림에 제시되지 않은 장면을 그리고 가족을 기쁘게 하는 행동을 쓰게 한다.

5 정리 - 2분

1) 간단한 이야기를 읽고 그림책을 만들 수 있는지 확인한다.

2) 차시 예고를 한다.

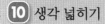

10 생각 넓히기

1. 한국의 가족 예절에 대해 이야기해 봅시다.

① ② ③ 안녕히 주무셨어요?

할머니, 안녕히 주무세요.

④ ⑤ 잘 먹겠습니다.

1) 상황에 알맞게 번호를 쓰세요.

상황	번호
할아버지께서 진지를 잡수세요. 그다음에 내가 밥을 먹어요.	
할아버지께 두 손으로 물건을 드려요.	
밤에 할머니께 인사를 드려요.	
밥 먹을 때 감사 인사를 드려요.	
아침에 할머니께 인사를 드려요.	

2) 다음을 듣고 따라 하세요. 🔈 9

2. 알맞게 고쳐 써 봅시다.

①	동생이 밥을 먹고 있어요.	➡	할아버지께서 _____을/를 _____.
②	나는 동생에게 선물을 주었어요.	➡	나는 할아버지_____ 선물을 _____.
③	아침에 동생에게 인사를 해요.	➡	아침에 할아버지_____ 인사를 _____.

3. 친구들과 '예절 놀이'를 해 봅시다. 부록

〈놀이 방법〉
① 상황을 뽑아요.
② 역할을 정해요.(할아버지/할머니, 아버지/어머니, 형/누나, 동생)
③ 역할에 맞게 행동과 말을 해요.

응, 그래. 너도 잘 잤니?

안녕히 주무셨어요?

10차시 생각 넓히기

- **학습 목표**
- 한국의 가족 예절을 알고 상황에 맞게 말할 수 있다.

1 도입 - 2분

1) 외국의 가족 예절과 한국의 가족 예절의 차이점을 말하게 한다.

2) 한국의 가족 예절 중에서 알고 있는 것을 말하게 한다.

2 전개 - 30분

1) 한국의 가족 예절을 소개한 그림을 보며 이야기한다.

- 📖 ①번 그림에서 준서가 뭐 해요? 할아버지와 밥을 먹어요. 밥 먹을 때 한국의 예절을 알고 있어요?
- 📖 ②번 그림에서 준서 동생이 뭐 해요? 할아버지께 물을 드려요. 웃어른께 물건을 드릴 때 한국에서는 어떻게 해요? 두 손으로 드려요.
- 📖 ③번 그림에서 준서와 동생이 뭐 해요? 아침에 일어난 후에 할머니께 인사를 드려요.
- 📖 ④번 그림에서 준서와 동생이 뭐 해요? 밤에 잠을 자기 전에 할머니께 인사를 드려요.
- 📖 ⑤번 그림에서 가족들이 뭐 해요? 밥을 먹어요. 밥을 먹기 전에 뭐라고 해요? "잘 먹겠습니다." 인사를 해요.

2) 상황에 알맞은 번호를 찾아보게 한다.

- 📖 할아버지께서 진지를 잡수세요. 그다음에 내가 밥을 먹어요. ①
- 📖 할아버지께 두 손으로 물건을 드려요. ②
- 📖 밤에 할머니께 인사를 드려요. ④
- 📖 밥 먹을 때 감사 인사를 드려요. ⑤
- 📖 아침에 할머니께 인사를 드려요. ③

3) 문장을 듣고 따라 하게 한다.

듣기 자료 🔈 9
할머니, 안녕히 주무셨어요?
잘 먹겠습니다.
아빠, 안녕히 주무세요.

4) 다음 문장을 높임말을 사용하여 알맞게 고쳐 보게 한다.

- 📖 동생이 밥을 먹고 있어요. → 할아버지께서 진지를 드시고 계세요. 할아버지께서 진지를 잡수시고 계세요.
- 📖 나는 동생에게 선물을 주었어요. → 나는 할아버지께 선물을 드렸어요.
- 📖 아침에 동생에게 인사를 해요. → 아침에 할아버지께 인사를 드려요.

5) 친구들과 예절 놀이를 해 보게 한다.

① 〈부록〉의 그림 카드를 준비해서 그중에서 하나를 뽑는다.
② 할아버지/할머니, 아버지/어머니, 형/누나, 동생 중에서 역할을 정한다.
③ 역할에 맞게 행동과 말을 한다.

3 정리 - 3분

1) 한국의 가족 예절을 알고 있는지, 상황에 맞게 말할 수 있는지 확인한다.

2) 대단원을 정리한다.

3단원 • 학교 수업

단원의 개관

이 단원의 목표는 학생들이 학교에서 경험한 일이나 학교 행사를 말하고, 교사가 제시하는 알림장을 쓰는 것이다. 학교 수업과 연계된 상황을 학습함으로써 의사소통 능력을 향상시킬 수 있을 것이다.

학습 목표	• 학교에서 경험한 일을 말할 수 있다. • 학교 행사를 말할 수 있다. • 알림장을 쓸 수 있다.						

주제	장면		기능	문법	어휘	문화	담화 유형
	일상생활	학교생활					
학교 수업	학교 시간표 읽기	과학 시간	학교 일과 말하기 학교 행사 말하기	-기 전에 -은 후에 -기 -은 것 부터 까지 -을 거예요 -거나	학습 관련 어휘 시간 관련 어휘	악기	알림장 일기
	알림장 읽고 쓰기	수학 시간					
	학교 행사	학교 일과					

차시 전개 과정

차시	차시 제목	성격	학습 내용	교재 쪽수	익힘책 쪽수
1	시간표	필수	• '-기 전에', '-은 후에'를 사용하여 학급 시간표를 설명할 수 있다.	62	38
2	학교 준비물	필수	• '-기'를 사용하여 알림장을 정리하여 쓸 수 있다.	64	40
3	과학 시간	필수	• '-은 것'을 사용하여 수업 시간에 경험한 것을 말할 수 있다.	66	42
4	수학 시간	필수	• '부터', '까지', '-을 거예요'를 사용하여 학습 계획을 말할 수 있다.	68	44
5	학교 수업	필수	• 수업 시간의 경험을 일기로 쓸 수 있다.	70	46
6	학교 행사	필수	• 날짜를 세는 어휘와 연결 어미 '-거나'를 사용하여 학교 행사 계획을 말할 수 있다.	72	48
7	이야기 읽기	선택	• 이야기를 읽고 핵심 내용을 말하고 쓸 수 있다.	74	-
8	알림장과 달력 쓰기	선택	• 이야기를 듣고 알림장과 달력을 쓸 수 있다.	76	-
9	안전한 생활	선택	• 안전한 생활을 안내하는 글을 읽을 수 있다.	78	-
10	생각 넓히기	선택	• 한국 악기와 외국 악기의 종류와 특징을 말할 수 있다.	80	-

단원 지도상의 유의점

◆ 〈의사소통 한국어〉 교재의 특성상 단어, 표현, 문법을 분리하여 명시적으로 학습하지 않는다. 주어진 장면과 상황 안에서 그림과 사진을 통해 어휘 및 표현을 이해하고 제시된 대화나 활동으로 문법을 이해할 수 있도록 교수한다.

◆ 학생들이 각 교과명을 학습한 경험이 없거나 교과명을 잘 알지 못할 경우에는 이 단원을 학습하기 전에 해당 학년의 교과명을 대상으로 어휘 학습을 하는 것이 효과적이다.

· **주요 학습 내용**

어휘
배우다
문법 및 표현
−기 전에, −은 후에
준비물
각 학급 시간표

· **학습 목표**
· '−기 전에', '−은 후에'를 사용하여 학급 시간표를 설명할 수 있다.

1 도입 − 5분

1) 전체 도입 그림을 보면서 단원 학습 목표와 대략적인 단원 학습 내용을 살펴보게 한다.
   - 선 어디예요?
   - 선 선생님과 학생들이 무엇을 해요?
   - 선 여러분은 무슨 수업이 좋아요?

2) 단원 학습 목표를 소개한다.
   - 선 우리가 3단원에서 공부할 내용이에요.
     · 학교에서 경험한 일을 말할 수 있다.
     · 학교 행사를 말할 수 있다.
     · 알림장을 쓸 수 있다.

3) 1차시 도입 그림을 보면서 학습 목표를 예상하게 한다.
   - 선 어떤 그림이에요?
   - 선 학생들이 어떤 이야기를 할까요?

2 제시, 설명 − 12분

1) 학생들의 대화를 들려준다.

> **듣기 자료** ⊙10
> 서영: 오늘 무슨 요일이야?
> 타이선: 화요일이야.
> 서영: 오늘 국어를 배운 후에 뭐 해?
> 타이선: 과학을 배워.
> 서영: 수요일에 미술하기 전에 뭐 해?
> 타이선: 사회를 해.

2) 대화를 다시 듣고 시간표에 대해 이야기하게 한다.
   - 선 오늘 무슨 요일이에요?
   - 선 화요일이에요.
   - 선 화요일 시간표를 말해 보세요.
   - 선 국어를 배운 후에 뭘 배워요? 과학을 배워요.
   - 선 수요일 시간표를 말해 보세요.
   - 선 미술을 배우기 전에 뭐 해요? 사회를 해요.
   - 선 빈칸에 알맞은 과목을 써 보세요.

1 시간표

1. 대화를 들어 봅시다. ⊙10

1) 다시 듣고 빈칸에 알맞은 낱말을 쓰세요.

2) 듣고 따라 하세요.

> 월요일에 국어를 배운 후에 무엇을 배워?

> 사회를 배워.

> 월요일에 수학을 하기 전에 무엇을 해?

> 영어를 해.

62 · 의사소통 한국어 2

62

3) 시간표를 보면서 본문에 제시된 대화를 읽어 보게 한다.
   - 학1 월요일에 국어를 배운 후에 무엇을 배워?
   - 학2 사회를 배워.
   - 학1 월요일에 수학을 하기 전에 무엇을 해?
   - 학2 영어를 해.

어휘 지식	
배우다	새로운 지식을 얻거나 새로운 기술을 익히다. 예 저는 토요일마다 한국어를 배워요. 형은 어렸을 때 수영을 배웠어요.

문법 지식

−기 전에

· 앞의 내용이 뒤의 내용보다 시간상 나중임을 나타내는 표현.
  예 밥을 먹기 전에 손을 씻는다.
     말하기 전에 먼저 생각해 보세요.

· 동사에 붙어 뒤의 행위가 앞의 행위보다 먼저 일어남을 나타낸다. 일의 순서를 말할 때 주로 사용한다.

시간표

요일 \ 교시	월요일	화요일	수요일	목요일	금요일
1	국어	사회	수학	국어	국어
2	사회	수학	🔍	체육	수학
3	영어	국어	미술	영어	과학
4	수학	🔍	미술	도덕	음악
5	체육	음악	국어	창의	체육
6				창의	
7					

2. 다니엘의 시간표를 살펴봅시다.

1) 다니엘의 목요일 시간표를 보고 묻고 대답하세요.

국어를 한 후에 무엇을 해?   ....

도덕을 배우기 전에 무엇을 배워?   ....

2) 다니엘의 금요일 시간표를 보고 묻고 대답하세요.

3. 여러분의 학급 시간표를 보고 친구들과 이야기해 봅시다.

○○을 배운 후에 무엇을 배워?   ○○을 배우기 전에 무엇을 배워?

---

1) 학생들끼리 다니엘의 시간표에서 목요일 시간표를 보면서 묻고 대답하게 한다.

- 학1 국어를 한 후에 무엇을 해?
- 학2 체육을 해.
- 학1 도덕을 배우기 전에 무엇을 배워?
- 학2 영어를 배워.

2) 학생들끼리 다니엘의 시간표에서 금요일 시간표를 보면서 자유롭게 묻고 대답하게 한다.

- 학1 수학을 배우기 전에 무엇을 배워?
- 학2 국어를 배워.
- 학1 과학을 배운 후에 무엇을 해?
- 학2 음악을 해.
- 학1 음악을 한 후에 뭐 해?
- 학2 체육을 해.
- 학1 음악을 배우기 전에 뭐 해?
- 학2 과학을 배워.

1) 미리 준비한 학급 시간표를 제시하고 교과목을 읽어 보게 한다.

2) 학생 자신의 학급 시간표를 보고 대화하게 한다.

- 선 학급 시간표를 보면서 친구들과 이야기해 보세요.
- 학1 ○○을 배운 후에 무엇을 배워?
- 학2 ○○을 배워/해.
- 학1 ○○을 배우기 전에 무엇을 배워?
- 학2 ○○을 배워/해.

1) 익힘책 38쪽을 풀게 한다.

- 선 어울리는 말을 연결하고 낱말을 따라 써 보세요. 그리고 낱말을 연결할 때 다음과 같이 말해 보세요.
- 선 나는 학교에서 국어를 배워.
- 선 나는 학교에서 '사회/영어'를 배워.
- 선 나는 학교에서 '수학/과학/도덕/음악/미술/체육'을 배워.

2) 익힘책 39쪽을 풀게 한다.

- 선 가위바위보를 하기 전에 뭐 해요?
- 선 그림을 보고 인사말을 하기 전에 뭐 해요?
- 선 가위바위보를 한 후에 뭐 해요?
- 선 그림 카드를 책상 위에 놓은 후에 뭐 해요?

3) 배운 어휘와 '-기 전에', '-은 후에'를 학생들이 잘 알고 있는지 확인한다.

4) 차시 예고를 한다.

	조건	형태	예시
①	받침 ○	-기 전에	찾기 전에, 읽기 전에, 살기 전에
②	받침 ×	-기 전에	가기 전에, 사기 전에, 공부하기 전에

-은 후에

· 앞의 행위가 뒤의 행위보다 시간상 앞섬을 나타내는 표현.
  예 손을 씻은 후에 식사를 해요.
     밥을 먹은 후에 약을 먹어요.

· 동사에 붙어 어떤 행위를 시간적으로 먼저 한 다음에 뒤의 행위를 함을 나타낸다. 시간 순서에 따른 행위를 나열하거나 특정 시점이 지난 다음에 일어날 행위에 대해 강조하여 나타낼 때 사용한다.

	조건	형태	예시
①	받침 ○	-은 후에	찾은 후에, 읽은 후에
②	받침 ×	-ㄴ 후에	간 후에, 공부한 후에
③	ㄹ 받침	-ㄴ 후에 (어간 'ㄹ' 탈락)	논 후에, 만든 후에

2차시 학교 준비물

· 주요 학습 내용

> **어휘**
> 가져오다, 나누다, 준비하다, 아무것
>
> **문법 및 표현**
> -기
>
> **준비물**
> 듣기 자료

· **학습 목표**
· '-기'를 사용하여 알림장을 정리하여 쓸 수 있다.

1 도입 - 2분

1) 그림을 보면서 오늘 배울 내용을 안내한다.

> 🔵 아래 그림이 뭐예요?

> 🔵 선생님께서 알림장을 써 주셨어요. 그리고 유키가 질문을 해요.

2) 학습 목표를 확인한다.

2 제시, 설명 - 20분

1) 선생님을 따라 알림장을 읽게 한다.

> 🔵 학교 사랑 그리기 대회는 언제 해요? 내일 해요.

> 🔵 내일 무엇을 준비해요? 크레파스, 색연필, 사인펜 중에서 아무것이나 가져와요.

> 🔵 도화지도 가져와요? 아니요, 도화지는 학교에서 나누어 줘요.

> 🔵 크레파스, 색연필, 사인펜 모두 가져와요? 아니요, 이 중에서 아무것이나 가져오면 돼요.

> 🔵 여러분은 크레파스, 색연필, 사인펜 중에서 뭘 가져올 거예요?

> 🔵 여러분이 가져오고 싶은 것을 알림장에 써 보세요.

2) 그림을 보면서 자연스럽게 어휘를 학습하게 한다.

> 🔵 (가져오다) 유키는 그림에 색종이를 붙이고 싶대요. 내일 뭘 가져와요? 유키는 색종이, 풀, 가위를 가져올 거예요.

> 🔵 (나누다) 우리 반 물건을 정리해요. 정리할 물건이 많아서 일이 많아요. 어떻게 해요? 맞아요, 친구들과 일을 나누어서 해요.

> 🔵 (나누다) 내가 과자를 많이 가지고 있어요. 어떻게 해요? 그래요, 친구들과 나누어 먹어요.

> 🔵 (나누다) 모둠에서 한 명씩 나와서 색종이를 가져가요. 자리에 돌아가서 어떻게 해요? 네, 색종이를 친구들에게 나누어 줘요.

> 🔵 (준비하다) 수업을 시작하기 전에 여러분은 어떻게 해요? 자리에 앉아요. 그리고 미리 수업할 것들을 갖추어요. 수업을 준비해요.

> 🔵 (아무것) '아무것'은 특별히 정해지지 않은 것을 말해요. "아무것이나 가져오세요."라고 말하면 자기가 가져오고 싶은 것을 가져와요. 무엇이든지 괜찮아요.

---

2 학교 준비물

> ### 알림장
>
> ① 내일, 학교 사랑 그리기 대회를 합니다.
> ② 도화지는 학교에서 나누어 줍니다.
> ③ 준비물: 크레파스, 색연필, 사인펜 중에서
>   아무것이나 가져오기

1. 선생님을 따라 알림장을 읽어 봅시다.

1) 학교 사랑 그리기 대회는 언제 해요?

2) 내일 무엇을 준비해요? 도화지도 가져와요?

3) 크레파스, 색연필, 사인펜 모두 가져와요?

4) 여러분이 가져오고 싶은 것을 〈보기〉와 같이 알림장에 써 보세요.

〈보기〉
○월 ○일 ○요일
색종이, 풀, 가위 가져오기

○월 ○일 ○요일

64 • 의사소통 한국어 2

64

어휘 지식

가져오다 [가저오다]	무엇을 한 곳에서 다른 곳으로 옮겨 오다. **예** 교과서를 자기 자리로 가져오세요. 만화책을 학교에 가져왔다.
나누다	몫을 분배하다. **예** 일을 공평하게 나누지 않아서 기분이 나쁘다. 카드를 나누어 주세요.
준비하다 [준:비하다]	미리 마련하여 갖추다. **예** 식사를 준비하다. 수업을 준비하세요.
아무것 [아:무걷]	특별히 정해지지 않은 어떤 것. **예** 전 아무것이나 잘 먹어요. 필통에서 아무것이나 하나 꺼내 보세요.

3) 명사형 전성 어미 '-기'를 사용하여 알림장을 써 보게 한다.

> 🔵 여러분은 크레파스, 색연필, 사인펜 중에서 무엇을 가져오고 싶어요?

> 🔵 "크레파스 가져오기, 색연필 가져오기, 사인펜 가져오기" 중에서 하나를 골라 알림장에 써 보세요.

가져오다, 나누다,
준비하다, 아무것

-기

네, 괜찮아요.
풀과 가위도 준비하세요.

선생님, 색종이 가져와도 돼요?
그림에 색종이도 붙이고 싶어요.

2. 유키가 쓴 알림장을 보고 맞는 것에 ○표 해 봅시다.

① 내일, 학교 사랑 그리기 대회 (　　　　)
② 도화지 준비하기 (　　　　)
③ 크레파스, 색연필 가져오기 (　　　　)
④ 연필로 미리 그려 오기 (　　　　)

3. 선생님의 말씀을 잘 듣고 알림장을 써 봅시다. 🔊 11

알림장
① 운동복
② 줄넘기 줄
③ 수학 곱셈과 나눗셈

내일 운동장에서 체육을 할 거예요.
운동복을 입고 오세요. 그리고 줄넘기 줄도
가져오세요. 수학 곱셈과
나눗셈 문제를 풀어 오세요.

3. 학교 수업 • 65

65

문법 지식

-기

· 동사, 형용사 등을 명사형으로 바꾸어 그 말이 문장 내에서 명사 기능을 하도록 만드는 전성 어미.
  예 제 취미는 요리하기입니다.
    방과 후에 친구와 만나기로 했어요.

· 동사나 형용사 '이다, 아니다'에 붙어 그 말이 명사로 기능함을 나타낸다. 동사, 형용사 등을 문장 내에서 주어, 목적어 등으로 만들 때 사용한다.

	조건	형태	예시
①	받침 ○	-기	먹기, 입기, 좋기, 어렵기
②	받침 ×	-기	가기, 예쁘기, 공부하기, 깨끗하기

③ 연습 - 8분

1) 유키가 알림장에 쓴 내용을 읽어 보게 한다.

2) 알림장 내용을 보고 옳고 그른 것을 찾아보게 한다.

　선 유키가 알림장에 쓴 내용을 보세요. 맞는 것에 ○표를 하세요.

　선 '내일, 학교 사랑 그리기 대회'에 ○표 하세요.

　학 도화지는 학교에서 나누어 줘요.

　선 '크레파스, 색연필 가져오기'에 ○표 하세요.

　학 연필로 미리 그려 오지 않아요.

④ 적용 - 8분

1) 듣기 자료를 듣는다.

2) 듣기 자료를 다시 듣고 알림장을 써 본다.

　선 선생님께서 "운동복을 입고 오세요."라고 말했어요. '-기'를 사용하여 써 보세요.

　학 선생님께서 "줄넘기 줄도 가져오세요."라고 말했어요. 알림장에 써 보세요.

⑤ 정리 - 2분

1) 익힘책 40쪽을 풀게 한다.

　학 글 상자에 제시된 낱말을 큰 소리로 읽어 보세요. '가져와요?', '아무것이나', '준비하세요.', '나누어 줘요.'

　학 선생님은 설명을 하고 유키는 질문을 하고 있어요.

　학 내일 그리기를 해요. 선생님께서 준비물을 미리 말씀하고 계세요.

　학 유키는 도화지가 없어서 선생님께 질문해요.

　학 도화지는 학교에서 학급 친구들 모두에게 준대요.

　학 유키는 강아지를 그리고 싶어 해요. 다른 친구들도 고양이, 호랑이, 앵무새 등 그리고 싶은 것은 다 그려도 돼요.

2) 익힘책 41쪽을 풀게 한다.

　학 청소하다 → 청소하기
　　대화하다 → 대화하기
　　일어나다 → 일어나기
　　정리하다 → 정리하기

　학 접으세요 → 접기
　　붙이세요 → 붙이기
　　만드세요 → 만들기

3) 교사는 오늘 배운 단어와 연결 어미 '-기'를 학생들이 잘 알고 있는지 확인한다.

4) 차시 예고를 한다.

• 주요 학습 내용

> 어휘
> 녹다, 섞다, 달다, 짜다, 설탕, 소금, 밀가루
>
> 문법 및 표현
> -은 것
>
> 준비물
> 듣기 자료, 설탕, 소금, 밀가루

• 학습 목표

• '-은 것'을 사용하여 수업 시간에 경험한 것을 말할 수 있다.

1

1) 과학 실험을 한 경험이 있는지 생각하며 1번 그림을 보게 한다.

2) 학습 목표를 확인한다.

2

1) 그림을 보며 친구들이 무엇을 하는지 확인하게 한다.

> 📘 어디예요?
>
> 📘 친구들이 뭐 해요?

2) 선생님과 친구들의 대화를 듣게 한다.

> 듣기 자료 🔊 12
> 선생님: 책상 위에 설탕, 소금, 밀가루가 있어요. 물에 섞어 보세요.
> 오딜: 이것은 물에 녹지 않았어요. 밀가루예요.
> 선생님: 네, 오딜이 섞은 것은 밀가루예요.
> 엠마: 이것은 맛이 달아요. 설탕이에요.
> 선생님: 네, 엠마가 섞은 것은 설탕이에요.
> 다니엘: 이것은 맛이 짜요. 소금이에요.
> 선생님: 네, 다니엘이 섞은 것은 소금이에요.

3) 그림을 보면서 자연스럽게 어휘를 학습하게 한다.

> 📘 (설탕/달다) 사탕 좋아해요? 맛이 어때요? 사탕은 맛이 달아요. 왜 달아요? 설탕이 많아요. 그래서 달아요. 여러분은 단것 좋아해요? 또 뭐가 맛이 달아요? 단것 많이 먹으면 이가 썩어요. 조심하세요.
>
> 📘 (소금/짜다) 바닷물 맛 본 적 있어요? 간장 먹어 봤어요? 맛이 어때요? 맛이 짜요. 왜 짜요? 소금이 많아요. 그래서 짜요. 짠 음식을 많이 먹으면 건강에 좋지 않아요. 짜지 않게 드세요. 싱겁게 드세요.
>
> 📘 (밀가루) 빵은 뭐로 만들어요? 국수나 라면은 뭐로 만들어요? 밀가루예요. 밀가루로 만든 음식 좋아해요?
>
> 📘 (섞다) 비빔밥 먹어 봤어요? 비빔밥에 뭐 들어가요? 밥, 콩나물, 시금치, 고추장, 참기름 등이 들어가요. 밥에 여러 가지 재료를 하나로 합쳐요. 밥과 여러 가지 재료를 섞어요.
>
> 📘 (녹다) 설탕 가루를 물에 섞으면 어떻게 돼요? 설탕 가루가 눈에 보이지 않아요. 설탕 가루가 사라져요. 설탕이 물에 녹아요.

---

3 과학 시간

1. 과학 시간의 대화를 들어 봅시다. 🔊 12

1) 친구들이 물에 섞은 것이 뭐예요? 대화를 다시 듣고 말해 보세요.

> 오딜이 섞은 것은 밀가루예요.
> 엠마가 _____ 것은 설탕이에요.
> 다니엘이 _____ 것은 _____.

2) 빈칸에 알맞은 말을 쓰고, 읽어 보세요.

> 밀가루는 물에 녹지 않아요. 물에 녹지 _____은 밀가루예요.
> 설탕은 맛이 달아요. 맛이 단 것은 설탕이에요.
> 소금은 맛이 짜요. 맛이 _____것은 소금이에요.

어휘 지식

녹다 [녹따]	액체에 풀어져 섞이다. 📙 소금은 물에 녹아요. 설탕은 뜨거운 물에 잘 녹는다.
섞다 [석따]	두 가지 이상의 것을 한데 합치다. 📙 쌀에 콩을 섞어 밥을 짓는다. 어머니는 여러 가지 재료를 마구 섞어 찌개를 끓이셨다.
달다	꿀이나 설탕의 맛과 같다. 📙 사탕이 달다. 초콜릿이 너무 달아요.
짜다	소금과 같은 맛이 있다. 📙 짜고 매운 음식을 피해라. 저녁을 너무 짜게 먹어서 물을 많이 마신다.
설탕	맛이 달고 물에 잘 녹는 결정체. 사탕수수, 사탕무 따위를 원료로 하여 만든다. 📙 설탕이 듬뿍 묻은 도넛. 설탕을 많이 먹으면 이가 썩는다.
소금	짠맛이 나는 백색의 결정체. 대표적인 조미료로, 주성분은 염화 나트륨이다. 📙 소금을 치다. 그는 삶은 달걀을 소금에 찍어 먹었다.

녹다, 섞다, 달다, 짜다,
설탕, 소금, 밀가루

-은 것

2. 친구들이 경험한 것을 연결하고 말해 봅시다.

① · 세배하다 · 아빠와 요리한 것이
기억나요.

② · 수영하다 · 친척들과 맛있게 음식을
먹은 것이 생각나요.

③ · 요리하다 · 엄마와 책을 읽은 것이
기억나요.

④ · 먹다 · 가족과 수영한 것을
잊을 수가 없어요.

⑤ · 읽다 · 할아버지께 세배한
것이 기억나요.

3. 친구들과 '빨리 대답하기' 놀이를 해 봅시다.

⟨놀이 방법⟩
① 3~5명이 같이 해요.
② 1명이 문제를 내요.
③ 대답을 가장 빨리 한 친구가 다음 문제를 내요.

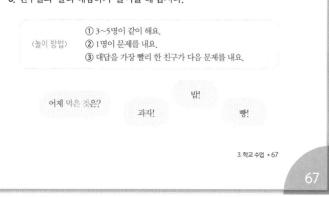

어제 먹은 것은?
밥!
과자!
빵!

3. 학교 수업 • 67

67

밀가루
[밀까루]

밀을 빻아 만든 가루.
예 밀가루 반죽.
밀가루로 빵을 만들어요.

4) 대화를 다시 듣고 질문에 대답하게 한다. 질문을 통해
학생들이 자연스럽게 문법 형태 '-은 것'을 익히도록
유도한다.

🔵 오딜이 섞은 것은 뭐예요?

🔵 엠마가 섞은 것은 뭐예요?

🔵 다니엘이 섞은 것은 뭐예요?

🔵 물에 녹지 않은 것은 뭐예요?

🔵 맛이 단 것은 뭐예요?

🔵 맛이 짠 것은 뭐예요?

문법 지식

-은 것

· 문장에서 명사처럼 쓰여 주어나 목적어 등으로 사용하도
록 만드는 표현.
예 이 책은 제가 다 읽은 것이에요.
어렸을 때 아빠와 함께 눈사람을 만든 것이 생각납니다.

· 동사에 붙어 과거의 어떤 행위나 사실을 설명함을 나타내
거나 행위와 관련된 사물을 가리킨다. 결합하는 말이 문장
내에서 명사로 기능하게 하여 주어나 목적어 및 서술어 등
으로 사용할 수 있게 한다.

	조건	형태	예시
①	받침 ○	-은 것	읽은 것, 먹은 것
②	받침 ×	-ㄴ 것	탄 것, 배운 것
③	ㄹ 받침	-ㄴ 것 (어간 'ㄹ' 탈락)	논 것, 만든 것

3 연습 - 8분

1) 2번 그림을 보면서 친구들이 경험한 것이 무엇인지 말
하게 한다.

🔵 첫 번째 그림에서 가족이 뭐 해요? 수영해요.

🔵 두 번째 그림에서 아빠가 뭐 하세요? 요리해요.

🔵 세 번째 그림에서 할아버지께 뭐 해요? 세배해요.

🔵 네 번째 그림에서 엄마와 뭐 해요? 책을 읽어요.

🔵 다섯 번째 그림에서 친척들과 뭐 해요? 음식을 먹어요.

2) 그림과 어울리는 단어와 문장을 연결하게 한다.

4 적용 - 10분

1) '빨리 대답하기' 놀이 방법을 안내한다.

🔵 한 명이 문제를 내요. 누구나 대답할 수 있어요. 대답을
가장 빨리 한 친구가 다음 문제를 내요.

2) 학생들끼리 '빨리 대답하기' 놀이를 하게 한다.

5 정리 - 2분

1) 익힘책 42쪽을 풀게 한다.

🔵 간장, 소금은 맛이 짜요.

🔵 망고, 설탕, 솜사탕, 초콜릿은 맛이 달아요.

🔵 간장, 설탕, 소금, 솜사탕, 초콜릿, 커피는 물에 녹아요.

2) 익힘책 43쪽을 풀게 한다.

🔵 '-은 것'을 써서 문장을 완성해 보세요.

🔵 맛이 단 것은 '설탕, 사탕, 아이스크림'이에요.

🔵 색깔이 하얀 것은 '설탕, 밀가루, 소금'이에요.

3) 오늘 배운 어휘와 '-은 것'을 사용하여 수업 시간에 경
험한 것을 말할 수 있는지 확인한다.

4) 차시 예고를 한다.

3단원 학교 수업 • 57

4차시 수학 시간

- **주요 학습 내용**

  어휘
  시계, 가리키다, 복습하다, 예습하다
  문법 및 표현
  부터, 까지, -을 거예요
  준비물
  듣기 자료

- **학습 목표**
- '부터', '까지', '-을 거예요'를 사용하여 학습 계획을 말할 수 있다.

1 도입 - 2분

1) 그림을 보고 어떤 장면인지 이야기하게 한다.

2) 수학 시간에 공부한 경험을 이야기하게 한다.

2 지시, 설명 - 18분

1) 1번 그림을 보며 무엇을 하는지 확인하게 한다.

   🔵 교실에서 뭐 해요?

2) 선생님과 타이선의 대화를 들려준다.

   > **듣기 자료 🔊 13**
   > 선생님: 시계가 지금 몇 시를 가리켜요?
   > 타이선: 7시 30분이에요.
   > 선생님: 타이선은 오늘 저녁 7시 30분에 뭐 할 거예요?
   > 타이선: 오늘 배운 것을 다시 공부할 거예요.
   > 선생님: 아, 복습할 거예요? 예습도 할 거예요?
   > 타이선: 네, 수학을 예습할 거예요.

3) 그림을 보며 질문을 통해 어휘를 학습하게 한다.

   🔵 (시계) 선생님 앞에 무엇이 있어요? 시계예요. 시계로 시 각을 알 수 있어요.

   🔵 (가리키다) 큰바늘이 어디를 가리켜요? 작은바늘이 어디 를 가리켜요? 몇 시예요?

   🔵 (복습하다) 타이선이 오늘 수학 시간에 배운 것을 다시 공 부한다고 해요. 다시 공부하는 것을 복습한다고 해요.

   🔵 (예습하다) 내일 배울 것을 미리 공부할 수도 있어요. 미리 공부하는 것을 예습한다고 해요.

어휘 지식	
시계 [시:계/시:게]	시간을 재거나 시각을 나타내는 기계나 장치를 통틀어 이 르는 말. 例 시계가 느리다. 시계가 두 시를 가리킨다.
가리키다	손가락 따위로 어떤 방향이나 대상을 집어서 보이거나 말 하거나 알리다. 例 선생님께서 칠판을 가리키셨다. 시곗바늘이 네 시를 가리키고 있었다.
복습하다 [복쓰파다]	배운 것을 다시 익혀 공부하다. 例 복습하는 습관을 들이자. 나는 집에 와서 오늘 배운 내용을 복습했다.

---

4 수학 시간

1. 수학 시간의 대화를 들어 봅시다. 🔊13

시간		요일	월요일
1교시		09:10 ~ 09:50	국어
2교시		10:00 ~ 10:40	사회
3교시		10:50 ~ 11:30	영어
4교시		11:40 ~ 12:20	수학
점심시간		12:20 ~ 13:10	
5교시		13:10 ~ 13:50	체육

1) 타이선은 저녁 7시 30분에 무엇을 해요?

2) 2교시는 무슨 시간이에요? 그리고 몇 시부터 몇 시까지예요? 〈보기〉와 같이 말해 보세요.

   > 〈보기〉
   > 1교시는 국어 시간입니다.
   > 1교시는 9시 10분부터
   > 9시 50분까지입니다.

3) 수학은 몇 시부터 몇 시까지 해요?

4) 여러분은 오늘 저녁 7시 30분에 무엇을 할 거예요?

예습하다 [예:스파다]	앞으로 배울 것을 미리 익히다. 例 내일 배울 부분을 예습했다. 오늘 배울 단원을 미리 예습해 왔어요?

4) 대화를 다시 듣고 질문에 대답하게 한다. 질문을 통해 학생들이 자연스럽게 문법 형태를 익히도록 유도한다.

   🔵 타이선이 저녁 7시 30분에 뭐 해요? 오늘 배운 것을 다시 공부할 거예요. 오늘 배운 것을 복습할 거예요.

   🔵 2교시는 무슨 시간이에요? 사회 시간이에요.

   🔵 2교시는 몇 시부터 몇 시까지예요? 10시부터 10시 40분 까지예요.

   🔵 〈보기〉와 같이 말해 보세요. 2교시는 사회 시간입니다. 2 교시는 10시부터 10시 40분까지입니다.

   🔵 수학은 몇 시부터 몇 시까지 해요? 11시 40분부터 12시 20분까지 해요.

   🔵 여러분은 오늘 저녁 7시 30분에 무엇을 할 거예요?

시계, 가리키다,
복습하다, 예습하다

부터, 까지,
-을 거예요

2. 타이선의 계획을 보고 대답해 봅시다.

PM 2:00	PM 2:50	PM 6:30	PM 8:30
한국어 공부하기	축구 배우기	가족들과 식사하기	한국어 복습하기

...를 40분
...배워요.

1) 타이선은 한국어를 몇 시부터 몇 시까지 배워요?

2) 타이선은 오후 6시 30분부터 무엇을 해요?

타이선은 오후 2시 50분부터
축구를 배울 거예요.

타이선은 오후 6시 30분부터
----

3. 오늘 계획을 친구들과 이야기해 봅시다.

1) 시각을 쓰고 〈보기〉처럼 계획을 말해 보세요.

〈보기〉
저는 3시부터 4시까지
친구들과 놀 거예요.

| : | ~ | : |

2) 친구들의 계획을 말해 보세요.

문법 지식

부터

· 어떤 동작이나 상태의 시작점을 나타내는 조사.
   예 수업은 9시부터 시작해요.
      여름 방학은 6월부터 8월까지예요.

· 명사에 붙어 어떤 동작이나 상태가 시작되는 시간이나, 어떤 순서나 서열상 제일 먼저 할 일을 나타낼 때 사용한다.

	조건	형태	예시
①	받침 ○	부터	오늘부터, 동생부터
②	받침 ×	부터	어제부터, 언니부터

까지

· 범위의 끝 지점을 나타내는 조사.
   예 2월까지 방학이에요.
      9시까지 교실로 오세요.

· 명사에 붙어 시간이나 공간 범위의 끝 지점을 나타낸다.

	조건	형태	예시
①	받침 ○	까지	오늘까지, 동생까지
②	받침 ×	까지	어제까지, 언니까지

-을 거예요

· 미래의 일을 추측하거나 주어의 의지를 나타내는 표현.
   예 내일은 영화를 볼 거예요.
      조금 이따가 동생이 올 거예요.

· 어떤 행위에 대한 말하는 사람의 의지를 나타낸다. 말하는 사람의 의지뿐 아니라 추정 등을 나타내므로 1인칭 주어가 오지 않을 수 있다.

	조건	형태	예시
①	받침 ○	-을 거예요	읽을 거예요, 먹을 거예요
②	받침 ×	-ㄹ 거예요	탈 거예요, 배울 거예요
③	ㄹ 받침	-ㄹ 거예요 (어간 'ㄹ' 탈락)	놀 거예요, 만들 거예요

③ 연습 - 10분

1) 시계를 보면서 타이선의 계획을 이야기하게 한다.

   교 타이선은 2시부터 한국어를 공부해요. 2시 50분부터 축구를 배워요. 6시 30분부터 가족들과 식사해요. 8시 30분부터 한국어를 복습해요.

   교 타이선은 한국어를 몇 시부터 몇 시까지 배워요? 2시부터 40분 동안 한국어를 배워요. 그래서 2시부터 2시 40분까지 한국어를 배워요.

   교 타이선은 오후 8시 30분부터 무엇을 해요? 타이선은 오후 8시 30분부터 한국어를 복습해요.

④ 적용 - 8분

1) 자기 자신의 계획을 세워 친구들과 이야기하게 한다.

   교 시각을 쓰고 〈보기〉처럼 계획을 말해 보세요.

2) 친구들에게 들은 계획을 다시 말하게 한다.

⑤ 정리 - 2분

1) 익힘책 44~45쪽을 풀게 한다.

2) '부터', '까지', '-을 거예요'를 사용하여 학습 계획을 말할 수 있는지 확인한다.

3) 차시 예고를 한다.

· 주요 학습 내용

> 어휘
> 수업, 시간, 숙제, 국어사전, 리코더, 막대그래프
> 준비물
> 국어사전, 리코더, 막대그래프

· 학습 목표

· 수업 시간의 경험을 일기로 쓸 수 있다.

1 도입 - 2분

1) 학교에서 어떤 수업을 받았는지 생각해 보게 한다.
   - 🔵 오늘 무슨 수업을 했어요?
   - 🔵 수업 시간에 배운 것을 일기로 쓴 적이 있어요?

2) 학습 목표를 안내한다.

2 제시, 설명 - 15분

1) 선생님을 따라 다니엘의 일기를 읽게 한다.

2) 일기를 다시 읽고 질문을 통해 어휘를 학습하게 한다.
   - 🔵 (수업) 학교에서 선생님과 공부를 해요. 국어를 배우고, 수학을 배워요. 학교에서 선생님이 가르쳐 주는 일을 수업이라고 해요. 국어 수업, 수학 수업이라 말할 수 있어요.
   - 🔵 (시간) 1교시는 몇 시부터 몇 시까지예요? 9시부터 9시 40분까지예요. 이렇게 몇 시부터 몇 시까지의 사이를 시간이라고 해요. 시간은 어떤 일을 하기로 정해진 동안을 말해요. 그래서 수업 시간이라고 말할 수 있어요.
   - 🔵 (숙제) 어제 선생님이 집에서 뭐 공부하라고 했어요? 이렇게 집에서 공부하라고 내 주는 것을 숙제라고 해요. 여러분 어제 내 준 숙제 다 했어요?
   - 🔵 (국어사전) 낱말을 모를 때 어떻게 해요? 선생님이나 부모님께 여쭤봐요. 아무도 없어요. 혼자 낱말을 공부해요. 낱말을 설명한 책이 필요해요. 낱말을 설명한 책을 국어사전이라고 해요. 이게 국어사전이에요. 자, 국어사전을 살펴보세요.
   - 🔵 (리코더) 선생님이 보여 주는 이 악기 이름 알아요? 리코더예요. 선생님이 한번 불어 볼게요. 소리가 좋아요? 여러분도 리코더 불어 봤어요?
   - 🔵 (막대그래프) 이 그림을 보세요. 그림이 뭐 닮았어요? 막대를 닮았어요. 그래서 막대그래프라고 불러요. 막대그래프는 서로 비교하기 좋아요.

어휘 지식	
수업	교사가 학생에게 지식이나 기능을 가르쳐 주는 일. 교사가 학생들의 학습을 도와주는 활동. ⑩ 수업 계획. 　교실에서 학생들이 수업을 받고 있다.
시간	어떤 시각에서 어떤 시각까지의 사이. 어떤 일을 하기로 정해진 동안. ⑩ 수업 시간. 　회의 시간에 의견을 말했다.

---

5 학교 수업

1. 다니엘의 일기를 읽고 이야기해 봅시다.

1) 선생님을 따라 일기를 읽으세요.

> ○월 ○일 화요일
> 오늘은 화요일입니다. 화요일에는 사회, 수학, 국어, 과학, 음악 수업이 있습니다. 나는 국어 시간이 힘들었습니다. 국어사전에서 낱말 찾는 것을 배웠습니다. 나는 모르는 것이 많았습니다. 한국어 낱말을 더 열심히 공부할 것입니다. 음악 시간에는 리코더를 불었습니다. 음악 숙제는 리코더 연습하기입니다.

2) 화요일에 어떤 수업을 해요? 그리고 오늘 숙제가 뭐예요?

3) 여러분은 국어 시간, 음악 시간에 무엇을 배웠어요?

2. 낱말과 어울리는 문장을 연결하고 써 봅시다.

국어사전	리코더	막대그래프	숙제
•	•	•	•
•	•	•	•
____을/를 그려요.	____을/를 열심히 해요.	____에서 낱말을 찾아요.	____ 소리가 좋아요.

숙제 [숙쩨]	학습을 위하여 방과 후에 학생들에게 내 주는 과제. ⑩ 숙제가 많다. 　선생님께서 숙제를 꼼꼼히 검사하셨다.
국어사전 [구거사전]	국어 단어 등을 모아 일정한 순서로 나열하여 풀이한 책. ⑩ 국어사전을 찾다. 　국어사전에 실려 있는 낱말.
리코더	세로로 부는, 플루트의 한 종류인 목관 악기. 부드럽고 밝은 음색을 지닌다. ⑩ 리코더를 불다. 　우리는 음악 시간에 리코더로 합주를 했다.
막대그래프 [막때그래프]	비교할 양이나 수치의 분포를 막대 모양의 도형으로 나타낸 그래프. ⑩ 막대그래프를 그려 보세요. 　막대그래프를 보고 학생 수를 비교해 봅시다.

3) 일기 내용에 대해 질문하고 대답하게 한다.
   - 🔵 화요일에 어떤 수업을 해요? 화요일에는 사회, 수학, 국어, 과학, 음악 수업을 해요. .
   - 🔵 오늘 숙제가 뭐예요? 오늘 숙제는 리코더 연습하기예요.

4) 학생들에게 수업 시간에 무엇을 배웠는지 질문하고 대답하게 한다.

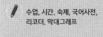
수업, 시간, 숙제, 국어사전, 리코더, 막대그래프

3. 다니엘의 수요일 수업을 살펴봅시다.

1) 다니엘의 수요일 하루를 보세요.

수학 숙제는 수학 익힘책 풀기예요.

1교시: 수학
'막대그래프'

2교시: 사회
'옛날의 생활 모습'

3, 4교시: 미술
'부채 만들기'

5교시: 국어
'낱말 사전 만들기'

2) 다니엘의 일기를 완성하세요.

　　오늘은 수요일입니다. 수요일은 _____, _____, 미술, 국어 _____ 이/가 있습니다. 수학 시간에 막대그래프를 배웠습니다. 수학 _____ 은/는 수학 익힘책 풀기입니다. _____ 시간에 옛날의 생활 모습을 배웠습니다. _____ 시간에 부채를 만들었습니다. 나는 한글로 부채를 꾸몄습니다. _____ 시간에는 낱말 사전을 만들었습니다. 나는 모르는 낱말이 많습니다. 그래서 낱말 사전을 집에서 하나 더 _____.　_____.

3. 학교 수업 • 71

71

🔵 여러분은 국어 시간, 음악 시간에 무엇을 배웠어요?

③ 연습 – 10분

1) 단어와 어울리는 문장을 연결하게 한다.

2) 빈칸에 알맞은 단어를 쓰게 한다.

🔵 막대그래프를 그려요.
🔵 숙제를 열심히 해요.
🔵 국어사전에서 낱말을 찾아요.
🔵 리코더 소리가 좋아요.

④ 적용 – 11분

1) 다니엘의 수요일 수업에 대해 이야기하게 한다.

🔵 1교시 수업이 뭐예요? 수학 시간에 무엇을 배웠어요?
🟤 수학 시간이에요. 수학 시간에 막대그래프를 배웠어요.
🔵 2교시 수업이 뭐예요? 사회 시간에 무엇을 배웠어요?
🟤 사회 시간이에요. 사회 시간에 옛날의 생활 모습을 배웠어요.

🔵 3교시, 4교시 수업이 뭐예요? 미술 시간에 무엇을 했어요?
🟤 미술 시간이에요. 미술 시간에 부채를 만들었어요.
🔵 5교시 수업이 뭐예요? 국어 시간에 무엇을 했어요?
🟤 국어 시간이에요. 국어 시간에 낱말 사전 만들기를 했어요.

2) 다니엘의 일기를 완성하게 한다.

> 오늘은 수요일입니다. 수요일은 수학, 사회, 미술, 국어 수업이 있습니다. 수학 시간에 막대그래프를 배웠습니다. 수학 숙제는 수학 익힘책 풀기입니다. 사회 시간에 옛날의 생활 모습을 배웠습니다. 미술 시간에 부채를 만들었습니다. 나는 한글로 부채를 꾸몄습니다. 국어 시간에는 낱말 사전을 만들었습니다. 나는 모르는 낱말이 많습니다. 그래서 낱말 사전을 집에서 하나 더 만들 것입니다.

⑤ 정리 – 2분

1) 익힘책 46쪽 1번 활동을 하면서 필수 어휘 '국어사전, 리코더, 막대그래프'를 복습하게 한다.

🔵 국어사전을 보면서 낱말 공부를 할 수 있어요.
🔵 리코더는 세로로 부는 악기예요.
🔵 막대 모양으로 그래프를 그리면 다른 것과 비교하기 쉬워요.

2) 익힘책 46쪽 1번 활동을 하면서 필수 어휘 '수업, 시간, 숙제'를 복습하게 한다.

🔵 학교에서 선생님께서 학생들에게 이것을 내 주셨어요. 그래서 다니엘이 집에서 공부를 해요. 이것을 뭐라고 해요?
🔵 선생님께서 교실에 계세요. 학생들에게 무엇을 가르쳐 주고 계세요. 선생님께서 지금 뭐 하고 계세요?
🔵 친구들이 교실에 있어요. 서서 이야기를 해요. 수업 시간이 아닌 것 같아요. 무슨 시간이에요?

3) 익힘책 47쪽을 풀게 한다.

🔵 '다니엘 반 학생들이 좋아하는 수업'을 막대로 나타냈어요. 이 그래프를 뭐라고 해요?
🔵 체육 수업을 몇 명이 좋아해요? 음악 수업을 몇 명이 좋아해요? 국어 수업을 몇 명이 좋아해요? 수학 수업을 몇 명이 좋아해요?
🔵 다니엘 반 학생들이 제일 좋아하는 수업이 뭐예요?
🔵 낱말 '수업, 시간, 숙제, 복습, 예습'을 사용하여 글을 완성해 보세요.

4) 일기를 읽고, 수업 시간의 경험을 일기로 쓸 수 있는지 확인한다.

5) 차시 예고를 한다.

- **주요 학습 내용**

  어휘
  매주, 하루, 이틀, 사흘, 나흘

  문법 및 표현
  –거나

  준비물
  듣기 자료, 학교 달력(학사력)

- **학습 목표**
- 날짜를 세는 어휘와 연결 어미 '–거나'를 사용하여 학교 행사 계획을 말할 수 있다.

1 도입 – 2분

1) 학교에서 수업 시간 이외에 다른 행사를 한 경험을 생각해 보게 한다.

2) 학교 행사 중에 가장 기억에 남는 것이 무엇인지 말하게 한다.

2 제시, 설명 – 15분

1) 그림을 보며 장위의 학교 행사를 말하게 한다.

   선 첫 번째 그림은 어디예요? 왼쪽에 책이 많아요. 도서관이에요.

   선 두 번째 그림에서 친구가 뭐 해요? 스케이트를 타요.

   선 세 번째 그림에서 뭐 해요? 수영을 해요.

   선 네 번째 그림에서 친구들이 뭐 해요? 영어 교실을 해요.

   선 다섯 번째 그림에서 친구들이 뭐 해요? 알뜰 시장을 해요.

2) 그림과 6월 학교 행사 계획을 보고 질문을 통해 어휘를 학습하게 한다.

   선 (매주) 영어 교실은 언제 해요? 금요일마다 해요. 매주 금요일에 영어 교실을 해요.

   선 (하루) 도서관 행사는 언제 해요? 6월 4일에 해요. 1일을 '하루'라고 해요. 도서관 행사는 하루만 해요.

   선 (이틀) 스케이트 교육은 며칠 동안 해요? 2일 동안 해요. 2일 동안을 '이틀'이라고 해요. 스케이트 교육은 이틀 동안 해요.

   선 (사흘) 알뜰 시장은 며칠 동안 해요? 3일 동안 해요. 3일 동안을 '사흘'이라고 해요. 알뜰 시장은 사흘 동안 해요.

   선 (나흘) 수영 교육은 며칠 동안 해요? 4일 동안 해요. 4일 동안을 '나흘'이라고 해요. 수영 교육은 나흘 동안 해요.

어휘 지식	
매주 [매:주]	각각의 주마다. 예 우리 가족은 매주 등산을 한다. 우리는 매주 월요일에 회의를 한다.
하루	한 낮과 한 밤이 지나는 동안. 예 하루는 24시간이다. 하루에 세 번 이를 닦는다.

---

6 학교 행사

1. 장위의 학교 행사를 보고 이야기해 봅시다.

수영을 나흘 동안 배워요.

매주 금요일에 영어 교실을 해요.

알뜰 시장

알뜰 시장에서 나에게 필요 없는 것을 팔거나 갖고 싶은 것을 살 수 있어요.

1) 묻고 대답하세요.

   ① 영어 교실은 언제 해요?
   ② 수영 교육은 며칠 동안 해요?
   ③ 알뜰 시장에서 뭐 해요?

2) 듣고 대답하세요. 🔊 14, 15

   - 도서관 행사에서 뭐 해요? 그리고 영어 교실에서 뭐 해요?

   | 동화 작가 만나기 | 독서 신문 만들기 | 영어 책 읽기 | 원어민 선생님과 대화하기 |

이틀	하루가 두 번 있는 시간의 길이. 예 이틀을 꼬박 굶었다. 그는 이틀에 한 번은 반드시 목욕을 했다.
사흘	세 날. 예 사흘 동안 비가 왔다. 집을 떠난 지 사흘이 되었다.
나흘	네 날. 예 나는 나흘을 집에서만 보냈다. 그는 집을 나간 지 나흘 만에 돌아왔다.

3) 연결 어미 '–거나'를 사용하여 학교 행사를 설명하게 한다.

   선 알뜰 시장에서 무엇을 해요? 알뜰 시장에서 나에게 필요 없는 것을 팔거나 갖고 싶은 것을 살 수 있어요.

   선 다음 대화를 듣고 질문에 대답하세요.

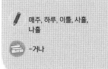
✏️ 매주, 하루, 이틀, 사흘, 나흘

💳 -거나

20○○년 6월 학교 행사 계획

일	월	화	수	목	금	토
					1 영어 교실	2
3	4 도서관 행사	5	6	7	8 영어 교실	9
10	11	12 스케이트 교육	13	14 스케이트 교육	15 영어 교실	16
17	18 알뜰 시장	19 알뜰 시장	20 알뜰 시장	21	22 영어 교실	23
24	25 수영 교육	26 수영 교육	27 수영 교육	28 수영 교육	29 영어 교실	30

2. 학교 행사 계획을 보고 연결해 봅시다.

도서관 행사	수영 교육	스케이트 교육	알뜰 시장
•	•	•	•

•	•	•	•
하루 (1일)	이틀 (2일)	사흘 (3일)	나흘 (4일)

3. 우리 학교의 6월 행사 계획을 말해 봅시다.

3. 학교 수업 • 73

73

듣기 자료 🔊 14
장위: 도서관 행사에서 뭐 해요?
선생님: 동화 작가를 만나거나 독서 신문을 만들어요.
장위: 둘 다 할 수 있어요?
선생님: 아니요. 같은 시간에 같이 해요. 그래서 하나만 할 수 있어요.

🔵 도서관 행사에서 뭐 해요? 동화 작가를 만나거나 독서 신문을 만들어요.

🔵 다음 대화를 듣고 질문에 대답하세요.

듣기 자료 🔊 15
장위: 영어 교실에서 뭐 해요?
선생님: 영어 책을 읽거나 원어민 선생님과 대화해요.
장위: 둘 다 할 수 있어요?
선생님: 아니요. 같은 시간에 같이 해요. 그래서 하나만 할 수 있어요.

🔵 영어 교실에서 뭐 해요? 영어 책을 읽거나 원어민 선생님과 대화해요.

문법 지식

-거나

· 선택을 나타내는 연결 어미.
  📝 내일은 흐리거나 눈이 오겠습니다.
    나는 슬프거나 외로울 때 노래를 부른다.

· 동사나 형용사 '이다, 아니다'에 붙어 둘 이상의 행위나 사실 중 하나를 선택함을 나타낸다. 두 가지 이상의 행동이나 상태를 나란히 나열하고 그 가운데 하나를 선택할 때 사용한다.

	조건	형태	예시
①	받침 ○	-거나	먹거나, 넓거나, 놀거나
②	받침 ×	-거나	가거나, 예쁘거나

③ 연습 · 10분

1) 학교 행사 계획을 보고 며칠 동안 행사를 하는지 대답하게 한다.

🔵 도서관 행사, 수영 교육, 스케이트 교육, 알뜰 시장은 며칠 해요?

2) 학교 행사 계획과 알맞은 단어를 연결하게 한다.

④ 적용 · 11분

1) 본인들의 학교 달력을 보면서 6월 행사 계획을 말하게 한다.

2) 학습자 수준에 따라 아래의 형식을 참조하여 학교 행사 계획을 말하게 한다.

우리 학교는 매주 ○요일에 ○○을 합니다.
우리 학교는 ○○을 하루 동안 합니다.
우리 학교는 ○○을 이틀 동안 합니다.
우리 학교는 ○○을 사흘 동안 합니다.
우리 학교는 ○○을 나흘 동안 합니다.
○○ 행사에서 ○○거나 ○○할 수 있습니다.

⑤ 정리 · 5분

1) 익힘책 48~49쪽을 풀게 한다.

2) 날짜를 세는 어휘와 '-거나'를 사용하여 학교 행사 계획을 말할 수 있는지 확인한다.

3) 차시 예고를 한다.

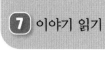

7 이야기 읽기

1. 이야기를 읽어 봅시다.

미래 학교 학생들

3020년, 미래의 초등학교엔 선생님이 안 계신다. 수업은 컴퓨터가 한다.
매주 시험도 본다. 그런데 하늘에서 초록 햇빛이 내려온 후에 컴퓨터가 변했다.
이유 없이 혼내거나 답을 틀리게 알려 주었다.

어느 날 컴퓨터가 시간을 과거로 돌렸다. 시간은 우리를 과거로 보냈다.
우리 앞에 선생님이 계셨다.
"여러분, 안녕. 오늘 재미있게 놀아요."

> 다음 이야기를 만들어 보세요.
> ----------------------
> ----------------------
> ----------------------

1) 초록 햇빛이 내려온 후에 컴퓨터가 어떻게 변했어요?

2) 컴퓨터가 변한 후에 시간이 학생들을 어디로 보냈어요?

3) 다음 이야기를 만들어 보세요.

2. 선생님의 말씀을 읽고 알림장을 써 봅시다.

내일 1교시부터 3교시까지 수영을 배워요.
수영복, 수영모, 물안경을 준비하세요.
버스를 타고 가요. 버스는 9시에 학교에서 출발해요.
8시 40분까지 등교하세요.
4교시는 학교에서 종이접기를 해요.
색종이, 가위, 풀을 준비하세요.

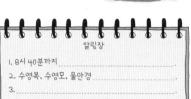

알림장
1. 8시 40분까지 _____
2. 수영복, 수영모, 물안경 _____
3. _____

7차시 이야기 읽기

• **학습 목표**
• 이야기를 읽고 핵심 내용을 말하고 쓸 수 있다.

1 도입 - 2분

1) 예전에 다닌 학교와 현재 우리 학교의 모습을 비교하여 말하게 한다.

2) 학교생활과 관련된 이야기를 읽은 경험을 말하게 한다.

2 읽기 전 - 8분

1) 100년 후에 학교는 어떤 모습으로 바뀔지 상상하게 한다.

2) 자신이 원하는 미래 학교 모습을 말하게 한다.

3 읽기 중 - 25분

1) '미래 학교 학생들'을 선생님을 따라 읽게 한다.

2) 내용을 이해했는지 점검한다.
- 📘 미래의 초등학교에서 누가 수업을 해요? 컴퓨터가 수업을 해요.
- 📘 초록 햇빛이 내려온 후에 컴퓨터가 어떻게 변했어요? 이유 없이 혼내거나 답을 틀리게 알려 주었어요.
- 📘 컴퓨터가 변한 후에 시간이 학생들을 어디로 보냈어요? 컴퓨터가 시간을 과거로 돌렸어요. 그리고 시간은 학생들을 과거로 보냈어요.

- 📘 과거 초등학교에 누가 계세요? 선생님이 계세요.
- 📘 미래 초등학교와 과거 초등학교가 어떻게 다를까요? 과거 초등학교에서 뭐 했을까요? 다음 이야기를 만들어 보세요.

3) 선생님의 말씀을 읽게 한다.

4) 내용을 이해했는지 점검한다.

5) 명사형 전성 어미 '-기'를 사용하여 알림장을 쓰게 한다. 본문에 제시되지 않은 표현이더라도 맥락에 알맞게 쓰는 것을 허용한다. 예를 들어, '등교하기' 대신에 '학교에 오기', '준비하기' 대신에 '가져오기' 등을 쓰는 것도 허용한다.

> **알림장**
> 1. 8시 40분까지 등교하기(또는 학교에 오기)
> 2. 수영복, 수영모, 물안경 준비하기(또는 가져오기)
> 3. 색종이, 가위, 풀 준비하기(또는 가져오기)

4 읽기 후 - 3분

1) 이야기의 내용을 잘 이해했는지 확인한다.

2) 전성 어미 '-기'를 사용하여 알림장을 잘 썼는지 확인한다.

5 정리 - 2분

1) 이야기를 읽고 핵심 내용을 말하고 쓸 수 있는지, '-기'를 사용하여 알림장을 쓸 수 있는지 확인한다.

2) 차시 예고를 한다.

8 알림장과 달력 쓰기

1. 대화를 듣고 질문에 답해 봅시다. 🔊16

오늘 숙제가 뭐야?

수학 익힘책 78쪽부터 81쪽까지 풀어 오기야.

1) 오늘 숙제가 뭐예요?

2) 내일 준비물이 뭐예요?

3) 엠마는 알림장에 무엇을 썼을까요? 엠마의 알림장에 쓰세요.

엠마의 알림장

1. _____ : 수학 익힘책 _____ .

2. 준비물: _____ .

4) 엠마의 알림장을 보고 타이선에게 숙제와 준비물을 알려 주세요.

76 • 의사소통 한국어 2

2. 잘 듣고 7월 학교 행사 계획을 만들어 봅시다. 🔊17

1) 도서관 행사, 노래 부르기 대회, 수학 교실, 여름 방학식을 언제 해요?

2) 학교 행사 계획을 써 보세요.

| 도서관 행사 | 노래 부르기 대회 | 수학 교실 | 여름 방학식 |

20○○년 7월 학교 행사 계획

일	월	화	수	목	금	토
1	2	3	4	5	6	7
8	9	10	11	12	13	14
15	16	17	18	19	20	21
22	23	24	25	26	27	28
29	30	31				

3) 우리 학교의 행사 계획을 소개하세요.

3. 학교 수업 • 77

8차시 알림장과 달력 쓰기

• 학습 목표
• 이야기를 듣고 알림장과 달력을 쓸 수 있다.

1 도입 - 2분

1) 친구에게 숙제나 준비물을 물어본 경험을 말하게 한다.

2) 학교 행사가 적힌 달력(학사력)을 본 경험을 생각해 보게 한다.

2 전개 - 35분

1) 대화를 듣게 한다.

> **듣기 자료** 🔊16
> 타이선: 오늘 숙제가 뭐야?
> 엠마: 수학 익힘책 78쪽부터 81쪽까지 풀어 오기야.
> 타이선: 내일 준비물 있어?
> 엠마: 응, 읽고 싶은 책을 준비해.

2) 대화 내용을 확인한다.
> 🔵 오늘 숙제가 뭐예요? 수학 익힘책 78쪽부터 81쪽까지 풀어 오기예요.
> 🔵 내일 뭘 준비해요? 읽고 싶은 책을 준비해요.

3) 다시 듣고 엠마의 알림장을 쓰게 한다.

> **알림장**
> 1. 숙제: 수학 익힘책 78쪽부터 81쪽까지 풀어 오기.
> 2. 준비물: 읽고 싶은 책(또는 읽고 싶은 책 준비하기/가져 오기).

4) 엠마의 알림장을 보고 타이선에게 숙제와 준비물을 알려 주게 한다.

5) 듣기 자료를 들려준다.

> **듣기 자료** 🔊17
> 우리 학교는 매월 첫 번째 주 월요일에 도서관 행사를 합니다.
> 7월 6일은 노래 부르기 대회를 하는 날입니다.
> 우리 반은 매주 수요일에 수학 교실을 합니다.
> 여름 방학식은 7월 26일입니다.

6) 학교 행사를 언제 하는지 질문한다.
> 🔵 노래 부르기 대회를 언제 해요? 7월 6일에 해요.
> 🔵 도서관 행사를 언제 해요? 매월 첫 번째 주 월요일에 해요.
> 🔵 수학 교실을 언제 해요? 매주 수요일에 해요.
> 🔵 여름 방학식을 언제 해요? 7월 26일에 해요.

7) 7월의 학교 행사를 달력에 적게 한다.

8) 친구들에게 우리 학교의 행사를 소개하게 한다.
> 🔵 ○○은 ○○에 해요.

3 정리 - 3분

1) 대화를 듣고 알림장을 쓸 수 있는지 확인한다.

2) 이야기를 듣고 학교 행사 계획을 쓸 수 있는지 확인한다.

3) 차시 예고를 한다.

3단원 학교 수업 • 65

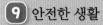

9 안전한 생활

1. 손 씻기 방법을 알아봅시다.

1) 읽으세요.

손바닥과 손바닥을
붙인 후에 여러 번 씻기

손가락과 손가락을
잡은 후에 여러 번 씻기

손등과 손바닥을
붙인 후에 여러 번 씻기

손가락을 다른 쪽 손바닥에
놓은 후에 여러 번 씻기

양쪽 손가락을 모두
낀 후에 여러 번 씻기

엄지손가락을
다른 쪽 손가락으로 씻기

2) 손 씻기 방법을 말하고 손으로 따라 하세요.

2. 횡단보도를 안전하게 건너는 방법을 알아봅시다.

1) 읽으세요.

①	멈춘다	횡단보도에서 멈춘 후에 오른쪽에 서요.
②	좌우를 본다	차가 멈추었어요? 도로 왼쪽과 오른쪽을 봐요.
③	손을 든다	손을 높이 들어요. 운전사가 나를 볼 수 있어요.
④	운전사를 본다	횡단보도를 건너기 전에 운전사를 봐요.
⑤	건넌다	손을 들고 안전하게 건너요.

2) 그림에 어울리는 낱말을 연결하세요.

멈춘다	좌우를 본다	손을 든다	운전사를 본다	건넌다

3) 횡단보도 건너는 방법을 연습해 보세요.

9차시 안전한 생활

· **학습 목표**
· 안전한 생활을 안내하는 글을 읽을 수 있다.

1 도입 – 2분

1) 손 씻는 방법을 잘 알고 있는지 말하게 한다.

2) 횡단보도나 찻길에서 위험한 일을 겪었거나 목격한 일을 생각하게 한다.

2 읽기 전 – 3분

1) 내가 손을 어떻게 씻는지 말하게 한다.

2) 내가 횡단보도를 어떻게 건너는지 말하게 한다.

3 읽기 중 – 7분

1) 그림을 보면서 손 씻기 방법을 읽는다. 내용을 이해하는 데 어려움을 느끼는 학생에게는 핵심 단어를 중심으로 읽을 수 있도록 지도한다.

🔳 "① 손바닥과 손바닥, ② 손가락과 손가락, ③ 손등과 손바닥, ④ 엄지손가락과 다른 쪽 손가락, ⑤ 양쪽 손가락, ⑥ 손가락과 손바닥"의 순서대로 손을 씻어요.

2) 횡단보도를 안전하게 건너는 방법을 읽는다. 내용을 이해하는 데 어려움을 느끼는 학생에게는 핵심 어구를 중심으로 읽을 수 있도록 지도한다.

🔳 "① 멈춘다, ② 좌우를 본다, ③ 손을 든다, ④ 운전사를 본다, ⑤ 건넌다"의 순서대로 횡단보도를 건너요.

3) 낱말을 소리 내어 읽으면서 그림에 어울리게 연결하도록 한다.

4) "① 멈춘다, ② 좌우를 본다, ③ 손을 든다, ④ 운전사를 본다, ⑤ 건넌다"를 큰 소리로 말하고 외우게 한다.

4 읽기 후 – 18분

1) 손 씻기 방법을 말하면서 손으로 따라 하게 한다.

2) 횡단보도 건너는 방법을 연습시킨다.

5 정리 – 2분

1) '손 씻기 방법'과 '횡단보도 건너는 방법'을 읽고 내용을 이해했는지 확인한다.

2) 차시 예고를 한다.

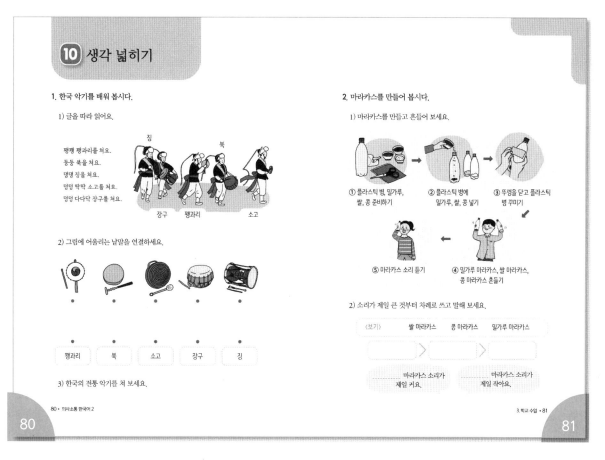

10차시 생각 넓히기

- 학습 목표
- 한국 악기와 외국 악기의 종류와 특징을 말할 수 있다.

1 도입 - 2분

1) 한국의 전통 악기를 본 경험을 말하게 한다.

2) 자기가 알고 있는 외국의 악기를 소개하게 한다.

2 전개 - 35분

1) 한국 악기 이름을 학습하게 한다.

① 그림을 보면서 어떤 장면인지 이야기한다.

  🖈 사람들이 뭐 해요? 어떤 장면인지 알아요? 한국에서는 '풍물놀이'라고 해요.

② 선생님을 따라 글을 읽는다.

③ 악기를 가리키며 악기 이름을 말한다.

④ 그림에 어울리는 단어를 연결하게 한다.

⑤ 미리 준비한 꽹과리, 북, 소고, 장구, 징 등을 쳐 본다. 악기를 보고 만져 봄으로써 단어를 익히는 데 의의가 있으나 학생들의 흥미를 유발하기 위해 간단한 장단을 소개할 수 있다.

참고 자료

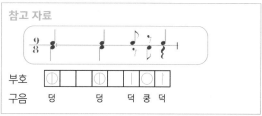

2) 마라카스 만드는 방법을 읽고, 곡식 어휘를 학습하게 한다.

① 마라카스 만드는 방법을 읽는다.

 ※ 유의점: 마라카스를 만들고 연주하는 활동은 관련 내용의 이해를 돕고 다양한 문화를 경험함으로써 학생들의 흥미를 유발할 수 있다는 장점이 있으나 재료를 준비하기 어려울 경우에는 읽기 학습에 치중하는 것이 바람직하다.

② 단어 '쌀, 콩, 밀가루'를 익힌다.

③ 소리가 제일 큰 것부터 차례로 쓴다.

  🖈 콩 마라카스 〉 쌀 마라카스 〉 밀가루 마라카스.

④ 단어를 넣어 문장을 말한다.

  🖈 콩 마라카스 소리가 제일 커요.

  🖈 밀가루 마라카스 소리가 제일 작아요.

3 정리 - 3분

1) 한국 악기와 곡식 어휘를 알고 있는지 확인한다.

2) 대단원을 정리한다.

4단원 • 날씨와 계절

단원의 개관

이 단원에서는 날씨와 계절, 계절 놀이 어휘와 문법을 익혀 날씨 묻고 대답하기, 날씨에 맞는 옷차림, 여름 놀이, 겨울 놀이, 자신이 좋아하는 계절과 그 이유, 날씨에 따라 주의할 점 등을 말하고 그림일기 읽고 쓰기, 일기 예보 발표하기, 이야기 읽기를 하도록 한다.

학습 목표	• 날씨를 말할 수 있다. • 계절의 날씨와 그 계절에 하는 놀이를 말할 수 있다. • 좋아하는 계절과 그 이유를 말할 수 있다.						
주제	장면		기능	문법	어휘	문화	담화 유형
	일상생활	학교생활					
계절과 날씨	날씨 말하기	여름 놀이	계절과 날씨 말하기 좋아하는 계절과 이유 말하기	–은¹ –을 수 있다 –으면 –어서	계절, 날씨 계절 활동 계절별 장소 어휘	물놀이 안전 수칙	대화 일기 예보 그림일기
	날씨에 맞는 옷차림	겨울 놀이					

68 • 의사소통 한국어 교사용 지도서 2

● 차시 전개 과정

차시	차시 제목	성격	학습 내용	교재 쪽수	익힘책 쪽수
1	오늘의 날씨	필수	• 날씨 어휘를 익히고 날씨를 묻고 대답할 수 있다.	84	50
2	날씨와 옷차림	필수	• 형용사 관형형 '-은'을 사용해 날씨에 어울리는 옷 차림을 말할 수 있다.	86	52
3	여름 놀이	필수	• '-을 수 있다'를 사용해 여름에 할 수 있는 활동을 말할 수 있다.	88	54
4	겨울 놀이	필수	• '-으면'을 사용해 겨울에 할 수 있는 놀이를 말할 수 있다.	90	56
5	좋아하는 계절	필수	• '-어서'를 사용해 좋아하는 계절과 이유를 발표할 수 있다.	92	58
6	날씨에 따라 주의할 점	필수	• 날씨에 따라 주의할 점을 말할 수 있다.	94	60
7	그림일기 읽기	선택	• 그림일기를 읽고 쓸 수 있다.	96	-
8	일기 예보 말하기	선택	• 날씨 대화를 듣고 이해하고 일기 예보를 발표할 수 있다.	98	-
9	이야기 읽기	선택	• 〈해님과 바람〉 이야기를 읽고 이해할 수 있다.	100	-
10	생각 넓히기	선택	• 여름철 물놀이 시 안전 수칙을 알고 물놀이 시 주의할 점을 쓸 수 있다.	102	-

● 단원 지도상의 유의점

◆ 숙달도가 초급 수준인 학습자를 고려하여 어휘, 표현, 문법을 분리하여 명시적으로 학습하지 않고, 주어진 장면과 상황, 대화 속에서 어휘 및 표현을 이해하고 연습할 수 있도록 교수한다.

◆ 교사의 판서를 최소화하고 전자책이나 그림 자료를 보면서 말하기를 통해 학습이 이루어지도록 한다.

◆ 마지막 활용 문항에서는 매 차시 배운 어휘나 문법을 활용해 차시별 학습 주제를 두 문장 이상의 복문으로 말하고 쓸 수 있도록 지도한다.

1차시 오늘의 날씨

· 주요 학습 내용

어휘
맑다, 흐리다, 바람이 불다, 비가 오다, 천둥 번개가 치다,
눈이 오다, 영하, 도, 영상

준비물
듣기 자료

· 학습 목표
· 날씨 어휘를 익히고 날씨를 묻고 대답할 수 있다.

1 도입 - 3분

1) 사계절 그림을 보고 단원의 전체 도입을 한다.
   신 꽃이 많아요. 언제일까요? 봄이에요. 아이들이 수영해요.
   여름이에요. 노란색, 빨간색 잎이 많아요. 가을이에요. 눈
   이 왔어요. 겨울이에요.
   신 한국은 봄, 여름, 가을, 겨울. 계절이 4개예요. 사계절이에요.

2) 교재에 나온 도입 질문을 한다.
   신 지금 무슨 계절이에요? 오늘 날씨는 어때요?
   신 봄, 여름, 가을, 겨울에는 무엇을 해요?

   ※ 유의점: 전체 도입에서는 새 어휘라도 판서하지 않는다. 학
   생들이 이미 알고 있는 어휘를 확인하고 앞으로 배울 주제에
   관심을 갖도록 유도한다.

3) 오늘 날씨를 물어보면서 차시 주제를 안내한다.
   신 날씨는 날마다 달라요. 오늘 날씨는 어때요?

2 제시 설명 - 12분

1) 어휘가 쓰여 있는 교재 그림을 보여 주며 질문을 통해
   어휘를 학습한다.
   신 (맑다) 날씨가 좋아요? 하늘이 무슨 색이에요? 날씨가 어
   때요?
   신 (흐리다) 하늘에 무엇이 많아요? 하늘이 무슨 색이에요?
   날씨가 어때요?
   신 (바람이 불다) (후- 소리를 내며) 무엇이 불어요? 날씨가 어
   때요?
   신 (비가 오다) 날씨가 어때요? 무엇이 와요? 비가 내리고 있
   어요?
   신 (천둥 번개가 치다) 비가 올 때 같이 와요. (우르르 쾅 소리를
   내며) 무엇이 쳐요?
   신 (눈이 오다) 창밖에 무엇이 와요? 눈이 오고 있어요.
   신 (영하) (왼쪽 온도계 그림을 보며) 겨울이에요. 눈이 와요. 영
   하 5도예요.
   신 (영상) (오른쪽 온도계 그림을 보며) 오늘은 날씨가 따뜻해
   요. 영상 25도예요.

---

1 오늘의 날씨

1. 날씨가 어때요? 그림을 보고 이야기해 봅시다.

   1) 그림을 보고 가리켜 보세요.

    맑다
    흐리다
    바람이 불다
    비가 오다

    천둥 번개가 치다
    눈이 오다
    영하 5도
    (영상) 25도

   2) 듣고 따라 하세요. 🔊 18

   엄마, 오늘 날씨가 어때요?
   눈이 많이 와.
   지금 몇 도예요?
   영하 8도야.

84 · 의사소통 한국어 2

84

어휘 지식

맑다 [막따]	구름이나 안개가 끼지 않아 날씨가 좋다. 예 오늘 날씨가 맑아요. 날씨가 맑을 때 소풍을 가야겠어요.
흐리다	구름이나 안개 때문에 날씨가 맑지 않다. 예 구름이 많아서 날씨가 흐려요. 곧 비가 올 것처럼 날씨가 흐리다.
불다	바람이 일어나 어느 방향으로 움직이다. 예 강한 바람이 불어요. 바람이 심하게 불어서 모자가 날아갔다.
천둥	하늘에서 매우 큰 소리와 번개가 함께 나타나는 현상. 예 천둥소리 때문에 깜짝 놀랐다. 아이가 천둥소리를 무서워했다.
번개	비가 내리는 중에 천둥소리와 함께 하늘에서 순간적으로 나는 번쩍이는 강한 빛. 예 어제 번개와 함께 강한 비가 왔다. 번개가 친 후에 천둥소리가 난다.
치다	천둥, 번개 등이 큰 소리나 빛을 내며 일어나다. 예 천둥 번개가 칠 때 밖에 나가면 위험하다. 어젯밤에 비도 많이 오고 천둥 번개까지 쳤다.
영하	0도 이하인 온도. 예 오늘은 영하 10도여서 추워요. 오늘 영하로 내려가면서 하루 종일 추웠다.

70 · 의사소통 한국어 교사용 지도서 2

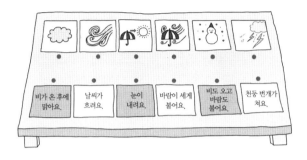

맑다, 흐리다,
바람이 불다,
비가 오다,
천둥 번개가 치다,
눈이 오다, 영하, 도, 영상

2. 그림을 보고 알맞은 문장을 연결해 봅시다.

| 비가 온 후에 맑아요. | 날씨가 흐려요. | 눈이 내려요. | 바람이 세게 불어요. | 비도 오고 바람도 불어요. | 천둥 번개가 쳐요. |

3. 휴대 전화 날씨 앱을 보고 날씨와 기온을 이야기해 봅시다.

오늘 날씨가 흐려요.
지금은 2도예요.

| 도 | 온도의 단위.
예 오늘 최고 기온은 25도이다.
내일은 영하 13도까지 내려간다고 한다. |
| 영상 | 0도 이상인 온도.
예 오후에는 영상 5도가 됐어요.
낮에는 기온이 영상으로 올라간다고 했다. |

※ 유의점: 교사의 설명을 듣고 교재의 어휘를 가리켜 보게 하며 말할 때는 '-어/아요'형으로 대답하게 한다.

2) 대화문에 제시된 그림을 확인한다.
   (선) 누가 다니엘과 이야기해요? 창밖을 보세요. 날씨가 어때요?

3) 듣기 자료를 들은 후 교사와 학생이 역할을 나누어 읽는다.

4) 친구들과 역할을 나누어 읽게 한다.

5) 대화 내용을 확인한다.
   (선) 오늘 날씨가 어때요? 지금 기온이 몇 도예요?

---

3 연습 - 17분

1) 날씨 기호를 보면서 날씨 어휘를 확인한다.
   (선) 첫 번째 그림: 비가 와요? 날씨가 맑아요?
   (선) 두 번째 그림: 바람이 불어요? (손짓을 크게 하면서) 바람이 세게 불어요? (손짓을 작게 하면서) 바람이 약하게 불어요?
   (선) 세 번째 그림: 비가 와요? 그리고 그 후에 날씨가 어때요?
   (선) 네 번째 그림: 비가 와요? 그리고 또 날씨가 어때요?
   (선) 다섯 번째 그림: 날씨가 어때요?
   (선) 여섯 번째 그림: 날씨가 어때요? (우르르 쾅 소리를 내며) 무엇이 쳐요?

2) 아래의 문장 카드를 학생들이 읽게 한다.

3) 날씨 기호와 맞는 문장을 연결하도록 한다.

4 적용 - 10분

1) 날씨를 알고 싶으면 어떻게 하는지 질문한다.
   (선) 날씨를 알고 싶어요. 텔레비전에서 날씨 뉴스를 봐요. 날씨 뉴스는 일기 예보예요. 또 어떻게 날씨를 알아요? 엄마, 아빠의 휴대 전화에서 날씨를 봐요.

2) 그림을 보며 다니엘과 아빠가 무엇을 하는지 질문한다.

3) 휴대 전화 날씨 앱의 일기 예보 날씨 기호와 기온을 보면서 날씨를 확인한다.
   (선) 화요일 날씨가 어때요? 맑아요? 화요일은 아침에 몇 도예요? 수요일 날씨는 어때요?

4) 짝이 된 친구와 날씨 앱을 보고 날씨를 묻고 대답하도록 한다.

5 정리 - 3분

1) 익힘책 50쪽 1번 문항에서는 그림에 맞는 단어를 찾아 밑줄과 빈칸에 각각 한 번씩 쓰도록 지도한다.
   (선) 그림을 보세요. 날씨가 어때요?
   ※ 유의점: 빈칸에는 '-어/아요'형으로 쓰도록 한다.

2) 익힘책 51쪽 2번 문항에서는 알맞은 말에 ○표 하도록 한다.
   ※ 유의점: 과거형 '-었/았어요'나 미래형 '-을 거예요'에 유의해 알맞은 표현을 고르도록 한다.

3) 익힘책 51쪽 3번 문항에서는 〈보기〉와 같이 날씨에 대해 질문하고 그림을 보고 대답할 수 있도록 한다.
   (선) (① 그림) 날씨가 어때요? 맑아요?
   (②, ③ 그림) 날씨를 물어볼 때 어떻게 말해요?

4) 배운 어휘와 표현으로 오늘 날씨를 말할 수 있는지 확인한다.
   (선) 오늘 날씨가 어때요? 맑아요? 비가 와요?

5) 차시 예고를 한다.

· 주요 학습 내용

어휘
춥다, 따뜻하다, 덥다, 시원하다, 쌀쌀하다
문법 및 표현
-은(형용사 관형형)

· 학습 목표
· 형용사 관형형 '-은'을 사용해 날씨에 어울리는 옷차림을 말할 수 있다.

1 도입 - 2분

1) 날씨와 옷차림을 물어보며 차시 주제를 안내한다.
   圙 날마다 날씨가 달라요. 겨울에 무엇을 입어요? 여름에 어떤 옷을 입을까요?

2 제시, 설명 - 15분

1) 어휘가 쓰여 있는 그림을 보며 질문을 통해 어휘를 학습한다. 학생은 교사의 설명을 듣고 어휘를 가리켜 보게 한다.
   圙 (춥다) (몸을 움츠리거나 손을 호호 부는 행동을 하며) 눈이 와요. 추워요.
   圙 (따뜻하다) 날씨가 맑아요. 해가 비춰요. 따뜻해요.
   圙 (덥다) (손으로 부채를 부치고 땀을 닦는 행동을 하며) 여름이에요. 더워요.
   圙 (시원하다) 바람이 살랑살랑 불어요. 시원해요.
   圙 (쌀쌀하다) 조금 추워요. 반팔 옷은 추워요. 겉옷을 입어요. 날씨가 쌀쌀해요.

어휘 지식	
춥다 [춥따]	몸으로 느끼기에 기온이 낮다. 圙 10월인데 벌써 날씨가 춥다. 날씨가 추우니까 따뜻하게 입으세요.
따뜻하다 [따뜨타다]	아주 덥지 않고 기분이 좋은 정도로 온도가 알맞게 높다. 圙 지난 주말에는 날씨가 따뜻해서 엄마, 아빠와 같이 공원에 갔다. 추우니까 빨리 따뜻한 곳으로 가자.
덥다	몸으로 느끼기에 기온이 높다. 圙 여름이 지났는데도 날씨가 무척 덥군요. 방 안이 더우니까 창문을 여는 게 어떨까요?
시원하다	덥지도 춥지도 않고 적당하게 서늘하다. 圙 밖은 아주 더웠지만 교실 안은 아주 시원했다. 저녁이 되니까 날씨가 시원해졌다.
쌀쌀하다	조금 춥게 느껴질 정도로 날씨가 차다. 圙 가을이 오려고 하는지 바람이 꽤 쌀쌀했다. 아직까지 낮에는 덥지만 아침저녁에는 꽤 공기가 쌀쌀하다.

2) 날씨 형용사를 사용해 형용사 관형형을 제시한다.
   圙 추워요. 추운 날이에요. 더워요. 더운 날이에요. 따뜻해요. 따뜻한 날이에요.

---

2 날씨와 옷차림

1. 이런 날씨에 무엇을 입어요? 그림을 보고 이야기해 봅시다.

1) 그림을 보고 가리켜 보세요.

춥다 / 따뜻하다 / 덥다 / 시원하다 / 쌀쌀하다

2) 옷장 안에 무엇이 있어요? 알맞은 말을 써 보세요.

〈보기〉 얇은 짧은 노란 두꺼운 따뜻한 긴

반바지 점퍼 외투 비옷 장갑 장화

86

문법 지식

-은(형용사의 관형형)
· 형용사 '이다, 아니다'에 붙어 수식하는 명사의 구체적인 속성이나 상태를 나타낸다. 형용사 등을 관형사형으로 바꾸어 뒤에 오는 명사를 수식할 때 사용한다.

	조건	형태	예시
①	받침 ○	-은	작은, 많은, 짧은, 높은, 좋은
②	받침 ✕	-ㄴ	큰, 예쁜, 싼, 깨끗한
	ㄹ 받침	-ㄴ (어간 'ㄹ' 탈락)	긴, 먼

· 부정형의 경우 '예쁘지 않다'처럼 형용사와 결합한 경우 '예쁘지 않은'으로, '먹지 않다'처럼 동사와 결합한 경우는 '먹지 않는'으로 동사 관형형이 결합된다.
   圙 우리 반에서 키가 가장 큰 친구는 영수예요.
   집에 혼자 있는 동생이 걱정이에요.
   이번에 넓은 집으로 이사했어요.

✏️ 춥다, 따뜻하다, 덥다,
시원하다, 쌀쌀하다

📖 -은'

2. 날씨에 맞는 옷차림을 연결하고 써 봅시다.

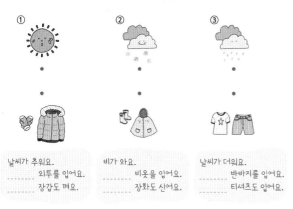

① 날씨가 추워요.
　　외투를 입어요.
　　장갑도 껴요.

② 비가 와요.
　　비옷을 입어요.
　　장화도 신어요.

③ 날씨가 더워요.
　　반바지를 입어요.
　　티셔츠도 입어요.

3. 다음과 같은 날씨에 학교에 갈 때 어떤 옷을 입으면 좋을까요? 이야기해 봅시다.

 더운 날에는 시원한 옷을 입어요.
짧은 반바지와 티셔츠가 좋아요.

① 　② 　③

3) 교사는 그림을 가리키며 형용사 관형형으로 대답할 수 있도록 질문한다.

4) 날씨와 어울리는 옷차림을 찾으며 형용사 관형형을 익히도록 한다. 앞에서 배운 날씨 형용사를 질문에 활용한다.

　선 더운 날이에요. 무슨 옷을 입어요?
　선 조금 쌀쌀해요. 두꺼운 옷을 입어요? 얇은 옷을 입어요?
　선 눈이 와요. 어떤 옷을 입어요?
　학 눈이 펑펑 와요. 너무 추워요. 무엇을 껴요?
　학 비가 와요. 무엇을 신어요?

5) 옷차림과 어울리는 붙임 딱지를 찾아 붙여 보도록 한다.
　※ 유의점: 학생들이 쓰는 중에도 발화할 수 있도록 유도한다.

3 연습 - 10분

1) 날씨와 어울리는 옷차림을 연결하고 맞는 형용사 관형형을 말하고 쓰게 한다.

　선 더운 날에는 어떤 옷을 입어요? 짧은 옷을 입어요? 긴 옷을 입어요?

2) 쓰기 활동이 끝나면 친구끼리 질문하고 대답하도록 한다.
　학 비가 와. 뭘 입을 거야?

4 적용 - 11분

1) 그림을 보고 이런 날씨에 학교에 갈 때 뭘 입을지 교사가 질문한다.

　선 비가 와요. 어떤 옷을 입을 거예요?
　선 더운 날에 어떤 옷을 입고 학교에 갈 거예요?
　선 추운 날에 어떤 옷을 입을 거예요?

2) 예로 제시된 문장을 읽어 보도록 한다.

3) 짝끼리 그림 중 하나를 골라 이야기하도록 한다.

4) 짝 활동이 끝나면 교사가 학생들에게 질문하거나 친구들 앞에서 이야기하도록 한다.

5 정리 - 2분

1) 익힘책 52쪽 1번 문항에서는 그림에 맞는 단어를 찾아 밑줄과 빈칸에 각각 한 번씩 쓰도록 지도한다.
　※ 유의점: 빈칸에는 '-어/아요'형으로 쓰도록 한다.

2) 익힘책 52쪽 2번 문항에서는 배운 문법으로 바꿔 써 보게 한다.
　※ 유의점: ★표가 있는 경우 문법 형태에 유의하도록 지도한다.

3) 익힘책 53쪽 3번 문항에서는 그림을 보고 알맞은 관형형 표현을 고르도록 한다.
　선 이 외투는 어떤 외투예요?
　선 이 바지는 어떤 바지예요?
　선 이 친구는 머리가 짧은 사람이에요? 머리가 긴 사람이에요?
　선 이 책은 어떤 책이에요?

4) 익힘책 53쪽 4번 문항에서는 그림과 제시된 형용사를 활용해 알맞게 대답할 수 있도록 한다.

5) 오늘 배운 어휘와 문법으로 날씨와 어울리는 옷차림을 말할 수 있는지 확인한다.
　선 오늘은 비가 와요. 무엇을 입으면 좋을까요?

6) 차시 예고를 한다.

• 주요 학습 내용

> **어휘**
> 계곡, 물놀이를 하다, 모래성을 쌓다, 물총 놀이를 하다, 참외, 수박, 복숭아, 튜브를 타다, 물 미끄럼틀을 타다
>
> **문법 및 표현**
> -을 수 있다(가능성)
>
> **준비물**
> 듣기 자료

• 학습 목표

• '-을 수 있다'를 사용해 여름에 할 수 있는 활동을 말할 수 있다.

1 도입 - 2분

1) 사계절인 봄, 여름, 가을, 겨울을 판서한다.

2) 여름에 할 수 있는 놀이를 물어보며 차시 주제를 안내한다.

2 제시, 설명 - 15분

1) 교사는 학생들에게 여름에 어디에 가는지 물어보며 장소 어휘를 확인한다.

> 🔵 여름에 어디에 가요? 여름 방학에 어디에 갈 거예요?

2) 그림을 보고 장소 어휘(바다, 계곡, 수영장)를 먼저 제시한다.

> 🔵 장위가 어디에 있어요? 여기는 어디예요?
> 🔵 (계곡) 바다가 아니에요. 산에 가면 얕은 물이 있는 곳이 있어요.

3) 그림 속에서 친구들이 무엇을 하고 있는지 물어보며 어휘를 제시한다.

> 🔵 (물놀이를 하다) 장위가 바다에서 친구들과 뭘 해요?
> 🔵 (모래성을 쌓다) 다니엘은 혼자 무엇을 해요? 모래로 성을 쌓아요.
> 🔵 (물총 놀이를 하다) 장위가 계곡에서 무엇을 해요? 여름에 친구들과 물총 놀이를 했어요?
> 🔵 (참외, 수박, 복숭아를 먹다) 여름에 여러 가지 과일을 먹어요.
> 🔵 (튜브를 타다) 물에 안 빠지고 싶어요. 무엇을 탈까요?
> 🔵 (물 미끄럼틀을 타다) 장위가 수영장에 있어요. 물 미끄럼틀을 타요.

어휘 지식	
계곡	물이 흐르는 골짜기. 예 계곡에서 수영도 하고 음식도 먹었어요.
물놀이 [물로리]	물에서 노는 일. 예 우리는 여름이 되면 집 근처 계곡에서 물놀이를 하곤 했다.

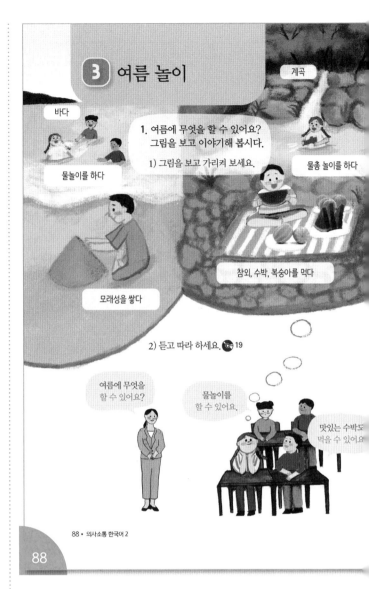

모래성	모래를 성 모양으로 쌓은 것. 예 아이들은 해변에서 즐겁게 모래성을 쌓고 있었다.
쌓다 [싸타]	돌이나 모래 같은 것을 겹겹이 포개어 구조물을 만들다. 예 바닷가에서 모래성을 쌓는 아이들이 많았다.
물총 놀이 [물총 노리]	물총을 가지고 노는 일. 예 날씨가 더운데 우리 물총 놀이를 하러 가자.
참외	색이 노랗고 단맛이 나며 주로 여름에 먹는 열매. 예 참외는 여름에 많이 나오는 과일이다.
수박	둥글고 크며 초록 빛깔에 검푸른 줄무늬가 있으며 속이 붉고 수분이 많은 과일. 예 날씨가 더우니까 시원한 수박을 먹자.
복숭아 [복쑹아]	맛이 시거나 달고 굵은 씨가 들어 있으며 분홍색이나 하얀 색을 띠는 둥근 여름 과일. 예 나는 달고 먹기 좋은 복숭아를 좋아해.
튜브	수영할 때 사용하는 것으로, 타이어처럼 생겼는데 가운데 구멍이 뚫려 있고 공기를 넣게 되어 있는 물건. 예 바다에서 튜브를 타고 멀리 가면 안 된다.
물 미끄럼틀	물 안으로 미끄러져 내려올 수 있도록 비스듬하게 만들어 놓은 놀이 기구. 예 수영장에 가면 물 미끄럼틀을 탈 수 있다.

4) 제시된 여름 활동 표현을 '-어요' 형태로 두 번 따라 읽게 한다.

수영장

물 미끄럼틀을 타다

튜브를 타다

물놀이를 하다, 모래성을 쌓다, 계곡, 물총 놀이를 하다. 참외, 수박, 복숭아, 물 미끄럼틀을 타다. 튜브를 타다

-을 수 있다

2. 다음 그림에서 여름에 할 수 있는 것은 무엇입니까? 모두 찾아봅시다.

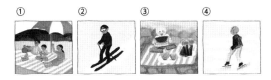

① ② ③ ④

3. 여름에 가족과 여행을 가서 할 수 있는 일이 무엇입니까? 써 봅시다.

가고 싶은 곳: ....

할 수 있는 일: ....

① ....

② ....

③ ....

4. 날씨와 계절 • 89

89

5) 듣기 자료를 들은 후 교사와 학생이 역할을 나누어 읽는다.

6) 친구와 대화문을 나누어 읽게 한다.

7) 내용을 이해했는지 간단히 확인한다.

　🔔 여름에 무엇을 할 수 있을까요? 두 가지 이야기해 보세요.

문법 지식

-을 수 있다

· 동사나 형용사 '이다, 아니다'에 붙어 어떤 상황이나 일이 가능함을 나타낸다. 가능성에 대해 말할 때 사용한다.

조건	형태	예시
받침 ○	-을 수 있다	먹을 수 있다, 읽을 수 있다, 잡을 수 있다, 찾을 수 있다, 씻을 수 있다, 받을 수 있다
받침 ×	-ㄹ 수 있다	마실 수 있다, 갈 수 있다, 올 수 있다, 그릴 수 있다
ㄹ 받침	-ㄹ 수 있다 (어간 'ㄹ' 탈락)	살 수 있다, 만들 수 있다

　🔵 어제 피아노를 샀어요. 그래서 집에서 피아노를 칠 수 있어요. (가능성)

한국어를 처음 배울 때는 어려울 수 있다. (가능성)

　🔶 '-을 수 있다/없다'는 능력과 가능한 상황의 두 가지 의미를 가진다. '저는 수영을 할 수 있어요.'는 개인의 능력을, '여름에는 수영을 할 수 있어요.'는 가능한 상황임을 의미한다. 《표준 한국어 1권》에서 능력을 나타내는 문형 학습이 이루어졌으며 본 단원에서는 '가능성'의 의미로 이 문법을 사용하도록 한다.

③ 연습 – 10분

1) 2번의 각 그림을 가리키며 무엇을 하는지, 어느 계절에 할 수 있는지 질문한다.

　🔔 무엇을 하고 있어요? 어느 계절에 할 수 있어요?

　🔔 여름에 스키를 탈 수 있어요? 왜 탈 수 없어요?

2) 여름에 할 수 있는 놀이를 찾아 답을 쓰게 한다.

④ 적용 – 11분

1) 여름 방학에 가족과 어디에 가고 싶은지 질문한다.

2) 학생이 대답한 장소에서 무엇을 할 수 있는지 질문한다.

3) 교사와 이야기한 것을 바탕으로 쓰도록 한다.

4) 학생들이 쓴 것을 다른 친구들 앞에서 말하도록 한다.

　※ 유의점: 이 활동에서는 여행 가서 할 수 있는 일을 두 문장 이상의 복문으로 말하도록 연습시킨다. 🔵 저는 바다에 가고 싶어요. 바다에서 수영도 할 수 있고 가족들이랑 수박도 먹을 수 있어요. 그리고 형이랑 같이 모래성도 쌓을 수 있어요.

⑤ 정리 – 2분

1) 익힘책 54쪽 1번 문항에서는 그림을 보고 알맞은 동사를 연결한 후 아래 빈칸에 쓰도록 한다.

　🔔 친구들이 무엇을 해요? 물놀이를 해요.

　🔔 모래성을　　🔵 쌓아요.

　🔔 수박을　　🔵 먹어요.

　🔔 튜브를　　🔵 타요.

2) 익힘책 55쪽 2번 문항에서는 내용을 읽고 제시된 표현을 '-을 수 있다/없다'와 결합할 수 있도록 한다.

3) 익힘책 55쪽 3번 문항에서는 '-을 수 있다/없다'를 사용해 질문에 맞는 대답을 할 수 있도록 한다.

4) 배운 어휘와 문형으로 여름에 무엇을 할 수 있는지 말하도록 한다.

　🔔 여름에 무엇을 할 수 있어요? 무엇은 할 수 없어요?

5) 차시 예고를 한다.

4차시 겨울 놀이

· 주요 학습 내용

> **어휘**
> 눈싸움을 하다, 눈사람을 만들다, 눈썰매를 타다,
> 얼음낚시를 하다, 스케이트를 타다, 스키를 타다
> **문법 및 표현**
> -으면
> **준비물**
> 듣기 자료

· 학습 목표

· '-으면'을 사용해 겨울에 할 수 있는 놀이를 말할 수 있다.

1 도입 - 2분

1) 그림을 보고 질문을 하며 차시 주제를 안내한다.

　🔖 어느 계절일까요? 친구들이 뭘 하고 있어요?

2 제시, 설명 - 15분

1) 그림을 보며 날씨가 어떤지, 어디인지, 친구들이 무엇을 하는지 질문한다.

2) 오딜과 장위의 대화를 듣기 자료로 들은 후 교사와 학생이 역할을 나누어 읽는다.

3) 친구와 대화문을 나누어 읽게 한다.

4) 내용을 이해했는지 확인한다.

　🔖 날씨가 어때요? 눈이 쌓였어요?

　🔖 오딜과 장위가 무엇을 하고 있어요?

　🔖 눈이 더 쌓여요. 그러면 두 사람은 뭘 하러 갈까요?

5) 그림을 보며 학생들이 알고 있는 장소를 말하도록 한다.

6) 질문을 통해 어휘를 학습한다.

　🔖 (눈싸움을 하다) 눈이 오면 밖에서 놀아요. 눈덩이를 만들어서 던져요.

　🔖 (눈사람을 만들다) 오딜과 장위가 뭘 만들어요?

　🔖 (눈썰매를 타다) 눈이 오면 썰매를 탈 수 있어요.

　🔖 (얼음낚시를 하다) 겨울이 되면 강에 얼음이 생겨요. 얼음 아래에 물고기가 있어요. 겨울에 물고기를 잡아요.

　🔖 (스케이트를 타다) 얼음 위에서 스케이트를 타요.

　🔖 (스키를 타다) 스키장에 가요. 처음 스키를 타면 조금 무서워요.

어휘 지식

눈싸움 [눈:싸움]	눈을 뭉쳐 서로 던져서 맞히는 놀이. 🔹 눈이 오니까 아이들이 눈싸움을 하기 시작했다. 　아이들이 추운 줄도 모르고 눈을 던지며 눈싸움을 한다.
눈사람 [눈:싸람]	눈을 뭉쳐서 사람 모양으로 만든 것. 🔹 우리 눈사람 만들고 나서 눈싸움하자. 　나는 친구들과 함께 어른만큼 큰 눈사람을 만들었다.
눈썰매 [눈:썰매]	눈 위에서 타거나 물건을 싣고 끄는 기구. 🔹 방학이 되면 눈썰매를 타러 눈썰매장에 갈 거예요. 　우리는 각자 눈썰매를 끌고 높은 곳으로 올라갔다.
얼음낚시 [어름낙씨]	겨울에 강이나 호수, 저수지 등의 얼음을 깨고 하는 낚시질. 🔹 우리 겨울이 되면 강으로 얼음낚시나 하러 가자. 　추운 날씨에도 호수에는 얼음낚시를 하러 온 사람들이 많았다.
스케이트	얼음 위에서 타는, 신발 바닥에 쇠 날을 붙인 운동 기구. 🔹 스케이트장에서 스케이트를 타요. 　스케이트를 타다가 넘어져서 엉덩이가 아파요.
스키	눈 위로 미끄러져 가도록 나무나 플라스틱으로 만든 좁고 긴 기구. 🔹 밤에도 스키를 타는 사람이 많다. 　나에게 맞는 스키가 없어서 스키를 못 탔다.

눈싸움을 하다, 눈사람을 만들다,
눈썰매를 타다, 얼음낚시를 하다,
스케이트를 타다, 스키를 타다

-으면

2. 그림을 보고 문장을 연결해서 써 봅시다.

① 겨울 방학이 되면

겨울 방학이 되면

〈보기〉

〈보기〉 할머니 댁에 갈 거예요.

....

....

② 눈이 오면

눈이 오면

....

....

3. 메시지를 읽어 봅시다.

1) 오딜은 언제 할아버지 집에 갈까요?

....

2) 오딜은 할아버지 집에 가면 무엇을 할까요?

....

4. 날씨와 계절 • 91

91

문법 지식

-으면

· 뒤 절의 내용이 일어나기 위한 근거나 상황에 대한 조건,
확실하지 않거나 아직 이루어지지 않은 사실을 가정하여
말할 때 사용한다.

	조건	형태	예시
①	받침 ○	-으면	읽으면, 높으면, 있으면, 없으면, 참으면, 좋으면
②	받침 × ㄹ 받침	-면	오면, 비싸면, 가면, 크면, 만들면, 살면

예 코트를 입으면 따뜻해요.
우리 가족은 추석이면 항상 할머니 댁에 가요.

③ 연습 - 10분

1) 그림을 보고 겨울이 되면 무엇을 하고 싶은지, 무엇을
할 수 있는지 질문한다.

🔵 겨울이 되면 뭘 하고 싶어요? 어디에 가고 싶어요? 눈이
오면 친구랑 뭘 할 거예요?

🔵 이번 겨울에 눈썰매장에 가면 뭘 할 거예요? 겨울이 되면
아빠랑 무엇을 하고 싶어요?

2) 각 상황을 '-으면'을 사용해 앞뒤 문장의 관계를 이해
하도록 하는 문항이다.

3) 그림을 보고 배운 어휘를 사용해 말하도록 한다.

4) 학생이 한 문장씩 연결할 수 있도록 첫 문장은 교사가
시작한다.

🔵 겨울 방학이 되면   🟢 할머니 댁에 갈 거예요.

🔵 눈이 오면   🟢 눈싸움을 할 거예요.

5) 교사와의 말하기 후 학생들에게 문장을 쓰도록 한다.

④ 적용 - 11분

1) 오딜과 할아버지가 채팅 앱으로 대화한 내용을 읽는
활동이다.

2) 먼저 한 문장씩 학생들이 읽게 한다.

3) 읽은 내용을 확인한다.

🔵 오딜이 누구와 채팅을 해요? 방학이 되면 오딜은 어디에
가고 싶어 해요? 할아버지 집에 가면 오딜은 할아버지랑
아빠와 함께 무엇을 할까요?

4) 교사와의 말하기 후 질문 1), 2)의 답을 쓰게 한다.

⑤ 정리 - 2분

1) 익힘책 56쪽 1번 문항에서는 그림을 보고 알맞은 동사
를 연결한 후 아래 빈칸에 쓰도록 한다.

🔵 친구들이 무엇을 해요? 눈싸움을 해요.

🔵 눈사람을   🟢 만들어요.

🔵 스케이트를   🟢 타요.

2) 익힘책 57쪽 2번 문항에서는 〈보기〉와 같이 두 문장을
'-으면'으로 연결할 수 있도록 한다.

※ 유의점: ★표가 있는 경우 문법 형태에 유의하도록 지도한다.

3) 익힘책 57쪽 3번 문항은 〈보기〉를 참고해 '-으면'과 어
휘를 활용해 자신의 이야기를 쓰도록 한다.

4) 배운 어휘와 표현으로 눈이 오면 친구들과 무엇을 하
고 싶은지, 겨울 방학이 되면 어디에 가고 싶은지 말해
보도록 한다.

🔵 눈이 오면 친구들과 무엇을 하고 싶어요? 겨울 방학이 되
면 어디에 갈 거예요?

5) 차시 예고를 한다.

5차시 좋아하는 계절

• 주요 학습 내용

> **어휘**
> 꽃이 피다, 땀이 흐르다, 단풍이 들다, 손이 얼다, 활짝, 줄줄, 꽁꽁
> **문법 및 표현**
> -어서
> **준비물**
> 듣기 자료

• 학습 목표
• '-어서'를 사용해 좋아하는 계절과 이유를 발표할 수 있다.

1 도입 - 2분

1) 그림을 보고 어느 계절인지 질문하면서 차시 주제를 안내한다.

2 제시, 설명 - 15분

1) 교사는 그림을 보며 어느 계절인지 질문하고 계절에 맞는 표현을 제시한다.

- 📧 (꽃이 활짝 피다) 어느 계절일까요? 봄에는 꽃이 많아요. (손동작과 함께) 꽃이 활짝 피었어요.
- 📧 (땀이 줄줄 흐르다) 어느 계절일까요? 여름에 날씨가 어때요? 더운 날 밖에 나가서 놀아요. (동작과 함께) 땀이 나요. 땀이 줄줄 흘러요.
- 📧 (단풍이 들다) 가을에는 빨간색, 노란색 단풍이 많아요. 여름에는 단풍이 없었어요. 가을에 단풍이 생겨요. 가을에 단풍이 들어요.
- 📧 (손이 꽁꽁 얼다) 추운 겨울이에요. 장갑이 없어요. 밖에서 놀면 손이 추워요. (언 손을 호호 부는 동작과 함께) 손이 꽁꽁 얼어요.

어휘 지식

피다	꽃이나 잎 등이 벌어지다. 📕 국화는 가을에 핀다. 봄에 핀 하얀 벚꽃이 아름답다.
땀	덥거나 몸이 아프거나 긴장을 했을 때 피부를 통해 나오는 짭짤한 맑은 액체. 📕 달리기를 하니까 땀이 났다. 날씨가 더워서 가만히 있어도 땀이 흘렀다.
흐르다	피, 땀, 눈물 등이 몸 밖으로 나와 떨어지다. 📕 한 시간 정도 운동장을 뛰니까 얼굴에 땀이 줄줄 흘렀다. 너 지금 코피가 흐르고 있어.
단풍	가을에 나뭇잎이 노란색이나 붉은색으로 변하는 현상. 또는 그렇게 변한 잎. 📕 저 울긋불긋한 단풍을 좀 봐. 단풍을 구경하러 산에 갔다.
들다	색깔, 맛, 물기 등이 스미거나 배다. 📕 학교 은행나무에 노란 단풍이 들었다. 단풍이 들어서 산이 울긋불긋하다.
얼다 [얼:다]	추위로 몸의 전체나 일부가 아주 차가워지다. 📕 겨울바람 때문에 몸이 꽁꽁 얼었다. 추운 곳에 오래 있어서 손발이 다 얼었다.

5 좋아하는 계절

1. 어느 계절을 좋아해요? 그림을 보고 이야기해 봅시다.

1) 그림을 보고 가리켜 보세요.

꽃이 활짝 피다　　땀이 줄줄 흐르다　　단풍이 들다　　손이 꽁꽁 얼다

2) 듣고 따라 하세요. 🎧 21

> 엄마는 예쁜 단풍을 구경할 수 있어서 가을이 좋아.

> 엄마, 꽃이 활짝 피었어요. 저는 예쁜 꽃을 볼 수 있어서 봄이 좋아요.

92

활짝	꽃잎 등이 한껏 핀 모양. 📕 봄에 개나리가 활짝 피었다. 공원에 활짝 핀 꽃을 구경하는 사람들이 많았다.
줄줄	굵은 물줄기 등이 계속 흐르는 소리. 또는 그 모양. 📕 가만히 있는데도 땀이 줄줄 흘렀다. 영화가 너무 슬퍼서 눈물이 줄줄 흘렀다.
꽁꽁	물이나 땅, 사물 등이 아주 단단하게 언 모양. 📕 너무 추워서 손이 꽁꽁 얼었다. 냉동실에 넣어 둔 물은 꽁꽁 얼어 있었다.

2) 대화를 듣기 자료로 들은 후 교사와 학생이 역할을 나누어 읽는다.

3) 친구들과 역할을 나누어 읽게 한다.

4) 대화 내용을 확인한다.

- 📧 유키는 어느 계절을 좋아해요? 왜 봄을 좋아해요?
- 📧 유키 엄마는 어느 계절을 좋아해요? 왜 가을을 좋아해요?

꽃이 피다, 땀이 흐르다,
단풍이 들다, 손이 얼다,
활짝, 줄줄, 꽁꽁

-어서

2. 그림을 보고 문장을 연결해 써 봅시다.

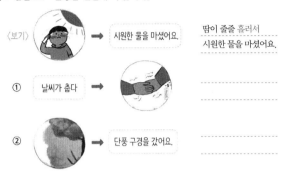

〈보기〉 ➡ 시원한 물을 마셨어요.

땀이 줄줄 흘러서
시원한 물을 마셨어요.

① 날씨가 춥다 ➡ _____

② ➡ 단풍 구경을 갔어요. _____

3. 듣고 질문에 대답해 봅시다. 🎵22

1) 서영이는 무슨 계절을 좋아해요?

① 봄　　② 여름　　③ 가을　　④ 겨울

2) 유키는 왜 가을을 좋아해요?

 ① ② ③ ④

4. 좋아하는 계절과 이유를 친구들 앞에서 이야기해 봅시다.

4. 날씨와 계절 • 93

93

문법 지식

-어서

· 동사나 형용사 '이다, 아니다'에 붙어 앞의 내용이 뒤의 내용의 이유나 원인이 됨을 나타낸다. 어떤 상태가 왜 그런지, 어떤 일이 왜 일어났는지에 대해 말할 때 사용한다.

	조건	형태	예시
①	ㅏ, ㅗ	-아서	찾아서, 좁아서, 좋아서, 가서, 와서, 고파서
②	ㅏ, ㅗ 이외	-어서	먹어서, 울어서, 서서, 둬서, 슬퍼서, 기뻐서, 막혀서, 마셔서, 보내서, 세서, 있어서, 없어서
③	-하다	-여서 (-해서)	해서, 말해서, 공부해서, 친절해서, 사랑해서, 시작해서

🔖 비가 와서 우산을 가지고 왔어요.
내일이 제 생일이어서 생일 파티를 할 거예요.

---

③ 연습 - 10분

1) 앞에서 배운 어휘를 활용해 그림을 보고 말하도록 한다.

2) 학생이 한 문장씩 연결해 말할 수 있도록 첫 문장을 교사가 시작한다.

　(선) 땀이 줄줄 흘러서　　(학) 시원한 물을 마셨어요.
　(선) 날씨가 추워서　　　(학) 손이 꽁꽁 얼었어요.
　(선) 단풍이 예쁘게 들어서　(학) 단풍 구경을 갔어요.

④ 적용 - 11분

1) 듣기 자료를 한 번 듣고 서영이가 어느 계절을 좋아하는지 질문한다.

듣기 자료 🎵22
유키: 서영아, 안녕. 같이 학교 가자.
서영: 그래. 벌써 여름이야! 더워서 땀이 줄줄 흘러. 하지만 나는 수영을 할 수 있어서 여름이 좋아. 유키, 넌 어느 계절이 좋아?
유키: 나는 가을이 좋아. 빨갛고 노란 단풍을 볼 수 있잖아.

2) 다시 한번 듣고 유키가 가을을 좋아하는 이유를 말하고 맞는 그림을 찾게 한다.

3) 답을 확인하고 서영이와 유키가 좋아하는 계절과 그 이유를 질문한다.

4) 친구들끼리 좋아하는 계절과 이유를 묻고 대답한 후 발표하도록 한다.

　(선) ○○는 어느 계절을 좋아해? 왜 그 계절을 좋아해?

⑤ 정리 - 2분

1) 익힘책 58쪽 1번 문항에서는 어울리는 '명사-부사-동사'를 찾아 연결하도록 한다.

　(선) 단풍이 울긋불긋 들었어요.
　(선) 꽃이　　　(학) 활짝 피었어요.
　(선) 땀이　　　(학) 줄줄 흘렀어요.
　(선) 손이　　　(학) 꽁꽁 얼었어요.

2) 익힘책 58쪽 2번 문항에서는 이유/원인과 그에 따른 결과에 해당하는 알맞은 표현을 찾도록 한다.

3) 익힘책 59쪽 3번 문항에서는 어울리는 두 문장을 찾아 '-어/아서'를 사용해 한 문장으로 만들어 써 보도록 한다.

4) 익힘책 59쪽 4번 문항에서는 '-어/아서'와 주어진 문장을 사용해 맞는 답을 쓰도록 한다.

5) 배운 어휘와 표현으로 좋아하는 계절과 그 이유를 말할 수 있는지 확인한다.

　(선) 좋아하는 계절이 뭐예요? 왜 그 계절을 좋아해요?

6) 차시 예고를 한다.

4단원 날씨와 계절 • 79

- 주요 학습 내용

어휘
우산을 쓰다, 앞이 안 보이다, 길이 얼다, 미끄러지다,
미세 먼지가 심하다, 마스크를 쓰다, 얇은 옷을 입다,
감기에 걸리다

준비물
듣기 자료, 〈부록〉 날씨 카드, 조심 카드

- 학습 목표
- 날씨에 따라 주의할 점을 말할 수 있다.

1 도입 - 2분

1) 날씨에 따라 무엇을 조심해야 할지 질문하며 차시 주제를 안내한다.

🔵 비가 많이 오면 학교에 갈 때 가끔 위험해요. 왜 위험할까요?

2 제시, 설명 - 15분

1) 교사는 그림을 보며 날씨와 그 날씨에 하는 행동을 질문한다.

🔵 (첫 번째 그림) 날씨가 어때요? 비가 오면 뭘 써요? 우산을 쓰면 앞이 잘 안 보여요.

🔵 (두 번째 그림) 날씨가 어때요? 추워요? 영하가 되면 얼음이 얼어요. 길도 얼어요. 길이 얼면 미끄러지기 쉬워요.

🔵 (세 번째 그림) 어떤 날이에요? 작은 먼지가 아주 많아요. 미세 먼지가 심해요. 미세 먼지가 심한 날에는 마스크를 꼭 써요.

🔵 (네 번째 그림) 날씨가 어때요? 날씨가 추우면 따뜻한 옷을 입어요. 두꺼운 옷이 아니에요. 얇은 옷이에요. 옷을 얇게 입으면 감기에 걸리기 쉬워요.

2) 질문을 통해 어휘를 확인한다.

🔵 우산을 앞으로 쓰면 어떻게 돼요?
🔵 왜 친구가 미끄러졌어요?
🔵 미세 먼지가 많은 날에는 무엇을 써요?
🔵 추운 날 옷을 얇게 입으면 어떻게 돼요?

어휘 지식	
쓰다	우산이나 양산 등을 머리 위에 펴 들다. 🔵 비가 오면 꼭 우산을 쓰세요. 우산을 썼는데도 바람이 세서 비를 다 맞았다.
길	사람이나 차 등이 지나다닐 수 있게 땅 위에 이어져 있는 공간. 🔵 학교 앞에서 길을 건너면 경찰서가 있다. 눈 때문에 길이 미끄러우니까 조심하세요.
얼다 [얼:다]	액체나 물기가 있는 물체가 찬 기운으로 인해 고체 상태로 굳어지다. 🔵 눈이 온 후에 길이 얼었다. 추워서 손이 다 얼었다.
미끄러지다	미끄러운 곳에서 한쪽으로 밀리어 나가거나 넘어지다. 🔵 길이 얼어서 걷다가 그만 미끄러졌다. 빙판길을 내려오다가 그만 미끄러져 넘어지고 말았다.

---

6 날씨에 따라 주의할 점

1. 날씨에 따라 주의해야 할 점이 있어요. 그림을 보고 이야기해 봅시다.

1) 그림을 보고 가리켜 보세요.

조심!

우산을 쓰다

길이 얼다

앞이 잘 안 보이다

미끄러지다

미세 먼지가 심하다

얇은 옷을 입다

마스크를 쓰다

감기에 걸리다

94

미세 먼지	눈에 보이지 않을 만큼 작지만 건강에 나쁜 영향을 미칠 수 있는 공기. 🔵 앞이 잘 안 보일 정도로 미세 먼지가 많다. 미세 먼지가 심한 날에는 꼭 마스크를 쓰세요.
심하다 [심:하다]	정도가 지나치다. 🔵 어제보다 미세 먼지가 심하다. 감기가 심해서 학교에 갈 수가 없어요.
마스크	병균이나 찬 공기 등을 막기 위하여 입과 코를 가리는 물건. 🔵 독감에 걸린 환자는 마스크를 꼭 써야 해요. 날씨가 추울 때 마스크를 쓰면 좀 덜 추워요.
쓰다	얼굴에 어떤 물건을 걸거나 덮어쓰다. 🔵 요즘같이 황사가 심한 날에 외출할 때 마스크를 쓰는 것이 좋다. 기침이 심하면 마스크를 쓰세요.
얇다 [얄:따]	두께가 두껍지 않다. 🔵 날씨가 쌀쌀한데 얇은 옷을 입고 나와서 좀 춥다. 이 책은 가볍고 얇아서 들고 다니기 편해요.
감기 [감:기]	보통 기침, 콧물, 두통, 오한 증상이 있는, 전염성이 있는 병. 🔵 나는 감기에 걸려서 몸에서 열이 났다. 감기 때문에 수업에 빠졌다.
걸리다	병이 들다. 🔵 감기에 걸려서 계속 기침이 났다. 감기에 걸리지 않게 집에 돌아가면 손을 잘 씻으세요.

우산을 쓰다, 앞이 잘 안 보이다,
길이 얼다, 미끄러지다,
미세 먼지가 심하다,
마스크를 쓰다, 얇은 옷을 입다,
감기에 걸리다

2. 어울리는 말을 찾아 친구와 이야기해 봅시다. 부록

1) 한 친구는 〈날씨 카드〉를, 다른 친구는 〈조심 카드〉를 가지세요.

2) 친구와 카드를 맞춰 보세요.

〈날씨 카드〉

| 비가 올 때 우산을 쓰면 | 미세 먼지가 심한 날에는 |
| 추운 날 얇은 옷을 입으면 | 추운 날 길이 얼면 |

〈조심 카드〉

| 감기에 잘 걸려요. | 앞이 잘 안 보여요. |
| 미끄러지기 쉬워요. | 마스크를 꼭 써요. |

3. 듣고 〈보기〉에서 맞는 문장을 찾아 써 봅시다. 🎵 23

〈보기〉 시원한 물을 자주 마셔요.   겉옷을 입고 오세요.   손을 깨끗하게 씻어요.

아침에 학교에 올 때
①

더울 때
②

집에 돌아가면
③

4. 날씨와 계절 • 95

듣기 자료 🎧 23

선생님: 여러분, 요즘 날씨가 어때요?
장위: 아침에는 쌀쌀하고 오후에는 조금 더워요.
선생님: 이럴 때 감기에 잘 걸려요. 아침에 학교에 올 때 겉옷을 꼭 입고 오세요.
학생들: 네.
선생님: 그리고 더울 때는 시원한 물을 자주 마셔요. 집에 돌아가면 손을 깨끗하게 씻고요.
학생들: 네, 선생님.

4) 다시 듣고 맞는 대답을 빈칸에 써 보게 한 후 교사와 함께 답을 확인한다.

5 정리 – 3분

1) 익힘책 60쪽 1번 문항에서는 그림에 맞는 단어를 찾아 빈칸에 쓰도록 지도한다.

2) 익힘책 61쪽 2번 문항에서는 어울리는 두 문장을 찾아 한 문장으로 만들어 써 보도록 한다.

  선 우산을 쓰면 앞이 잘 보여요?

  선 길이 얼었어요. 그래서 미끄러졌어요.

  선 미세 먼지가 심해요. 그래서?

  선 추울 때 얇은 옷을 입어요. 그러면?

3) 익힘책 61쪽 3번 문항에서는 글을 읽으며 맞는 말을 찾아 넣어 보도록 한다.

4) 배운 표현으로 날씨에 따라 조심해야 할 일이 무엇인지 말해 보도록 한다.

  선 미세 먼지가 심하면 어떻게 해요?

5) 차시 예고를 한다.

---

3 연습 – 10분

1) 5차시까지 배운 문법을 활용해 날씨에 따라 주의해야 할 점을 익히는 카드 게임 활동이다.

2) 두 팀으로 나눠 한 팀의 학생에게 〈날씨 카드〉를, 다른 팀의 학생에게는 〈조심 카드〉를 가지게 한다.

3) 다른 팀 친구를 만나 자신의 카드에 맞는 카드를 맞춰 보게 한다.

4 적용 – 10분

1) 일교차가 큰 날씨에 주의해야 할 점을 선생님이 알려 주는 내용의 듣기 활동이다.

2) 먼저 학생들에게 〈보기〉의 ①~③ 문장을 같이 읽게 한다.

3) 듣기 자료를 한 번 듣고 알맞은 말을 번호로 쓰게 한다.

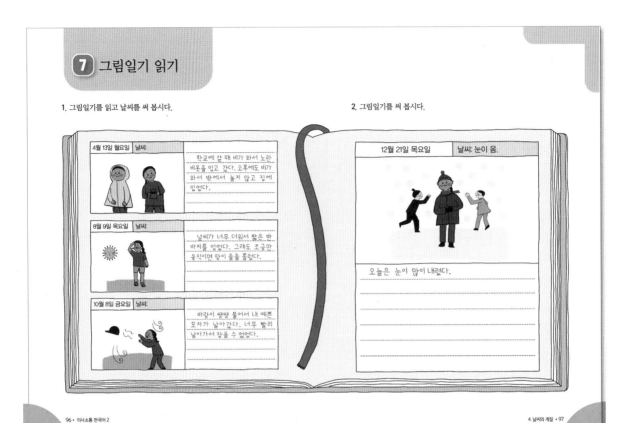

7차시 그림일기 읽기

· 주요 학습 내용

> 과제 1
> 그림일기 읽고 날씨 쓰기
>
> 과제 2
> 그림을 보고 그림일기 내용 쓰기

· 학습 목표
· 그림일기를 읽고 쓸 수 있다.

1 도입 - 3분

1) 그림일기를 써 봤는지 질문하고 일기를 쓸 때 날짜와 날씨를 써야 한다는 것을 알려 준다.

2 과제 1 - 17분

1) 교사는 첫 번째 그림을 보고 질문한 후 그림일기를 읽는다.

> 신 날씨가 어때요? 친구가 무엇을 입었어요? 무슨 색 비옷을 입었어요?

2) 질문을 통해 내용을 확인한 후 날씨를 쓰게 한다.

> 신 학교에 갈 때 날씨가 어땠어요? 무엇을 입고 갔어요? 오후에도 비가 왔어요? 이 친구는 오후에 밖에서 놀았어요? 왜 집에 있었어요?
>
> ※ 유의점: '비가 오다'가 아니라 '비' 또는 '비가 옴'과 같이 명

사형으로 쓸 수 있도록 지도한다.

3) 교사는 두 번째 그림을 보고 질문한 후 학생에게 읽게 한다.

4) 질문을 통해 내용을 확인한 후 날씨를 쓰게 한다.

5) 세 번째 그림을 보고 질문을 한 후 읽게 한다.

> 신 왜 반바지를 입었어요? 조금만 움직이면 어때요?
>
> 신 날씨가 어때요? 모자가 어떻게 돼요? 왜 모자가 날아가요?
>
> 신 학교에 갈 때 날씨가 어땠어요? 무엇을 입고 갔어요? 오후에도 비가 왔어요? 이 친구는 왜 집에 있었어요?

6) 질문을 통해 내용을 확인한 후 날씨를 쓰게 한다.

3 과제 2 - 18분

1) 날짜, 날씨를 읽고 무슨 계절인지 질문한다.

2) 일기에 쓸 내용을 질문한 후 교재에 쓰게 한다.

> 신 오늘 날씨가 어때요? 친구가 무슨 옷을 입었어요? 무엇을 썼어요? 손이 꽁꽁 얼어서 무엇을 꼈어요? 눈이 오는 날 무엇을 할 수 있어요?
>
> ※ 유의점: '두꺼운 외투를 입었어요, 따뜻한 모자를 썼어요, 손이 꽁꽁 얼어서 따뜻한 장갑을 꼈어요'처럼 배운 표현을 사용하게 한다.

4 정리 - 2분

1) 배운 문법과 표현을 사용해 일기를 쓸 수 있는지 확인한다.

2) 차시 예고를 한다.

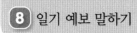

8 일기 예보 말하기

1. 대화를 듣고 질문에 대답해 봅시다. 🔊 24

1) 오늘 날씨가 어때요?

① ② ③ ④

2) 지금 기온이 몇 도예요?
그림에 표시해 보세요.

3) 내일 날씨를 알고 싶으면 무엇을 봐요?

2. 친구들과 일기 예보를 해 봅시다.

1) 날씨 그림판을 그려 보세요.

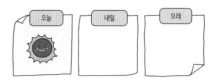

2) 일기 예보를 써 보세요.

> 날씨를 말씀드리겠습니다.
> 오늘은 구름이 없고 날씨가 맑겠습니다.
> 내일 날씨는 ....
> ....
> 모레는 ....
> ....

3) 친구들 앞에서 일기 예보를 발표해 보세요.

8차시 일기 예보 말하기

• **주요 학습 내용**

과제 1	과제 2
날씨 대화 듣고 이해하기	일기 예보 발표하기
준비물	
듣기 자료, 날씨 그림판	

• **학습 목표**
• 날씨 대화를 듣고 이해하고 일기 예보를 발표할 수 있다.

1 도입 - 2분

1) 날씨를 알고 싶을 때 무엇을 보는지 질문한다.

2 과제 1 - 15분

1) 그림을 보고 날씨가 어떤지 물어본다.

2) 듣기 자료를 한 번 듣고 문제의 답을 말하게 한다.

> **듣기 자료** 🔊 24
> 엄마: 타이선, 일찍 왔네.
> 타이선: 네, 눈도 오고 추워서 친구들과 밖에서 놀 수가 없었어요.
> 엄마: 어서 와서 따뜻한 우유를 마셔.
> 타이선: 네, 엄마. 그런데 지금 몇 도예요?
> 엄마: 지금 영하 10도야.
> 타이선: 내일도 눈이 올까요?
> 엄마: 글쎄, 일기 예보를 보면 날씨를 알 수 있으니까 이따가 일기 예보를 보자.

🔵 오늘 날씨가 어때요? 오늘 기온이 몇 도예요? 내일 날씨를 알고 싶으면 무엇을 보면 될까요?

※ 유의점: 기온을 온도계에 표시하는 문제는 듣기 능력뿐만 아니라 기온을 온도계에 표시할 수 있어야 하므로 '영하 10도'를 맞게 표시했는지 교사가 확인하도록 한다.

3) 듣기 자료를 다시 듣고 각 문항의 답을 확인한다.

3 과제 2 - 20분

1) 일기 예보를 보는 이유를 질문한 후 직접 일기 예보 말하기를 한다고 안내한다.

🔵 왜 일기 예보를 봐요? 무엇을 알고 싶을 때 일기 예보를 봐요?

※ 유의점: 이 활동은 2~3명이 모둠을 이루어 할 것을 권장한다. 우선 숙달도에 따라 모둠을 정하고 발표는 한 학생이 하되 발표를 준비하는 과정에서 모두 말할 수 있도록 한다.

2) 날씨 그림판에 내일, 모레 날씨를 그리고 쓰게 한다.

3) 글 상자에 예시처럼 내일과 모레 날씨를 쓰게 한다.

4) 다 쓴 후 친구들 앞에 나와 그림판을 보여 주며 기상 캐스터처럼 발표하게 한다.

4 정리 - 3분

1) 일기 예보를 보는 이유를 알고 내일 날씨를 말할 수 있는지 확인한다.

2) 차시 예고를 한다.

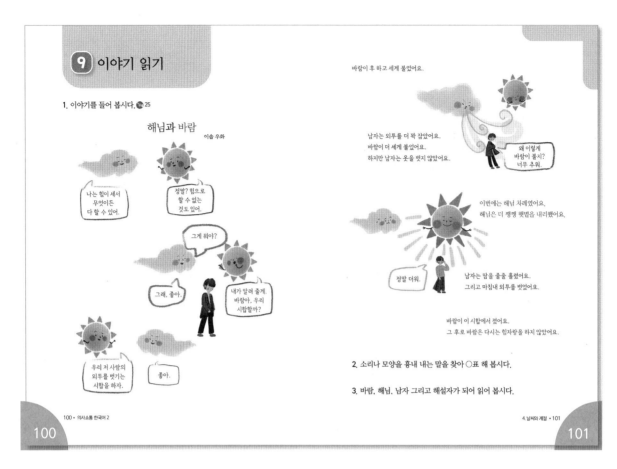

9차시 이야기 읽기

· 주요 학습 내용

> 과제
> 〈해님과 바람〉 이야기 읽고 이해하기
>
> 준비물
> 듣기 자료

· 학습 목표
· 〈해님과 바람〉 이야기를 읽고 이해할 수 있다.

1 도입 - 2분

1) 배운 어휘와 문법을 사용해 〈해님과 바람〉을 읽는다고 안내한다.

2 과제 - 35분

1) 그림을 보고 등장인물이 누구인지 확인한다.
   - 🔵 이 이야기에 누가 나와요?

2) 그림을 보고 어떤 이야기일지 학생들이 말하도록 한다.

3) 듣기 자료를 한 번 듣고 따라 읽게 한다.

4) 내용 확인 질문을 한다.
   - 🔵 해님과 바람이 무엇을 해요?

- 🔵 왜 해님과 바람이 시합을 했어요?
- 🔵 바람이 쌩쌩 불 때 남자가 옷을 벗었어요?
- 🔵 햇볕이 쨍쨍 내리쬘 때 남자가 옷을 벗었어요?
- 🔵 시합이 끝난 후 바람은 어떻게 했어요?

5) 해님, 바람, 남자, 해설로 역할을 나눈다.

6) 역할에 맞게 읽어 보도록 한다.

7) 학생들이 역할에 따라 읽은 후 소리나 모양을 흉내 내는 말을 찾아 ○표 해 보게 한다.
   - 🔵 바람이 어떻게 불었어요?
   - 🔵 남자는 외투를 어떻게 잡았어요?
   - 🔵 해가 아주 많이 내리쬘 때 어떻게 말할까요?
   - 🔵 남자는 땀을 많이 흘렸어요? 적게 흘렸어요? 땀을 어떻게 흘렸어요?

3 정리 - 3분

1) 〈해님과 바람〉 이야기의 내용을 이해했는지 확인한다.
   - 🔵 해님과 바람은 왜 시합을 했어요?
     누가 시합에서 이겼어요?

2) 차시 예고를 한다.

102

103

10차시 생각 넓히기

• **주요 학습 내용**

> 과제 1
> 여름철 물놀이 시 안전 수칙 알기
>
> 과제 2
> 물놀이 시 주의할 점 쓰기

• **학습 목표**
• 여름철 물놀이 시 안전 수칙을 알고 물놀이 시 주의할
  점을 쓸 수 있다.

1 도입 - 2분

1) 여름에 어디에 가는지 질문하고 물놀이를 할 때 조심
   할 점에 대해 알아본다고 안내한다.

2 과제 1 - 18분

1) 그림을 보고 물놀이를 할 때 조심해야 할 점을 이야기해
   보도록 한다.
   - 선 물에 들어가기 전에 무엇을 해요?
   - 선 물놀이 신발을 신지 않고 들어가도 돼요?
   - 선 물이 깊은 곳에 들어가면 어떻게 돼요?
   - 선 바위나 돌에 부딪히면 아프지요? 조심하세요.
   - 선 몸이 추워지면 어떻게 해요?

- 선 아빠나 엄마가 볼 수 없는 곳에 가도 될까요?

2) 오른쪽에 있는 문장을 읽은 후 맞는 그림을 연결해 보
   게 한다.

3 과제 2 - 18분

1) 1번에 있는 물놀이를 할 때 조심해야 할 점 중 자신이 지
   킬 내용을 고르게 한다.

2) 글 상자에 '나의 약속' 세 가지를 쓰도록 한다.

3) 친구들 앞에서 '나의 약속' 세 가지를 발표해 보도록 한다.

4 정리 - 2분

1) 물놀이를 할 때 주의할 점이 무엇인지 확인한다.
   - 선 여러분은 물에 들어가기 전에 준비 운동을 해요?
   - 선 물에 들어갈 때 무엇을 신어요?
   - 선 몸이 추워지면 어떻게 할 거예요?

2) 대단원을 정리한다.

5단원 • 방학

단원의 개관

이 단원의 목표는 학생들이 방학과 관련된 어휘를 익히고, 방학 중에 경험한 일이나 방학 생활 중에 필요한 것들을 말하고 쓰는 것이다. 이와 함께 방학 규칙을 계획하고 읽음으로써 의사소통 능력을 향상시킬 수 있을 것이다.

학습 목표							
• 방학 경험을 말할 수 있다.							
• 방학 규칙을 계획하고 읽을 수 있다.							
• 방학 여행에 필요한 것을 말할 수 있다.							

주제	장면		기능	문법	어휘	문화	담화 유형
	일상생활	학교생활					
방학	여름 방학	방학하는 날	방학 계획 말하기 경험 말하기	-으니까 -을 때 이나 -지 않다 이랑	여행 준비물 문화생활 행위 관련 어휘	한국 명승지	대화 일기 보고서
	겨울 방학	방학 숙제					
	방학 여행	방학에 지킬 규칙					

차시 전개 과정

차시	차시 제목	성격	학습 내용	교재 쪽수	익힘책 쪽수
1	방학하는 날	필수	• '-으니까'를 사용하여 방학을 소개할 수 있다.	106	62
2	여름 방학	필수	• '-을 때'를 사용하여 여름 방학에 한 일이나 해야 할 일을 말할 수 있다.	108	64
3	방학 숙제	필수	• 조사 '이나'를 사용하여 방학에 하고 싶은 숙제를 말할 수 있다.	110	66
4	방학 규칙	필수	• '-지 않다'를 사용하여 방학 규칙을 말할 수 있다.	112	68
5	방학 여행	필수	• '이랑'을 사용하여 방학 여행 준비물을 말하고 쓸 수 있다.	114	70
6	겨울 방학에 한 일	필수	• 겨울 방학에 한 일을 듣고 읽을 수 있다.	116	72
7	방학 일기	선택	• 일기를 읽고 쓸 수 있다.	118	-
8	보고서 읽기	선택	• 보고서를 읽을 수 있다.	120	-
9	방학 이야기	선택	• 방학 이야기를 읽고 쓸 수 있다.	122	-
10	생각 넓히기	선택	• 한국의 관광지나 명승지에 대해 읽고 말할 수 있다.	124	-

단원 지도상의 유의점

◆ 〈의사소통 한국어〉 교재의 특성상 단어, 표현, 문법을 분리하여 명시적으로 학습하지 않는다. 주어진 장면과 상황 안에서 그림과 사진을 통해 어휘 및 표현을 이해하고 제시된 대화나 활동으로 문법을 이해할 수 있도록 교수한다.

◆ 마지막 활용 문항에서는 매 차시 배운 어휘나 문법을 활용해 차시별 학습 주제를 두 문장 이상의 복문으로 말하고 쓸 수 있도록 지도한다.

- **주요 학습 내용**

> 어휘
> 방학, 방학하다, 개학, 개학하다, 여름 방학, 겨울 방학
> 문법 및 표현
> -으니까
> 준비물
> 듣기 자료

- **학습 목표**
- '-으니까'를 사용하여 방학을 소개할 수 있다.

1 도입 - 5분

1) 전체 도입 그림을 보면서 단원 학습 목표와 대략적인 단원 학습 내용을 살펴보게 한다.
   - 친구들이 방학에 뭐 해요?
   - 여러분은 방학에 뭐 했어요? 방학에 뭐 하고 싶어요?

2) 단원 학습 목표를 소개한다.
   - 우리가 5단원에서 공부할 내용이에요.
     · 방학 경험을 말할 수 있다.
     · 방학 규칙을 계획하고 읽을 수 있다.
     · 방학 여행에 필요한 것을 말할 수 있다.

3) 1차시 도입 그림을 보면서 학습 목표를 예상하게 한다.
   - 어떤 그림이에요?
   - 달력을 보세요. 방학하는 날이 언제예요? 개학하는 날은 언제예요?
   - 학생들이 어떤 이야기를 할까요?

2 제시, 설명 - 12분

1) 선생님과 장위의 대화를 듣게 한다.

> **듣기 자료** 🔊 26
> 선생님: 내일부터 여름 방학이에요. 방학 재미있게 보내세요.
> 장위: 언제 학교 와요?
> 선생님: 8월 27일에 개학하니까 그날 학교에 오세요.
> 장위: 겨울 방학은 언제 해요?
> 선생님: 호호호, 벌써 겨울 방학이 궁금해요?
> 장위: 네, 그때 중국 할아버지 댁에 갈 거예요.
> 선생님: 좋겠어요. 겨울 방학은 12월 24일부터 1월 28일까지예요.

2) 대화 내용에 대해 질문하고 대답하면서 자연스럽게 어휘를 학습하게 한다.
   - (방학/방학하다) 7월 25일이 어떤 날이에요? 방학하는 날이에요. 방학을 하면 그날부터 학교에 나오지 않아요. 한국에서 방학을 하면 한 달 정도 학교를 쉬어요.
   - (개학/개학하다) 8월 27일은 어떤 날이에요? 개학하는 날이에요. 방학이 끝나고 개학을 하면 학교에 나와서 공부를 해요.
   - (여름 방학) 7월 26일부터 8월 26일까지 학교에 오지 않아요. 한국에서 7월과 8월은 어떤 계절이에요? 여름이에

---

1 방학하는 날

1. 선생님과 장위의 대화를 들어 봅시다. 🔊26

1) 다시 듣고 빈칸에 알맞은 낱말을 쓰세요.

> 〈보기〉   여름 방학   겨울 방학   개학

- _____ 은 7월 26일부터 8월 26일까지입니다.
- 8월 27일에 _____ 합니다.
- _____ 은 12월 24일부터 1월 28일까지입니다.

2) 장위는 여름 방학이 끝나고 언제 학교에 와요? 그리고 왜 그날 학교에 와요?

- _____ 에 개학 _____ 그날 학교에 와요.

요. 여름에 공부하기 쉬워요? 아니요, 여름은 너무 더우니까 공부하기 힘들어요. 그래서 학교를 쉬어요. 여름에 하는 방학을 여름 방학이라고 해요.
- (겨울 방학) 한국에서 12월과 1월은 어떤 계절이에요? 겨울이에요. 겨울에 공부하기 쉬워요? 아니요, 겨울은 너무 추우니까 공부하기 힘들어요. 그래서 학교를 쉬어요. 겨울에 하는 방학을 겨울 방학이라고 해요.
- 대화를 다시 듣고 빈칸에 알맞은 낱말을 써 보세요.

어휘 지식	
방학	일정 기간 동안 수업을 쉬는 일. 또는 그 기간. 주로 학교에서 학기나 학년이 끝난 뒤 또는 더위, 추위가 심할 때 실시한다. 📝 방학 숙제. 즐거운 방학이에요.
방학하다 [방하카다]	학교에서 학기나 학년이 끝난 뒤 또는 더위, 추위가 심한 일정 기간 동안 수업을 쉬다. 📝 방학하는 날이 기다려진다. 방학한 지 벌써 열흘이 지났다.
개학	학교에서 방학, 휴교 따위로 한동안 쉬었다가 다시 수업을 시작함. 📝 개학이 사흘 남았다. 나는 개학이 가까워 오자 밀린 숙제를 하느라 바빴다.
개학하다 [개하카다]	학교에서 방학, 휴교 따위로 한동안 쉬었다가 다시 수업을 시작하다. 📝 개학할 때 숙제를 가져오세요 학교는 긴 방학을 마치고 드디어 개학했다.

방학, 방학하다, 개학, 개학하다, 여름 방학, 겨울 방학

-으니까

	조건	형태	예시
①	받침 ○	-으니까	먹으니까, 입으니까, 작으니까, 좋으니까
②	받침 ×	-니까	가니까, 주니까, 크니까, 예쁘니까
	ㄹ 받침	-니까 (어간 'ㄹ' 탈락)	사니까, 만드니까, 머니까, 기니까

2. 〈보기〉와 같이 말해 봅시다.

> 〈보기〉 8월 27일에 개학해요. 그러니까 그날 학교에 오세요.
> ➡ 8월 27일에 개학하니까 그날 학교에 오세요.

① 여기는 도서실이에요. 그러니까 조용히 해요.
  ➡ 여기는 도서실 _____ 조용히 해요.

② 이 책은 재미있어요. 그러니까 꼭 읽으세요.
  ➡ 이 책은 _____ 꼭 읽으세요.

③ 7월과 8월이 너무 더워요. 그러니까 여름 방학을 해요.
  ➡ 7월과 8월이 너무 _____ 여름 방학을 해요.

④ 12월과 1월이 너무 추워요. 그러니까 겨울 방학을 해요.
  ➡ 12월과 1월이 너무 _____

3. 다른 나라의 방학 기간을 말해 봅시다.

1) 〈보기〉를 보고 각 나라의 방학 기간을 말해 보세요.

> 〈보기〉
> 필리핀의 여름 방학은 4월부터 5월까지입니다.

나라	필리핀	베트남	독일
여름 방학	4월~5월	6월~8월	8월~10월

2) 여러분 고향의 방학 기간을 말해 보세요.

5. 방학 • 107

107

---

3 연습 - 10분

1) 연결 어미 '-으니까'를 언제 사용하는지 말해 보게 한다.

  ⑳ 8월 27일에 개학해요. 여러분은 어떻게 해요? 그날 학교에 와요. 8월 27일에 왜 학교에 와요? 학교에 오는 이유도 말해 보세요. 네, 8월 27일에 개학하니까 그날 학교에 와요.

2) 연결 어미 '-으니까'를 사용하여 두 문장을 한 문장으로 말해 보게 한다.

  ⑳ 여기는 도서실이에요. 여러분은 어떻게 해요? 조용히 해요. 여기에서 왜 조용히 해요? 여기는 도서실이니까 조용히 해요.

  ⑳ 이 책 봤어요? 이 책은 재미있어요. 그러니까 꼭 읽으세요. 이 책은 재미있으니까 꼭 읽으세요.

  ⑳ 7월과 8월이 너무 더워요. 7월과 8월에 학교에 와요? 아니요, 학교에 오지 않아요. 여름 방학을 해요. 7월과 8월에 왜 여름 방학을 해요? 7월과 8월이 너무 더우니까 여름 방학을 해요.

  ⑳ 12월과 1월이 너무 추워요. 12월과 1월에 학교에 와요? 아니요, 학교에 오지 않아요. 겨울 방학을 해요. 12월과 1월에 왜 겨울 방학을 해요? 12월과 1월이 너무 추우니까 겨울 방학을 해요.

4 적용 - 10분

1) 다른 나라의 방학 기간을 말해 보게 한다. 학습자의 수준에 따라 '-으니까'를 사용하여 말하도록 지도할 수 있다.

  ⑳ 〈보기〉를 보고 각 나라의 방학 기간을 말해 보세요.

  ㉴ 필리핀의 여름 방학은 4월부터 5월까지입니다. 필리핀은 4월부터 5월까지 덥고 비가 많이 오니까 여름 방학을 합니다.

  ㉴ 베트남의 여름 방학은 6월부터 8월까지입니다. 베트남은 겨울 방학을 안 하니까 여름 방학 기간이 깁니다.

  ㉴ 독일의 여름 방학은 8월부터 10월까지입니다. 독일은 7월에 학년을 마치니까 여름 방학이 끝나고 새 학년이 시작됩니다.

2) 학생 각자가 경험한 방학 기간을 말해 보게 한다.

5 정리 - 3분

1) 익힘책 62~63쪽을 풀게 한다.

2) 배운 어휘와 '-으니까'를 학생들이 잘 알고 있는지 확인한다.

3) 차시 예고를 한다.

여름 방학	여름에 한창 더울 때에 학교에서 일정 기간 수업을 쉬는 일. 예 아이들이 여름 방학을 기다린다 우리 가족은 여름 방학 때 해외여행을 다녀왔다.
겨울 방학	겨울에 한창 추울 때에 학교에서 일정 기간 수업을 쉬는 일. 예 겨울 방학이 시작되었다. 겨울 방학을 마치고 3월이 되면 한 학년 올라간다.

3) 연결 어미 '-으니까'를 사용하여 문장을 말하고 써 보게 한다.

  ⑳ 장위는 여름 방학이 끝나고 언제 학교에 와요? 8월 27일에 와요. 왜 그날 학교에 와요? 8월 27일에 개학하니까 그날 학교에 와요.

문법 지식

-으니까

• 이유나 근거를 나타내는 연결 어미.
  예 날씨가 좋으니까 놀러 가요.
  여기는 도서관이니까 조용히 해야 합니다.

• 동사나 형용사 '이다, 아니다'에 붙어 어떤 상태나 행위를 나열함을 나타낸다. 시간의 순서와 관계없이 두 가지 이상의 사실이나 내용을 대등하게 연결할 때 사용한다.

· 주요 학습 내용

> 어휘
> 수영복, 수영모, 물안경
> 문법 및 표현
> -을 때

· 학습 목표
· '-을 때'를 사용하여 여름 방학에 한 일이나 해야 할 일을 말할 수 있다.

1 도입 – 2분

1) 그림과 차시 제목을 보면서 오늘 배울 내용을 안내한다.
   신 오딜과 타이선이 뭐 해요?
   신 제목을 읽어 보세요. 여러분은 여름 방학에 뭐 하고 싶어요?

2) 학습 목표를 확인한다.

2 제시, 설명 – 20분

1) 선생님을 따라 문자 대화를 읽어 보게 한다.

2) 문자 대화에 대해 질문하고 대답한다. 비명시적으로 자연스럽게 '-을 때'를 학습하게 한다.
   신 오딜과 타이선이 내일 어디 가요?
   신 오딜은 수영장에서 뭐 하고 싶어 해요? 오딜은 물 미끄럼틀을 타고 싶어 해요.
   신 오딜은 왜 물 미끄럼틀을 타고 싶어 해요? 저번에 갔을 때 못 타서 물 미끄럼틀을 타고 싶어 해요.
   신 타이선은 수영장에서 뭐 하고 싶어 해요? 타이선은 파도 풀에서 놀고 싶어 해요.
   신 타이선은 왜 파도 풀에서 놀고 싶어 해요? 파도가 칠 때 재미있으니까 파도 풀에서 놀고 싶어 해요.

문법 지식

-을 때
· 어떤 행위나 상황이 일어나는 순간이나 동안을 나타내는 표현.
   예 밥을 먹을 때 친구가 왔습니다.
   버스에서 내릴 때 오토바이를 조심하세요.

· 동사나 형용사에 붙어 어떤 행위나 상황이 발생한 시간상의 순간이나 지속되는 동안을 나타낸다. 특정 시점에 행해진 일이나 발생한 상황을 나타내거나, 특정 조건 및 상황을 나타낼 때 사용한다.

	조건	형태	예시
①	받침 ○	–을 때	먹을 때, 웃을 때, 없을 때, 좋을 때
②	받침 ✕	–ㄹ 때	갈 때, 잘 때, 슬플 때, 클 때
	ㄹ 받침	–ㄹ 때(어간 'ㄹ' 탈락)	놀 때, 만들 때

---

2 여름 방학

1. 문자 대화를 읽어 봅시다.

> 내일 수영장 갈 때 수영모 꼭 준비해.
> 수영장에서 뭐 하고 싶어?
> 물 미끄럼틀을 타고 싶어. 저번에 갔을 때 못 탔어. 너는 뭐 하고 싶어?
> 파도 풀에서 놀고 싶어. 파도가 칠 때 재미있어.

1) 내일 어디 가요?
2) 오딜과 타이선은 무엇을 하고 싶다고 했어요?
3) 수영장 갈 때 무엇을 준비해요? 〈보기〉와 같이 말해 보세요.

> 〈보기〉 수영장 갈 때 수건을 준비해.

수영복   수영모   물안경   튜브   ?

---

3) 수영장에 갈 때 무엇을 준비하는지 이야기하면서 명시적으로 '-을 때'를 학습하게 한다. 또한 그림을 보면서 수영할 때 필요한 물건과 관련된 어휘를 학습하게 한다.
   신 〈보기〉와 같이 묻고 대답해 보세요.
   학1 수영장 갈 때 뭘 준비해?
   학2 수영장 갈 때 수건을 준비해.
   학1 수영장 갈 때 뭘 준비해?
   학2 수영장 갈 때 수영복(수영모/물안경/튜브/오리발/공)을 준비해.

어휘 지식

수영복	수영할 때에 입는 옷. 예 수영복 차림. 나는 수영복을 입고 바다로 들어갔다.
수영모	수영할 때에 쓰는 모자. 예 수영모를 착용하다. 실내 수영장에서는 수영모를 꼭 써야 한다.
물안경 [무란경]	물속에서 눈에 물이 들어가지 않도록 하여 눈을 뜨고 물속을 관찰할 수 있도록 만든 안경. 예 물안경을 쓰다. 잠수를 하려면 물안경이 필요하다.

수영복, 수영모, 물안경

-을 때

2. 연결해 봅시다.

① 수영장에서 다쳤을 때 •   • [음식점]

② 가족을 잃어버렸을 때 •   • [치료실]

③ 배가 고플 때 •   • [만남의 광장]

3. 수영장 이용 규칙을 읽고 말해 봅시다.

1) 지워진 글씨를 쓰고 수영장 이용 규칙을 읽어 보세요.

수영장 이용 규칙

물에 들어갈 때 수영모를 꼭 쓰세요.

걸어 다닐 때 미끄러지지않게 조심하세요.

안내 방송이 나올 때 잘 들어주세요.

튜브를 탈 때 손잡이를 꼭 잡아 주세요.

2) 수영장에서 뭘 조심해요? 친구들과 말해 보세요.

5. 방학 • 109

109

3 연습 - 8분

1) 수영장에서 특정 상황이 발생했을 때 어디를 찾아가야 좋을지 이야기하도록 한다.

   🔵 수영장에서 다쳤을 때 어딜 가요? 치료실에 가요.

   🔵 수영장에서 가족을 잃어버렸을 때 어딜 가요? 만남의 광장으로 가요. 방송실로 가요. 부모님과 약속한 장소로 가요.

   🔵 배가 고플 때 어딜 가요? 음식점에 가요. 식당에 가요. 매점에 가요.

2) '-을 때'가 사용된 어구와 그림을 연결해 보도록 한다.

4 적용 - 8분

1) 수영장을 이용할 때의 규칙을 생각해 보게 한다.

2) 수영장 이용 규칙을 읽으면서 지워진 글씨를 따라 써 보게 한다. 지워진 글씨를 쓰면서 문법 표현 '-을 때'를 자연스럽게 학습하도록 한다.

   🔵 물에 들어갈 때 수영모를 꼭 쓰세요.

   🔵 걸어 다닐 때 미끄러지지 않게 조심하세요.

   🔵 안내 방송이 나올 때 잘 들어 주세요.

   🔵 튜브를 탈 때 손잡이를 꼭 잡아 주세요.

3) 수영장에서 조심해야 할 것들을 친구들과 이야기하도록 한다.

   🔵 물에 들어갈 때 준비 운동을 해요.

   🔵 계단을 내려갈 때 뛰지 않아요.

   🔵 탈의실에 들어갈 때 물을 닦아요.

5 정리 - 2분

1) 익힘책 64쪽 1번을 풀게 한다.

   🔵 1번 글 상자에 제시된 낱말을 큰 소리로 읽어 보세요. "튜브, 물안경, 수영모, 수영복."

   🔵 수영할 때 쓰는 안경이 뭐예요? 이걸 쓰면 물속에서도 눈에 물이 들어가지 않아요.

   🔵 수영할 때에 쓰는 모자가 뭐예요?

   🔵 수영할 때에 입는 옷이 뭐예요?

   🔵 수영할 때 이걸 몸에 끼우고 물에 들어가면 몸이 떠요.

2) 익힘책 64쪽 2번을 하면서 필수 어휘를 복습하게 한다.

   🔵 2번 글을 읽어 보세요.

   🔵 수영복, 수영모, 물안경, 튜브를 넣어서 글을 완성해 보세요.

3) 익힘책 65쪽 3번 활동을 하면서 '-을 때'를 사용하여 말하고 쓰게 한다.

   🔵 '먹다', '웃다'와 같이 받침이 있을 때에는 '먹을 때', '웃을 때'와 같이 '-을 때'로 써요.

   🔵 '고프다', '심심하다', '아프다', '슬프다'와 같이 받침이 없을 때에는 '고플 때', '심심할 때', '아플 때', '슬플 때'와 같이 '-ㄹ 때'로 써요.

   🔵 '놀다', '만들다'와 같이 'ㄹ' 받침일 때에는 '놀 때', '만들 때'와 같이 써요.

4) 익힘책 65쪽 3번 활동을 하면서 기분이 좋을 때를 말하고 쓰게 한다.

   🔵 서영이는 노래할 때 기분이 좋아요.

   🔵 타이선은 축구할 때 기분이 좋아요.

   🔵 엠마는 여행할 때 기분이 좋아요.

   🔵 여러분은 어떨 때 기분이 좋아요?

5) 오늘 배운 단어와 '-을 때'를 학생들이 잘 알고 있는지 확인한다.

6) 차시 예고를 한다.

· 주요 학습 내용

> 어휘
> 영화, 연극, 박물관, 미술관
> 문법 및 표현
> 이나

· 학습 목표
· 조사 '이나'를 사용하여 방학에 하고 싶은 숙제를 말할 수 있다.

1 도입 - 2분

1) 방학 숙제를 재미있게 한 경험을 말해 보게 한다.

2) 학습 목표를 확인한다.

2 제시, 설명 - 18분

1) '방학 숙제 안내'를 읽어 보게 한다.

🔘 〈꼭 해요!〉는 누구나 해야 하는 숙제예요. 그래서 유키도 모두 ∨표를 했어요. 반드시 해야 하는 숙제를 '필수 숙제'라고 말하기도 해요. 여러분의 방학 숙제 안내문에 '필수 숙제'가 있으면 모두가 해야 해요.

🔘 '선택 숙제'는 자기가 하고 싶은 것을 해요. 두 가지를 선택하라고 했어요.

2) '방학 숙제 안내'에 대해 질문하고 대답하면서 자연스럽게 어휘를 학습하게 한다. 문화를 경험하지 못한 학생들이 많을 경우에는 영화, 연극, 박물관, 미술관을 말로 설명하기보다 영상으로 보여 주는 것이 효과적이다.

🔘 유키의 방학 숙제가 뭐예요? '일기 쓰기, 날마다 운동하기, 일주일에 책 1권 읽기, 영화나 연극 보기, 박물관이나 미술관 다녀오기'예요.

🔘 (영화) 텔레비전에서 〈피터팬〉, 〈신데렐라〉, 〈백설공주〉 봤어요? 만화 영화로 봤어요? 〈겨울왕국〉 봤어요? 극장에 가 봤어요? 영화 좋아해요?

🔘 (연극) 영화는 화면(또는 스크린)으로 나와요. 그런데 사람들(또는 배우)이 직접 연기를 하기도 해요. 연극 봤어요? 어디에서 봤어요?

🔘 (박물관) 옛날 물건이나 귀한 물건을 모아서 사람들에게 보여 주는 곳이 있어요. 서울에 있는 국립중앙박물관, 국립경주박물관 이런 곳에 가 봤어요?

🔘 (미술관) 그림과 같은 미술품을 보여 주는 곳에 가 봤어요?

어휘 지식	
영화	일정한 의미를 갖고 움직이는 대상을 촬영하여 영사기로 영사막에 재현하는 종합 예술. 📀 영화 감상. 극장에서 한국 영화를 봤다.
연극 [연:극]	배우가 각본에 따라 어떤 사건이나 인물을 말과 동작으로 관객에게 보여 주는 무대 예술. 📀 연극 활동. 연극을 공연하다.

---

3 방학 숙제

1. 유키의 방학 숙제입니다. 방학 숙제 안내를 읽어 봅시다.

방학 숙제 안내

〈꼭 해요!〉	나의 방학 숙제
① 일기 쓰기	∨
② 날마다 운동하기	∨
③ 일주일에 책 1권 읽기	∨
〈선택 숙제〉(2가지 선택하기)	
① 가족과 여행하기	
② 영화나 연극 보기	∨
③ 박물관이나 미술관 다녀오기	∨
④ 그림 그리거나 만들기	
⑤ 내가 정하기 ( )	

1) 유키의 방학 숙제가 뭐예요?

2) 유키가 선택한 숙제가 뭐예요?

영화나 연극   박물관이나 미술관

박물관 [방물관]	역사적 유물, 예술품, 학술 자료 등을 수집·보존·진열하고 일반에게 전시하는 시설. 📀 우리 반은 박물관에 견학을 갔다. 박물관에 옛날 그림이 많았다.
미술관 [미:술관]	미술품을 전시하는 시설. 📀 미술관을 관람하다. 우리는 방학 숙제를 하려고 미술관에 갔다.

3) 유키의 선택 숙제에 대해 이야기하면서 자연스럽게 조사 '이나'를 학습하게 한다.

🔘 유키가 선택한 숙제가 뭐예요?

🔘 유키가 영화와 연극을 모두 봐요? 아니요, 영화나 연극 둘 중에 하나만 봐요.

🔘 유키가 박물관과 미술관 모두 다녀와요? 아니요, 박물관이나 미술관 둘 중에 하나만 다녀와요.

4) 유키의 '방학 숙제 안내'를 보고 학생 각자의 생각을 질문할 수 있다.

🔘 여러분이 유키라면 뭘 선택하고 싶어요?

🔘 저는 '가족과 여행하기'를 선택하고 싶어요.

2. 〈보기〉와 같이 말해 봅시다.

〈보기〉
> 방학에 어디 가고 싶어요?
> ➡ 박물관이나 미술관에 가고 싶어요. (박물관, 미술관)

① 방학에 뭐 보고 싶어요?
➡ _____을/를 보고 싶어요. (영화, 연극)

② 방학에 어디 가고 싶어요?
➡ _____에 가고 싶어요. (바다, 산)

③ 무엇을 타고 싶어요?
➡ _____을/를 타고 싶어요. (기차, 비행기)

3. 방학에 하고 싶은 숙제를 친구들에게 말해 봅시다.

나는 방학에 제주도나 강원도 여행을 하고 싶어. 너는 뭐 하고 싶어?

_____

5. 방학 • 111

111

학2 저는 '그림 그리기나 만들기'를 선택하고 싶어요.
신 '그림 그리기나 만들기'를 선택하면 둘 다 해요?
학2 아니요, 그림 그리기나 만들기 중에서 하나만 해요.

문법 지식

이나
· 선택의 뜻을 나타내는 조사.
  예 우리 일곱 시나 여덟 시에 만나요.
  우리 가족은 토요일이나 일요일에 놀러 갑니다.

· 명사에 붙어 두 가지 이상을 나열하여 그중에 어떤 것을 선택함을 나타낸다.

	조건	형태	예시
①	받침 ○	이나	식당이나, 왼쪽이나, 책이나
②	받침 ×	나	전화나, 학교나, 의자나

---

3 연습 - 10분

1) 조사 '이나'를 사용하는 사례를 말해 보게 한다.
신 방학에 어디 가고 싶어요? 박물관이나 미술관에 가고 싶어요.

2) 조사 '이나'를 사용하여 질문에 대답하도록 한다. 학습자의 수준에 따라 〈보기〉에 제시되지 않은 낱말로 말할 수 있다.
신 방학에 뭐 보고 싶어요? 영화나 연극을 보고 싶어요.
신 방학에 어디 가고 싶어요? 바다나 산에 가고 싶어요.
신 무엇을 타고 싶어요? 기차나 비행기를 타고 싶어요.

4 적용 - 8분

1) 방학에 하고 싶은 숙제를 생각해 보게 한다.
신 방학에 뭘 하고 싶어요?
학 영화 보기, 연극 보기, 뮤지컬 보기, 콘서트 보기, 박물관 다녀오기, 미술관 다녀오기, 수영장 가기, 놀이공원 가기, 그림 그리기, 만들기, 종이접기, 쿠키 만들기, 케이크 만들기 등.

2) 방학에 하고 싶은 숙제를 친구들에게 말해 보도록 한다.
학1 나는 방학에 종이접기나 쿠키 만들기를 하고 싶어.
학2 나는 방학에 제주도나 부산에 다녀오고 싶어.
학3 나는 방학에 해외여행이나 우주여행을 가고 싶어.

5 정리 - 2분

1) 익힘책 66쪽을 풀게 한다.
신 그림과 어울리는 말을 연결해 보세요.
신 알맞은 낱말을 써서 문장을 완성해 보세요.

2) 익힘책 67쪽을 풀게 한다.
신 '봄', '수박'과 같이 받침이 있을 때에는 '봄이나', '수박이나'와 같이 '이나'로 써요.
신 '바다', '스키'와 같이 받침이 없을 때에는 '바다나', '스키나'와 같이 '나'로 써요.
신 '이나'를 사용하여 문장을 완성해 보세요.

3) 오늘 배운 어휘와 '이나'를 사용하여 방학에 하고 싶은 숙제를 말할 수 있는지 확인한다.

4) 차시 예고를 한다.

4차시 방학 규칙

· 주요 학습 내용

> 어휘
> 일찍, 일어나다, 싸우다, 줄이다, 위험하다
>
> 문법 및 표현
> -지 않다

· 학습 목표

· '-지 않다'를 사용하여 방학 규칙을 말할 수 있다.

1 도입 - 2분

1) 방학 때 잘 지켜진 것과 지켜지지 않은 것을 말하게 한다.

2) 학습 목표를 확인한다.

2 제시, 설명 - 21분

1) 그림을 보며 무엇을 하는지 확인하게 한다.

> 신 다니엘이 뭐 해요? 줄넘기를 해요, 누워 있어요, 책상에서 뭘 써요, 화를 내요, 손에 뭘 들고 있어요.

2) 다니엘의 방학 규칙을 읽으면서 자연스럽게 어휘와 '-지 않다'를 학습하게 한다.

> 신 '① 운동을 열심히 한다.' 다니엘은 줄넘기를 해요. 여러분은 어떤 운동을 열심히 할 거예요?

> 신 (일찍/일어나다) '② 일찍 자고 일찍 일어난다.' 다니엘이 늦게 자요? 아니요, 다니엘은 방학에 빨리 자요. 다니엘은 일찍 자요. 다니엘은 늦게 잠에서 깨어나요? 아니요, 그렇지 않아요. 아침에 일찍 일어나요.

> 신 '③ 방학 숙제를 열심히 한다.' 여러분은 방학 숙제가 많아요? 방학 숙제를 열심히 해요?

> 신 (싸우다) '④ 동생과 싸우지 않는다.' 다니엘이 동생에게 화가 났어요. 여러분도 가족에게 화가 난 적이 있어요? 심한 말을 하거나 때린 경험이 있어요? 동생과 다툰 경험이 있어요? 아무리 화가 나도 동생과 싸우지 않아요. 사이좋게 지내요.

> 신 (줄이다) '⑤ 컴퓨터 게임 시간을 줄인다.' 여러분도 컴퓨터 게임을 많이 해요? 휴대 전화(스마트폰)로 게임을 많이 해요? 방학에 게임을 너무 많이 하지 않아요. 게임하는 시간을 적어지게 해요. 게임 시간을 줄이세요.

> 신 (위험하다) '⑥ 위험한 놀이를 하지 않는다.' 몸을 다치게 할 수 있는 것이 뭐가 있어요? 높은 곳에 올라가요. 찻길 가까이에서 공놀이를 해요. 가위나 칼로 장난을 쳐요. 다니엘은 뭐 해요? 불이 붙은 막대기를 들고 있어요. 네, 폭죽을 들고 있어요. 이런 행동은 몸을 다치게 할 수 있어요. 이런 행동은 위험해요. 위험한 놀이는 하지 않아요.

---

4 방학 규칙

1. 다니엘의 방학 규칙을 읽어 봅시다.

겨울 방학 규칙

① 운동을 열심히 한다.

② 일찍 자고 일찍 일어난다.

③ 방학 숙제를 열심히 한다.

④ 동생과 싸우지 않는다.

⑤ 컴퓨터 게임 시간을 줄인다.

⑥ 위험한 놀이를 하지 않는다.

1) 다니엘이 방학에 무엇을 열심히 해요?

2) 다니엘이 방학에 무엇을 하지 않아요?

3) 여러분은 방학에 무엇을 가장 열심히 하고 싶어요?

112 • 의사소통 한국어 2

112

어휘 지식	
일찍	일정한 시간보다 이르게. 예 나는 오늘 학교에 일찍 갔어요. 아버지께서 일찍 집에 돌아오셨습니다.
일어나다 [이러나다]	잠에서 깨어나다. 예 아침 일찍 일어나다. 그만 자고 어서 일어나 학교에 가거라.
싸우다	서로 이기려고 다투다. 예 친구들과 싸우지 말고 사이좋게 지내라. 동생이 친구와 싸우고 울면서 집으로 들어왔다.
줄이다 [주리다]	수나 규모를 적어지게 하다. 예 언니는 살을 뺀다고 식사량을 줄였다. 우리 회사에서는 올해 직원을 반으로 줄였다.
위험하다	해로움이나 손해가 생길 걱정이 있다. 몸을 다치게 할 수 있어 안전하지 않다. 예 위험한 곳에 가지 않아요. 자동차가 눈길에서 빨리 달리면 위험하다.

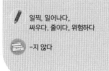

일찍, 일어나다,
싸우다, 줄이다, 위험하다

-지 않다

2. 〈보기〉와 같이 대답해 봅시다.

〈보기〉 다니엘이 동생과 싸워요?
➡ 아니요, 동생과 싸우지 않아요.

① 눈이 와요?
➡ 아니요, _____.

② 다니엘이 책을 읽어요?
➡ 아니요, 다니엘이 책을 _____.

③ 운동장에 아이들이 많아요?
➡ 아니요, 운동장에 아이들이 _____.

3. 겨울 방학 규칙을 읽어 봅시다.

겨울 방학 규칙	O, X
① 매일 운동을 한다.	
② 방학 숙제를 나중에 한다.	
③ 친구와 싸운다.	
④ 추우니까 씻지 않는다.	
⑤ 집에 들어오면 손을 씻는다.	
⑥ 방학이니까 늦게 자고 늦게 일어난다.	

1) 바른 것에 ○표, 바르지 않은 것에 ✕표를 하세요.

2) 바르지 않은 방학 규칙을 바르게 말해 보세요.

3) 다음의 질문을 통해 '-지 않다'의 의미를 명시적으로 파악하도록 지도할 수 있다.

🔵 겨울 방학에 운동을 하지 않아요? 아니요, 겨울 방학에 운동을 해요.
🔵 일찍 자지 않아요? 아니요, 일찍 자요.
🔵 일찍 일어나지 않아요? 아니요, 일찍 일어나요.
🔵 방학 숙제를 열심히 하지 않아요? 아니요, 방학 숙제를 열심히 해요.
🔵 동생과 싸워요? 아니요, 동생과 싸우지 않아요.
🔵 위험한 놀이를 해요? 아니요, 위험한 놀이를 하지 않아요.

-지 않다

· 어떤 행위 및 상태의 부정을 나타내는 표현.
  🔷 밤에는 서점 문을 열지 않습니다.
     우리는 토요일에 학교에 가지 않아요.

· 동사나 형용사에 붙어 어떤 행위 및 상태를 부정하거나 행위를 할 의지가 없음을 나타낸다. 행위나 상태를 단순하게 부정하거나 의도적으로 행위를 하지 않을 때 주로 사용한다.

	조건	형태	예시
①	받침 ○	-지 않다	먹지 않다, 좋지 않다
②	받침 ✕ ㄹ 받침	-지 않다	만지지 않다, 크지 많다

4) 학생들 각자 방학에 무엇을 가장 열심히 하고 싶은지 말하게 한다.

③ 연습 - 7분

1) 부정의 의미인 '-지 않다'를 사용하여 질문에 대답하게 한다.

🔵 눈이 와요? 아니요, 눈이 오지 않아요.
🔵 다니엘이 책을 읽어요? 아니요, 다니엘이 책을 읽지 않아요.
🔵 운동장에 아이들이 많아요? 아니요, 운동장에 아이들이 많지 않아요.

2) '-지 않다'를 사용하여 문장을 쓰게 한다.

④ 적용 - 8분

1) 겨울 방학 규칙을 읽고 바른 것과 바르지 않은 것을 구분하게 한다.

🔵 겨울 방학 규칙으로 바른 것이 뭐예요?

2) 바르지 않은 방학 규칙을 말하고, 바르게 고쳐 보게 한다.

🔵 친구와 싸운다. 친구와 싸우지 않는다.
🔵 추우니까 씻지 않는다. 손, 발, 몸을 잘 씻는다.
🔵 방학이니까 늦게 자고 늦게 일어난다. 일찍 자고 일찍 일어난다.

⑤ 정리 - 2분

1) 익힘책 68~69쪽을 풀게 한다.

2) 오늘 배운 어휘와 '-지 않다'를 사용하여 방학 규칙을 말할 수 있는지 확인한다.

3) 차시 예고를 한다.

· 주요 학습 내용

어휘
티셔츠, 반바지, 수영복, 운동화, 속옷, 양말, 모자, 우산, 휴지, 휴대 전화
문법 및 표현
이랑
준비물
듣기 자료

· 학습 목표
· '이랑'을 사용하여 방학 여행 준비물을 말하고 쓸 수 있다.

① 도입 - 2분

1) 여행을 간 경험을 생각해 보게 한다.
   🔵 여행을 간 적이 있어요? 누구랑 갔어요?
   🔵 여행 갈 때 뭘 가져갔어요?

2) 학습 목표를 안내한다.

② 제시, 설명 - 15분

1) 그림을 보고 엠마가 무엇을 하는지 이야기하도록 한다.
   🔵 엠마가 뭐 해요? 엠마가 방학 여행을 준비해요.

2) 여행 준비물 관련 어휘를 손으로 가리키며 학습하게 한다. 이들 어휘는 질문을 하거나 설명하는 것보다 그림을 보거나 실물을 가리키며 학습하는 것이 효과적이다.
   🔵 티셔츠, 반바지, 수영복, 운동화, 속옷, 양말, 모자, 우산, 휴지, 휴대 전화.

어휘 지식	
티셔츠	'T' 자 모양으로 생긴 반소매 셔츠. 예 더운 여름에는 반바지와 티셔츠 차림이 가장 편하다. 나는 청바지에 티셔츠를 입는 걸 좋아한다.
반바지 [반:바지]	길이가 무릎 위나 무릎까지 내려오는 짧은 바지. 예 반바지 차림. 여름에는 반바지를 입는 것이 시원하다.
수영복	수영할 때에 입는 옷. 예 수영복 차림. 그는 수영복을 입고 바다 한가운데로 헤엄쳐 나갔다.
운동화 [운:동화]	운동할 때 신는 신. 또는 평상시에 활동하기 편하게 신는 신. 예 아이는 새 운동화를 신고 신나게 뛰었다. 운동화가 벗겨졌다.
속옷 [소·곧]	겉옷의 안쪽에 몸에 직접 닿게 입는 옷. 예 뛰어다녔더니 속옷이 땀에 푹 젖었다. 형은 첫 월급을 받아서 부모님께 속옷을 사 드렸다.
양말	맨발에 신도록 실이나 섬유로 짠 것. 예 양말을 신다. 양말을 벗다.

---

5 방학 여행

1. 엠마가 방학 여행을 준비합니다. 여행 준비물을 읽어 봅시다.

1) 엠마의 여행 준비물에 표시하고 〈보기〉와 같이 말하세요.

〈보기〉	엠마가 티셔츠랑 반바지를 준비해요.				

여행 준비물	준비했어요	여행 준비물	준비했어요	여행 준비물	준비했어요
티셔츠	○	양말		운동화	
스웨터		모자		속옷	
반바지		장갑		카메라	
청바지		우산		휴대 전화	
수영복		휴지			

2) 여행 갈 때 꼭 가져가고 싶은 준비물 3개를 써 보세요.

① _____ ② _____ ③ _____

모자	머리에 쓰는 물건의 하나. 예의를 차리거나 추위, 더위, 먼지 따위를 막기 위한 것이다. 예 뜨거운 여름에 모자를 쓰는 것이 좋다. 제복을 입고 모자를 쓴 군인.
우산	비가 올 때에 펴서 손에 들고 머리 위를 가리는 도구. 예 우산을 쓰다. 우산을 펴다.
휴지	밑을 닦거나 코를 푸는 데 허드레로 쓰는 얇은 종이. 예 갑자기 코피가 흘러 휴지로 코를 막았다. 그는 휴지를 찾아 코를 닦아 내고 다시 누웠다.
휴대 전화	손에 들거나 몸에 지니고 다니면서 걸고 받을 수 있는 소형 무선 전화기. 예 휴대 전화의 수가 급속하게 늘어가고 있다. 지하철에서 휴대 전화로 큰 소리로 통화하니까 너무 시끄럽다.

3) 조사 '이랑'을 사용하여 여행 준비물을 말하게 한다.
   🔵 엠마가 무엇을 준비해요?
   🟠 엠마가 티셔츠랑 반바지를 준비해요.
   🟠 엠마가 수영복이랑 속옷을 준비해요.
   🟠 엠마가 운동화랑 양말을 준비해요.
   🟠 엠마가 모자랑 우산을 준비해요.

🖊 티셔츠, 반바지, 운동화, 속옷, 양말, 모자, 우산, 휴지, 휴대 전화

🗂 이랑

2. 엠마와 엄마의 대화를 들어 봅시다. 27

1) 엠마가 꼭 가져갈 준비물이 뭐예요?

2) 〈보기〉와 같이 질문에 대답해 보세요.

〈보기〉
여행을 갈 때 뭘 준비해요?
➡ 여행을 갈 때 양말이랑 속옷을 준비해요.

① 바다에 갈 때 뭘 준비해요?
➡ 바다에 갈 때 _____이랑/랑 _____을/를 준비해.

② 한라산에 갈 때 뭘 가져가요?
➡ 한라산에 갈 때 _____이랑/랑 _____을/를 준비해.

3. 〈보기〉와 같이 말해 봅시다.

〈보기〉
오딜: 이번 방학에 바다에 가고 싶어.
엠마: 바다에 갈 때 수영복이랑 모자를 가져가야 해.

이번 방학에 _____에 가고 싶어.

_____에 갈 때 _____이랑/랑 _____.

5. 방학 • 115

115

할 엠마가 휴지랑 휴대 전화를 준비해요.

문법 지식

이랑

· 여러 사물이나 사람을 연결함을 나타내는 조사.
  예 떡이랑 과일이랑 많이 먹었다.
  여기 전시된 금관이랑 유리잔이 참 예뻐요.

· 명사에 붙어 사물이나 사람을 같은 자격으로 이어 주는 뜻을 나타낸다. 앞뒤 명사 모두를 가리킬 때 사용한다. 주로 구어에서 사용한다.

	조건	형태	예시
①	받침 ○	이랑	책이랑, 연필이랑, 우산이랑
②	받침 ×	랑	가위랑, 의자랑, 종이랑

4) 여행 갈 때 꼭 가져가고 싶은 준비물 3개를 쓰도록 한다.

3️⃣ 연습 - 10분

1) 엠마와 엄마의 대화를 듣게 한다.

듣기 자료 🔊 27
엄마: 이번 방학에는 제주도로 여행 갈 거야.
엠마: 엄마, 제주도 가기 전에 뭐 준비해요?
엄마: 바다에 가니까 수영복이랑 모자를 준비해.
엠마: 한라산에도 가요?
엄마: 한라산에도 가. 한라산에 갈 때 운동화랑 우산도 가져갈 거야.

2) 엠마가 꼭 가져갈 준비물을 말하게 한다.
   선 수영복, 모자, 운동화, 우산을 꼭 가져가요.

3) 엠마와 엄마가 제주도 여행에서 준비해야 할 물건을 '이랑'을 사용하여 말하게 한다.
   선 바다에 갈 때 수영복이랑 모자를 준비해요.
   선 한라산에 갈 때 운동화랑 우산을 준비해요.

4️⃣ 적용 - 11분

1) 〈보기〉를 보고 방학에 가고 싶은 곳과 준비물을 말하게 한다.
   오딜: 이번 방학에 바다에 가고 싶어.
   엠마: 바다에 갈 때 수영복이랑 모자를 가져가야 해.

2) '이랑'을 사용하여 여행할 때 가져갈 것을 말하고 쓰도록 한다.

5️⃣ 정리 - 2분

1) 익힘책 70쪽을 풀게 한다.
   선 '티셔츠, 반바지, 모자, 운동화, 양말, 속옷, 휴대 전화, 휴지, 우산' 등에서 그림에 어울리는 낱말을 써 보세요.

2) 익힘책 71쪽을 풀게 한다.
   선 엠마와 엄마가 어디로 여행을 가요?
   선 바다에 갈 때 뭘 준비해요?
   선 한라산에 갈 때 뭘 준비해요?
   선 '수영복', '우산'과 같이 받침이 있을 때에는 '수영복이랑', '우산이랑'과 같이 '이랑'으로 써요.
   선 '모자', '운동화'와 같이 받침이 없을 때에는 '모자랑', '운동화랑'과 같이 '랑'으로 써요.
   선 '이랑'을 사용하여 문장을 완성해 보세요.

3) '이랑'을 사용하여 방학 여행 준비물을 말하고 쓸 수 있는지 확인한다.

4) 차시 예고를 한다.

6차시 겨울 방학에 한 일

- **주요 학습 내용**

  > **어휘**
  > 할머니 댁에 가다, 친척을 만나다, 영어를 배우다,
  > 스키장에 가다, 스키를 배우다
  >
  > **준비물**
  > 듣기 자료

- **학습 목표**
- 겨울 방학에 한 일을 듣고 읽을 수 있다.

1 도입 – 2분

1) 겨울 방학에 한 일을 생각해 보게 한다.

2) 겨울 방학에 한 일 중에 가장 기억에 남는 것이 무엇인지 말하게 한다.

2 제시·설명 – 15분

1) 그림을 보면서 친구들이 겨울 방학에 한 일을 짐작하게 한다.
   - 🔵 서영이가 할머니와 식사해요. 겨울 방학에 무엇을 했어요?
   - 🔵 오딜이 공부를 해요. 무슨 공부를 했어요?
   - 🔵 장위가 뭐 했어요?
   - 🔵 다니엘이 뭐 했어요?
   - 🔵 준서가 뭐 했어요?

2) 대화를 듣고 질문을 통해 어휘를 학습하도록 한다.

   > **듣기 자료 🔊 28**
   > 선생님: 겨울 방학에 무엇을 했어요?
   > 다니엘: 저는 친구들과 눈싸움을 했어요.
   > 서영: 저는 할머니 댁에 갔어요.
   > 장위: 저는 중국에서 할아버지와 친척을 만났어요.
   > 오딜: 저는 영어를 배웠어요.
   > 준서: 저는 눈썰매를 탔어요.
   > 선생님: 여러분 모두 겨울 방학을 재미있게 보내서 선생님도 좋아요.

   - 🔵 (할머니 댁에 가다) 방학에 서영이는 뭐 했어요? 서영이는 할머니 댁에 갔어요. 선생님은 방학에 친구 집에 갔어요. 서영이가 할머니 집을 할머니 댁이라고 했어요. '댁'은 '집'의 높임말이에요.
   - 🔵 (영어를 배우다) 방학에 오딜은 뭐 했어요? 오딜은 영어를 배웠어요.
   - 🔵 (친척을 만나다) 방학에 장위는 뭐 했어요? 장위는 중국에서 할아버지와 친척을 만났어요.

---

6 겨울 방학에 한 일

1. 대화를 들어 봅시다. 🔊 28

1) 친구들이 겨울 방학에 무엇을 했어요?

   다니엘은 친구들과 눈싸움을 했어요.

   ① 서영이는 _____ .

   ② 장위는 중국에서 _____ .

   ③ 오딜은 _____ .

   ④ 준서는 눈썰매를 _____ .

2) 여러분은 겨울 방학에 고향에서 뭐 했어요?

116 • 의사소통 한국어 2

116

어휘 지식	
할머니 댁에 가다 [할머니 대게 가다]	아버지의 어머니 또는 어머니의 어머니 집에 가다. 🟦 할머니 댁에 가면 친척을 많이 만난다. 나는 방학 때 할머니 댁에 가서 놀았다.
친척을 만나다 [친처글 만나다]	친족이나 외척을 만나다. 🟦 우리는 할아버지 생신 때 친척을 만났다. 우리 가족은 설날과 추석에 항상 친척을 만난다.
영어를 배우다	영어에 대한 새로운 지식이나 교양을 얻다. 🟦 나는 영어를 배운 지 1년이 됐다. 영어를 배우면 외국 여행할 때 편하다.
스키장에 가다	눈 위를 지치는 데 쓰는 좁고 긴 기구를 타는 곳에 가다. 🟦 가족과 함께 스키장에 갔다. 친구와 스키장에 가서 재미있게 놀았다.
스키를 배우다	눈 위를 지치는 데 쓰는 좁고 긴 기구를 타는 기술을 익히다. 🟦 형은 어렸을 때 스키를 배워서 잘 탄다. 나는 스키를 배우러 스키장에 갔다.

3) 학생들이 겨울 방학에 고향에서 무엇을 했는지 질문한다.

할머니 댁에 가다,
친척을 만나다,
영어를 배우다,
스키장에 가다,
스키를 배우다

2. 타이선이 겨울 방학에 한 일을 읽고 말해 봅시다.

아침 일찍 아빠와 스키장에 갔다. 나는 오늘 처음 스키를 탔다. 그래서
아빠와 타기 전에 따로 스키를 배웠다. 1시간 뒤에 아빠를 만났다. 아빠와
함께 탈 때 더 재미있었다.

① 타이선은 아빠와 _____ .

② 타이선은 오늘 처음 _____ .

③ 타이선은 아빠와 타기 전에 따로 _____ .

④ 타이선은 스키를 배운 뒤에 _____ .

3. 타이선이 겨울 방학에 한 일을 읽고 말해 봅시다.

방	비	학	스	키
눈	썰	매	케	얼
싸	사	숙	이	음
움	제	람	트	낚
해	외	여	행	시

겨울 방학에
_____

5. 방학 • 117

117

1) 타이선이 겨울 방학에 한 일을 읽게 한다.

2) 본문의 내용을 잘 이해했는지 질문한다.
- 🗨 타이선은 아빠와 어딜 갔어요?
- 🗨 타이선은 오늘 처음으로 뭐 했어요?
- 🗨 타이선은 아빠와 타기 전에 어떻게 했어요?
- 🗨 타이선은 스키를 배운 뒤에 뭐 했어요?

3) 문장을 완성하여 쓰게 한다.

1) 글자판에서 겨울 방학에 할 수 있는 것을 찾아보게 한다.

방	비	학	스	키
눈	썰	매	케	얼
싸	사	숙	이	음
움	제	람	트	낚
해	외	여	행	시

2) 글자판에서 찾은 낱말을 활용하여 겨울 방학에 한 일
을 말하게 한다.
- 🗨 겨울 방학에 눈싸움(얼음낚시)을 했어요.
- 🗨 겨울 방학에 눈썰매(스키/스케이트)를 탔어요.
- 🗨 겨울 방학에 해외여행을 갔어요.

3) 글자판에서 찾은 낱말을 활용하여 겨울 방학에 하고
싶은 것을 말하게 한다.
- 🗨 겨울 방학에 눈싸움(얼음낚시)을 하고 싶어요.
- 🗨 겨울 방학에 눈썰매(스키/스케이트)를 타고 싶어요.
- 🗨 겨울 방학에 해외여행을 가고 싶어요.

4) 방학에 한 일 중에서 잊고 싶은 일을 쓰게 한다.
- 🗨 방학에 한 일 중에서 잊고 싶은 일을 종이에 써요. 종이를 몸
에 붙이세요. 그리고 신나게 몸을 흔들어서 떨어뜨리세요.

1) 익힘책 72쪽을 풀면서 '할머니 댁에 가다, 친척을 만나
다, 영어를 배우다, 스키장에 가다, 스키를 배우다'를
복습하게 한다.

2) 익힘책 73쪽을 풀게 한다.
- 🗨 다니엘이 겨울 방학에 눈사람을 만들었어요? 아니요, 다니엘은
눈싸움을 했어요.
- 🗨 서영이는 겨울 방학에 어디에 갔어요?
- 🗨 장위는 겨울 방학에 중국에서 누구를 만났어요?
- 🗨 오딜은 겨울 방학에 물 미끄럼틀을 탔어요? 아니요, 영어를 배
웠어요.
- 🗨 준서는 겨울 방학에 무엇을 했어요?

3) 겨울 방학에 한 일을 듣고 읽을 수 있는지 확인한다.

4) 차시 예고를 한다.

7 방학 일기

1. 타이선의 일기를 읽어 봅시다.

20○○년 ○월 ○일 ○요일

제목: 정말 빠른 물 미끄럼틀

  드디어 오딜과 수영장에 갔다. 저번에 갔을 때 못 타서 제일 먼저 물 미끄럼틀을 탔다. 누워서 타니까 하늘을 나는 것 같았다. 정말 빠르고 재미있었다. 또 타고 싶다.

1) 타이선이 방학에 뭐 했어요?

2) 타이선이 왜 제일 먼저 물 미끄럼틀을 탔어요?

3) 타이선이 물 미끄럼틀을 탈 때 어떤 기분이 들었어요?

2. 그림을 보고 일기를 써 봅시다.

20○○년 ○월 ○일 ○요일
제목: _____

  엄마와 어린이 도서관 _____ _____.
저번에 갔 _____ 읽지 못한 책을 골랐다.
도서관에 예쁜 의자가 많았다. 예쁜 의자에 앉아서
책을 읽 _____ 더 재미있었다.

〈보기〉
가다   -으니까   -을 때

3. 방학 일기 제목을 써 봅시다.

1) 여러분의 방학 경험을 친구들에게 말해 보세요.

2) 말한 내용에 알맞은 제목을 써 보세요.

7차시 방학 일기

▸ **학습 목표**
• 일기를 읽고 쓸 수 있다.

1 도입 - 3분

1) 수영장에 간 경험을 말하게 한다.

2) 도서관에서 책을 읽은 경험을 말하게 한다.

2 전개 - 32분

1) 타이선의 일기를 읽게 한다.

  ① 그림을 보면서 물 미끄럼틀을 탄 경험을 생각하게 한다.

  ② 선생님을 따라 타이선의 일기를 읽게 한다.

  ③ 글의 내용을 잘 이해하였는지 질문한다.

    선 타이선이 오딜과 어디 갔어요?

    선 타이선이 왜 가장 먼저 물 미끄럼틀을 탔어요?

    선 타이선이 물 미끄럼틀을 탈 때 어떤 기분이 들었어요?

  ④ 내용을 생각하면서 타이선의 일기를 다시 읽게 한다.

2) 간단한 일기를 완성하게 한다.

  ① 그림을 보면서 도서관에 간 경험을 생각하게 한다.

  ② 〈보기〉의 낱말과 문법 형태를 확인시킨다.

  ③ '가다', '-으니까', '-을 때'를 사용하여 문장을 완성하게 한다.

  > 엄마와 어린이 도서관에 갔다. 저번에 갔을 때 읽지 못한 책을 골랐다. 도서관에 예쁜 의자가 많았다. 예쁜 의자에 앉아서 책을 읽으니까 더 재미있었다.

  ④ 내용에 적합한 제목을 써 보게 한다.

  ※ 유의점: 본인이 경험한 일은 제목을 먼저 정하고 쓸 수 있으나 이 활동은 본인의 경험이 아니므로 내용을 파악한 후 제목을 생각하게 하는 것이 유용하다.

3) 학생 각자의 경험을 친구들에게 말하게 하고 제목을 쓰게 한다.

3 정리 - 2분

1) 일기 내용을 잘 이해하고 간략하게 쓸 수 있는지 확인한다.

2) 차시 예고를 한다.

8 보고서 읽기

1. 보고서를 읽고 다니엘의 느낌을 써 봅시다.

〈방학 숙제: 요리 만들기〉

딸기 케이크 만들기

이름: 다니엘
날짜: 20○○년 ○월 ○일 ○요일

과정 사진	과정 설명	느낌
	① 재료를 준비해요. 재료: 빵, 딸기, 생크림	맛이 궁금했다.
	② 빵을 반으로 잘라요.	빵이 예쁘게 잘리지 않아서 답답했다.
	③ 빵 위에 생크림을 바르고 딸기를 올려요.	딸기를 올릴 때 먹고 싶었다.
	④ 빵을 다시 올리고 생크림을 발라요.	생크림 바르는 것이 어려웠다.
	⑤ 마지막으로 딸기를 예쁘게 올려요.	내가 요리사 같았다.
	⑥ 딸기 케이크를 다 만들었어요.	다 만드니까 정말 기분이 좋았다.

〈요리를 한 느낌〉
케이크를 만들 때 힘들었다.
빵이 _____ 답답했다.
생크림 _____ 어려웠다.
하지만 딸기 케이크를 다 _____ 기분이 좋았다.
다음 달 엄마 생신 때도 사지 않고 내가 만들 것이다.

2. 요리를 만든 경험을 친구들에게 말해 봅시다.

8차시 보고서 읽기

• 학습 목표
• 보고서를 읽을 수 있다.

1 도입 - 2분

1) 보고서를 쓴 경험을 말하게 한다.

2) 요리를 만든 경험을 생각해 보게 한다.

2 읽기 전 - 3분

1) 케이크, 빵, 쿠키 등을 만든 경험을 생각하게 한다.
   - 🖾 케이크, 빵, 쿠키 등을 만들어 봤어요? 언제 누구랑 만들었어요?
   - 🖾 음식 만들어 봤어요?

2) 만들기를 할 때 느낌을 말하게 한다.
   - 🖾 만들 때 뭐가 재미있었어요? 뭐가 어려웠어요?
   - 🖾 다 만들었을 때 기분이 어땠어요?

   ※ 유의점: 학생들이 요리를 만든 경험이 없을 경우 찰흙 만들기나 블록 쌓기 등의 만들기 활동과 연계하여 사고를 확장한다.

3 읽기 중 - 30분

1) 다니엘의 보고서 '딸기 케이크 만들기'를 선생님을 따라 읽게 한다.

2) 다니엘의 보고서를 다시 읽고 질문을 통해 내용을 잘 이해했는지 확인한다.
   - 🖾 딸기 케이크 재료가 뭐예요?
   - 🖾 빵을 반으로 자를 때 다니엘은 어떤 생각을 했어요?
   - 🖾 빵 위에 생크림을 바르고 뭐 했어요?
   - 🖾 생크림을 바를 때 다니엘은 어떤 생각을 했어요?
   - 🖾 딸기 케이크를 다 만들었을 때 다니엘의 기분은 어땠어요?

   〈요리를 한 느낌〉
   케이크를 만들 때 힘들었다.
   빵이 예쁘게 잘리지 않아서 답답했다.
   생크림 바르는 것이 어려웠다.
   하지만 딸기 케이크를 다 만드니까 기분이 좋았다.
   다음 달 엄마 생신 때도 사지 않고 내가 만들 것이다.

4 읽기 후 - 3분

1) 다니엘의 보고서를 읽고 느낀 점을 말하게 한다.

2) 요리를 만든 경험을 친구들에게 말하게 한다.

5 정리 - 2분

1) 다니엘의 보고서를 읽고 내용을 잘 이해했는지 확인한다.

2) 차시 예고를 한다.

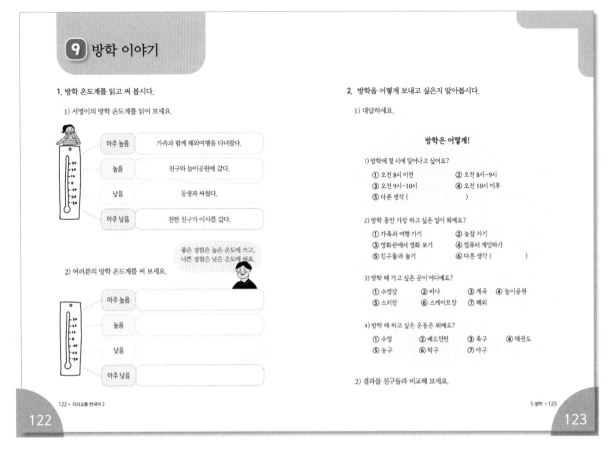

9차시 방학 이야기

- 학습 목표
- 방학 이야기를 읽고 쓸 수 있다.

1 도입 - 2분

1) 방학에 한 일을 생각해 보게 한다.

2) 방학에 한 일 중에서 좋았던 일과 좋지 않았던 일을 생각해 보게 한다.

2 전개 - 35분

1) 방학 온도계를 읽고 써 보게 한다.

① 서영이의 방학 온도계를 읽어 보게 한다.

🔴 방학에 한 일을 온도계에 써요.

🔴 '아주 높음', '높음'에 뭘 써요?

🔴 '낮음', '아주 낮음'에 뭘 써요?

② 다시 읽고 질문에 대답하게 한다.

🔴 서영이는 방학에 뭐가 제일 좋았어요?

🔴 서영이는 방학에 뭐가 제일 좋지 않았어요?

③ 서영이의 방학 온도계처럼 자신의 방학 온도계를 쓰게 한다.

🔴 여러분은 방학에 뭐가 좋았어요? 두 가지를 말해 보세요.

🔴 여러분은 방학에 뭐가 좋지 않았어요? 두 가지를 말해 보세요.

2) 설문 조사지를 작성하고 방학을 어떻게 보내고 싶은지 말하게 한다.

① '방학은 어떻게!'를 읽어 보게 한다.

② '방학은 어떻게!'를 다시 읽고 질문에 대답하게 한다.

🔴 방학에 몇 시에 일어나고 싶어요?

🔴 방학 동안 가장 하고 싶은 일이 뭐예요?

🔴 방학 때 가고 싶은 곳이 어디예요?

🔴 방학 때 하고 싶은 운동은 뭐예요?

③ '방학은 어떻게!'의 결과를 친구들에게 말하게 한다.

〈발표하기 모범 사례〉
저는 방학에 오전 8시 이전에 일찍 일어나고 싶습니다. 방학 동안 가장 하고 싶은 일은 가족과 여행 가기입니다. 방학 때 가고 싶은 곳은 바다입니다. 방학 때 하고 싶은 운동은 태권도입니다.

3 정리 - 3분

1) 결과를 친구들과 비교하게 한다.

2) 차시 예고를 한다.

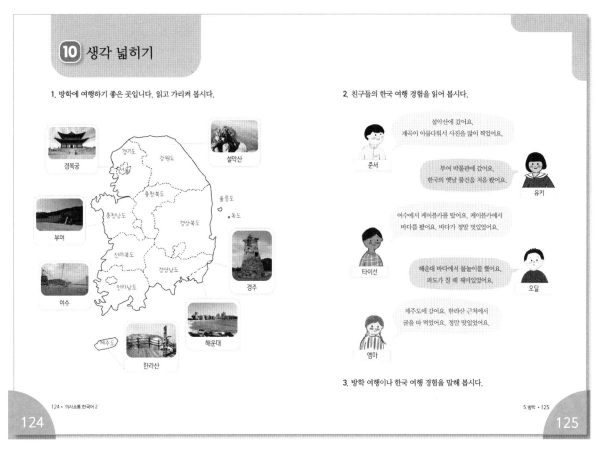

10차시 생각 넓히기

- 학습 목표
- 한국의 관광지나 명승지에 대해 읽고 말할 수 있다.

1 도입 – 2분

1) 자기가 알고 있는 한국의 관광지나 명승지를 생각하게 한다.

2) 한국에서 유명한 관광지나 명승지를 여행한 경험을 말하게 한다.

2 전개 – 35분

1) 우리나라 지도에서 위치를 가리키면서 유명한 관광지나 명승지를 확인하게 한다.

2) 지도에 소개한 곳에 대해 이야기하게 한다.

> 🔵 경복궁, 설악산, 한라산, 해운대, 부여, 경주, 여수 중에서 다녀온 곳이 있어요?
>
> 🔵 이런 장소를 텔레비전에서 보거나 사람들에게 들어 봤어요?

어휘 지식

경복궁	· 서울에 있는 조선 시대의 궁궐. 조선을 세울 때 만든 궁궐로, 경복궁의 정문이 광화문이다. · 문화재청 경복궁 홈페이지 http://www.royalpalace.go.kr/
설악산	· 강원도에 있는 산. 경치가 아름다운 것으로 유명하며, 비룡폭포, 비선대, 울산바위, 오색약수 등이 있다. 설악산의 정상은 대청봉이다. · 국립공원 홈페이지 http://www.knps.or.kr/ → 설악산
한라산	· 제주도에 있는 산. 화산 활동으로 만들어졌으며 한라산 봉우리에 백록담이 있다. · 국립공원 홈페이지 http://www.knps.or.kr/ → 한라산
해운대	· 부산에 있는 바닷가. 예로부터 아름다운 경치와 온천, 해수욕장으로 유명하다. · 해운대구청 관광 문화 홈페이지 http://www.haeundae.go.kr/tour/
부여	· 충청남도에 있는 곳. 백제의 도읍지 중의 하나로 백제의 유물과 유적이 많이 남아 있다. 낙화암, 정림사지5층석탑, 백제문화단지 등이 있다. · 부여군 문화 관광 홈페이지 http://tour.buyeo.go.kr/
경주	· 경상북도에 있는 도시. 신라의 도읍지로 명승고적이 많은 관광 명소이다. 불국사, 석굴암 등이 있다. · 경주 문화 관광 홈페이지 http://guide.gyeongju.go.kr/
여수	· 전라남도에 있는 도시. 다양한 해양 생물과 바다와 섬으로 유명하다. 오동도, 이순신 대교, 여수 해상 케이블카 등이 있다. · 여수 관광 문화 홈페이지 http://www.yeosu.go.kr/tour/

3) 친구들의 한국 여행 경험을 선생님을 따라 읽어 보게 한다.

> 🔵 준서는 어디에서 뭐 했어요?
>
> 🔵 유키는 어디에서 뭐 했어요?
>
> 🔵 타이선은 어디에서 뭐 했어요?
>
> 🔵 오딜은 어디에서 뭐 했어요?
>
> 🔵 엠마는 어디에서 뭐 했어요?

3 정리 – 3분

1) 방학 여행이나 한국 여행 경험을 말해 보게 한다.

2) 대단원을 정리한다.

6단원 • 음식과 맛

단원의 개관

이 단원에서는 음식의 맛, 음식 설명, 먹는 방법, 요리법, 생일에 먹는 음식, 급식 시간 등 음식과 관련된 다양한 주제에 대해 말하고 학교 급식 설문지 답하기, 좋아하는 음식 발표하기, 시를 읽고 의성·의태어 익히기 등의 활동을 한다.

학습 목표	• 맛을 표현할 수 있다. • 요리법을 말할 수 있다. • 음식 먹는 방법을 말할 수 있다.						
주제	장면		기능	문법	어휘	문화	담화 유형
	일상생활	학교생활					
음식과 맛	음식 맛 표현하기	요리 학습	맛 표현하기 좋아하는 음식 말하기	–어 보다 –는 –은² –을	음식 종류 맛 관련 어휘 먹는 방법 요리법	세계 여러 나라의 특별한 날 먹는 음식	대화 설명문
	생일에 먹는 음식	급식 시간					

차시 전개 과정

차시	차시 제목	성격	학습 내용	교재 쪽수	익힘책 쪽수
1	음식과 맛	필수	• '-어 보다'를 사용해 먹어 본 음식과 맛을 표현할 수 있다.	128	74
2	여러 가지 음식	필수	• 동사 관형형 현재 '-는'을 사용해 음식을 설명할 수 있다.	130	76
3	음식 먹는 방법	필수	• 음식 먹는 방법 어휘를 익혀 음식을 먹는 다양한 방법을 말할 수 있다.	132	78
4	요리법	필수	• 동사 관형형 과거 '-은'을 사용해 다양한 요리 방법을 말할 수 있다.	134	80
5	생일에 먹는 음식	필수	• 동사 관형형 미래 '-을'을 사용해 생일 파티에 준비할 것을 말할 수 있다.	136	82
6	급식 시간	필수	• 급식실에서 사용하는 표현을 익히고 말할 수 있다.	138	84
7	학교 급식 설문지	선택	• 급식 만족도 설문지를 읽고 답할 수 있다.	140	-
8	좋아하는 음식 설명하기	선택	• 좋아하는 음식에 대해 발표할 수 있다.	142	-
9	시 읽기	선택	• 시를 읽고 음식을 먹을 때 나는 소리나 모양을 흉내 내는 말을 이해할 수 있다.	144	-
10	생각 넓히기	선택	• 특별한 날 먹는 한국 음식과 세계 여러 나라의 음식을 안다.	146	-

단원 지도상의 유의점

◆ 숙달도가 초급 수준인 학습자를 고려하여 어휘, 표현, 문법을 분리하여 명시적으로 학습하지 않고, 주어진 장면과 상황, 대화 속에서 어휘 및 표현을 이해하고 연습할 수 있도록 교수한다.

◆ 한국 음식에 대한 경험에 따라 주제 친숙도가 다를 수 있으므로 이를 고려해 수업을 진행한다.

◆ 마지막 활용 문항에서는 매 차시 배운 어휘나 문법을 활용해 차시별 학습 주제를 두 문장 이상의 복문으로 말하고 쓸 수 있도록 지도한다.

1차시 음식과 맛

· 주요 학습 내용

> **어휘**
> 달다, 쓰다, 시다, 맵다, 싱겁다, 짜다
>
> **문법 및 표현**
> -어 보다
>
> **준비물**
> 듣기 자료

· 학습 목표
· '-어 보다'를 사용해 먹어 본 음식과 맛을 표현할 수 있다.

1 도입 - 3분

1) 식사 정면 그림과 급식 시간 그림을 보고 질문한다.
　🔵 준서가 가족들과 무엇을 먹고 있어요?
　🔵 여기는 어디일까요? 친구들이 무엇을 하고 있어요?

2) 교재에 나온 도입 질문을 한다.
　🔵 한국 음식 중에서 무슨 음식을 잘 먹어요?
　🔵 오늘 급식 시간에 무엇을 먹었어요? 맛이 어땠어요?

3) 식탁 위 음식 그림을 가리키며 차시 주제를 안내한다.
　🔵 이건 뭐예요? 맛이 어떨까요?

2 제시, 설명 - 15분

1) 어휘가 쓰여 있는 음식 그림을 보여 주며 질문을 통해 어휘를 학습한다.
　🔵 (달다) 이건 뭐예요? 초콜릿과 사탕이에요. 맛이 어때요?
　🔵 (쓰다) 이건 어른들이 자주 마셔요. 뭘까요? 맛이 어때요? 커피는 써요.
　🔵 (시다) 이건 레몬이에요. 레몬을 먹었어요? 맛이 어때요? 레몬은 시어요.
　🔵 (맵다) 이건 김치예요. 김치를 먹어 봤어요? 맛이 어때요? 김치는 매워요.
　🔵 (싱겁다) 국을 먹어요. 소금과 간장이 없어요. 맛이 어때요? 싱거워요.
　🔵 (짜다) 국을 먹어요. 소금과 간장이 너무 많아요. 맛이 어때요? 짜요.

어휘 지식	
달다	꿀이나 설탕의 맛과 같다. 예 사탕이 달아요. 　단 음식을 많이 먹으면 안 돼요.
쓰다	약의 맛과 같다. 예 커피는 써요. 　약이 써서 먹기가 힘들어요.
시다	맛이 식초와 같다. 예 레몬이 시어요. 　잘 익지 않은 귤은 시어요.

1 음식과 맛

1. 여러 가지 음식의 맛을 이야기해 봅시다.

1) 그림을 보고 가리켜 보세요.

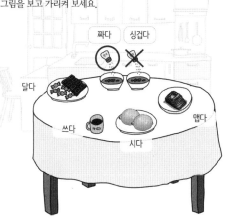

2) 듣고 따라 하세요. 🔵29

장위: 엄마, 뭐 만드세요?
엄마: 불고기를 만들고 있어.
장위: 불고기는 무슨 맛이에요?
엄마: 짠맛도 나고 단맛도 나.
　　　한번 먹어 봐.

128 • 의사소통 한국어 2

128

맵다 [맵따]	고추나 겨자처럼 맛이 화끈하고 혀끝을 쏘는 느낌이 있다. 예 김치가 매워요. 　찌개가 너무 매워서 계속 물을 마셨어요.
싱겁다 [싱겁따]	음식의 짠맛이 적다. 예 미역국이 싱거워요. 　찌개가 싱거워서 소금을 넣었어요.
짜다	맛이 소금과 같다. 예 라면 국물이 짜요. 　짠 음식을 먹어서 그런지 계속 물을 마시고 싶었다.

2) 대화문에 제시된 그림을 확인한다.
　🔵 장위가 누구와 이야기해요? 장위 엄마가 무엇을 하세요?

3) 듣기 자료를 들은 후 교사와 학생이 역할을 나누어 읽는다.

4) 친구들과 역할을 나누어 읽게 한다.

5) 대화 내용을 확인한다.
　🔵 엄마가 무엇을 만들고 계세요? 불고기는 맛이 어때요?

달다, 쓰다, 시다, 맵다,
싱겁다, 짜다

-어 보다

2. 그림을 보고 질문에 답해 봅시다.

| 약 | 도넛 | 레몬 | 떡볶이 | 김치찌개 | 햄 |

1) 이 음식은 맛이 어때요?

2) 이 음식을 먹어 봤어요?

3. '먹어 봤어요' 빙고 게임을 해 봅시다.

(놀이 방법)　① 여러분이 지금까지 먹은 한국 음식을 써 보세요.
　　　　　② 친구들이 말한 음식이 나오면 "먹어 봤어요."라고 말해요.
　　　　　　그리고 음식 이름에 X표 하세요.
　　　　　③ 모든 음식에 X표 하면 "다 먹어 봤어요."라고 말해요.

김치찌개		

6. 음식과 맛 • 129

129

문법 지식

-어 보다

· 동사에 붙어 과거에 경험하지 않은 어떤 행위를 한번 시도
함을 나타내거나 어떤 행위를 경험함을 나타낸다.

	조건	형태	예시
①	ㅏ, ㅗ	-아 보다	남아 보다, 찾아 보다, 만나 보다, 살아 보다, 와 보다, 가 보다
②	ㅏ, ㅗ 이외	-어 보다	입어 보다, 먹어 보다, 그려 보다, 서 보다, 써 보다, 기다려 보다
③	-하다	-여 보다 (-해 보다)	여행해 보다, 시작해 보다, 노력해 보다, 공부해 보다, 청소해 보다, 도전해 보다

예 가: 불고기가 맛있어요?
　나: 네, 한번 먹어 봐요.
　태권도가 재미있으니까 한번 배워 봐.
　비행기를 타 봤어요.

---

3 연습 - 10분

1) 2번의 음식 그림을 보면서 맛 어휘를 확인하고 경험을 나타내는 '-어 보다' 문법을 연습하도록 한다.

　신 아플 때 먹어요. 약은 맛이 어때요? 달아요? 약을 먹어 봤어요?

　신 맛있는 도넛이에요. 먹어 봤어요? 언제 먹어 봤어요? 맛이 어때요?

　신 이건 레몬이에요. 레몬은 맛이 어때요? 레몬을 그냥 먹어 봤어요?

　신 떡볶이예요. 떡볶이를 먹어 봤어요? 언제 먹었어요? 맛이 어때요? 많이 매워요? 안 매운 떡볶이도 있어요?

　신 김치찌개예요. 급식 시간에 먹어 봤어요? 맛이 어때요?

　신 햄이에요. 햄을 먹어 봤어요? 맛이 어때요?

2) 짝에게 무엇을 먹어 봤는지 질문하고 대답하게 한다.

4 적용 - 10분

1) '먹어 봤어요' 빙고 게임을 하며 음식 이름을 알아보는 연습을 한다.

2) 빙고 칸 안에 먹어 본 한국 음식을 쓰게 한다.

3) 돌아가며 학생들이 쓴 음식을 말하게 하고 친구가 말한 음식이 나오면 "먹어 봤어요." 하고 말하고 음식 이름 위에 X표 하도록 한다.

　※ 유의점: 학생들이 한국 음식 이름을 말할 때 칠판에 음식 이름을 써 맞춤법을 확인할 수 있도록 한다.

4) 모든 음식에 X표 한 학생이 나오면 '저는 한국 음식을 많이 먹어 봤어요.' 하고 말하게 한다.

5 정리 - 2분

1) 익힘책 74쪽 1번 문항에서는 그림을 보고 알맞은 동사를 연결한 후 아래 빈칸에 쓰도록 한다.

　신 레몬은 시어요.

　신 도넛은 맛이 어때요?

　신 약은 달아요? 맛이 어때요?

　신 김치찌개는 매워요?

　신 소금은 맛이 어때요?

2) 익힘책 75쪽 2번 문항에서는 '-어/아 봤어요, -어/아 봐'의 두 형태를 교체 연습하도록 한다.

　※ 유의점: ★표가 있는 경우 문법 형태에 유의하도록 지도한다.

3) 익힘책 75쪽 3번 문항에서는 '-어/아 봤어'를 사용해 질문에 맞게 학생이 경험한 것을 답하도록 한다.

4) 배운 어휘와 표현으로 먹어 본 음식과 그 음식의 맛을 말할 수 있는지 확인한다.

　신 한국 음식 중에서 무슨 음식을 먹어 봤어요? 맛이 어때요?

5) 차시 예고를 한다.

6단원 음식과 맛 • 107

· 주요 학습 내용

어휘
뚱뚱해지다, 싫어하다, 팔다, 사다

문법 및 표현
-는(동사 관형형 현재)

준비물
듣기 자료, 〈부록〉 음식 카드

· 학습 목표
· 동사 관형형 현재 '–는'을 사용해 음식을 설명할 수 있다.

1 도입 – 2분

1) 무슨 음식을 좋아하는지 질문하며 차시 주제를 안내한다.

2 제시, 설명 – 15분

1) 어휘가 쓰여 있는 그림을 가리키며 음식 이름을 학습한다.

　🔵 식탁 위에 무슨 음식이 있어요?

　🔵 무슨 음식을 좋아해요?

2) 대화문에 제시된 그림을 확인한다.

3) 듣기 자료를 들은 후 교사를 따라 한 문장씩 읽게 한다.

4) 대화 내용을 확인한다.

　🔵 많이 먹으면 뚱뚱해지는 음식은 뭐예요?

　🔵 오딜이 좋아하는 음식은 뭐예요?

　🔵 오딜이 싫어하는 음식은 뭐예요?

　🔵 오딜이 못 먹는 음식은 뭐예요?

어휘 지식

뚱뚱해지다	살이 쪄서 몸이 옆으로 퍼지게 되다. 📕 뚱뚱해지면 건강에 안 좋아요. 　운동을 안 해서 점점 뚱뚱해지고 있어요.
싫어하다 [시러하다]	어떤 것을 마음에 들어 하지 않거나 원하지 않다. 📕 내 동생은 숙제하기 싫어해요. 　콩을 싫어하는 친구들이 많아요.
팔다	값을 받고 물건이나 권리를 남에게 주다. 📕 학교 앞 문구점에서 실내화를 팔아요. 　과일 가게에서 딸기를 팔아요.
사다	돈을 주고 어떤 물건이나 권리 등을 자기 것으로 만들다. 📕 미술 시간에 쓰려고 색연필을 샀어요. 　오늘 엄마하고 같이 장난감을 사러 갈 거예요.

---

2 여러 가지 음식

1. 좋아하는 음식, 싫어하는 음식이 무엇인지 이야기해 봅시다.

　1) 무슨 음식이 있어요? 그림을 보고 가리켜 보세요.

　2) 듣고 따라 하세요. 🔴 30

130 • 의사소통 한국어 2

130

문법 지식

-는(동사 관형형 현재)

· 동사나 '있다, 없다, 계시다'에 붙어 그 동작이나 행위가 현재 일어나고 있음을 나타낸다. '–는' 앞에 오는 동사를 관형사형으로 바꾸어 뒤에 오는 명사를 수식할 때 사용한다.

	조건	형태	예시
①	받침 ○, ×	–는	먹는, 찾는, 입는, 가는, 보는, 만나는
②	ㄹ 받침	–는(어간 'ㄹ' 탈락)	사는, 만드는, 비는, 파는, 여는, 미는
③	있다, 없다, 계시다	–는	있는, 없는, 맛있는, 맛없는, 재미있는, 재미없는, 계시는

📕 큰 소리로 웃는 사람이 제 동생이에요.
　앤디 씨가 찾는 책이 여기에 있어요.
　날마다 같이 학교에 가는 친구가 있다.

✏ 뚱뚱해지다, 싫어하다,
팔다, 사다

▭ -는

2. 〈보기〉와 같이 이야기해 봅시다.

자주 먹는 음식이 뭐야?

내가 자주 먹는 음식은
햄버거야.

〈보기〉 내가 자주 먹는 음식	① 급식 시간에 자주 나오는 음식	② 엄마가 잘 만드시는 음식
③ 빵집에서 파는 것	④ 슈퍼마켓에서 살 수 있는 것	⑤ 내가 안 좋아하는 음식

3. 음식 카드를 만들어 친구와 이야기해 봅시다. [부록]

〈놀이 방법〉
① 3장의 빈 카드를 가지세요.
② 앞면에는 음식 설명을 쓰고 뒷면에는 음식 이름을 쓰세요.
③ 친구 카드의 앞면을 보고 친구에게 질문해 보세요.

요우타,
아빠가 좋아하시는
음식이 뭐야?

우리 아빠가
좋아하시는 음식은
불고기야.

아빠가
좋아하시는
음식

불고기

뒷면

앞면

6. 음식과 맛 • 131

131

③ 연습 – 10분

1) 학생 한 명에게 2번의 〈보기〉를 읽고 말할 수 있도록
한다.
선 자주 먹는 음식이 뭐예요?
학 제가 자주 먹는 음식은 햄버거예요.

※ 유의점: 관형어 어순을 어려워하는 학생들이 있을 경우 어
순에 주의해 말할 수 있도록 지도한다.

2) 두 사람씩 짝을 지어 ①~⑤를 〈보기〉와 같이 질문하
고 답하도록 한다.
학 급식 시간에 자주 나오는 음식이 뭐야?
학 엄마가 잘 만드시는 음식이 뭐야?
학 빵집에서 파는 게 뭐야?
학 슈퍼마켓에서 살 수 있는 게 뭐야?

3) 짝 활동이 끝나면 학생들에게 질문하고 싶은 것 하나
를 골라 짝이 아닌 다른 친구에게 질문해 보게 한다.

④ 적용 – 11분

1) 〈부록〉에 있는 음식 카드를 자르게 한다.

2) 카드의 앞면에는 음식 이름을, 뒷면에는 음식 설명을
쓰게 한다.

3) 학생들이 교실에서 자유롭게 움직이며 다른 친구를 찾
아가 카드의 뒷면을 보여 주면 다른 친구는 음식 설명
을 보고 친구에게 질문한다.
학 오딜, 아빠가 좋아하는 음식이 뭐야?
학 우리 아빠가 좋아하시는 음식은 불고기야.

4) 3장의 카드로 모두 질문 대답 연습을 하게 한다.

5) 연습이 끝난 후 친구의 카드를 교사에게 설명해 보도
록 한다.
학 선생님, 유키가 자주 먹는 음식은 돈가스예요.

⑤ 정리 – 2분

1) 익힘책 76쪽 1번 문항에서는 그림을 보고 알맞은 음식
이름을 골라 빈칸에 쓰도록 한다.
선 이 음식들의 이름이 뭐예요?

2) 익힘책 76쪽 2번 문항에서는 문장을 읽고 알맞은 단어
를 찾아 ○표 하도록 한다.

3) 익힘책 77쪽 3번 문항은 '-는(동사 관형형 현재)'을 사용
해 연결하도록 한다.
※ 유의점: ★표가 있는 경우 문법 형태에 유의하도록 지도한다.

4) 익힘책 77쪽 4번 문항에서는 관형형 '-는'과 주어진 명
사를 사용해 알맞은 답을 하도록 한다.

5) 오늘 배운 어휘와 문법으로 음식을 설명할 수 있는지
확인한다.
선 자주 먹는 간식이 있어요? 자주 먹는 간식이 뭐예요?

6) 차시 예고를 한다.

• **주요 학습 내용**

> 어휘
> 비비다, 싸다, 뿌리다, 덜다, 바르다, 찍다
>
> 준비물
> 듣기 자료

• **학습 목표**
• 음식 먹는 방법 어휘를 익혀 음식을 먹는 다양한 방법을 말할 수 있다.

1 도입 – 2분

1) 식당 그림을 보며 비빔밥, 핫도그, 피자, 만두를 어떻게 먹는지 물어보며 차시 주제를 안내한다.

2 제시, 설명 – 15분

1) 교사는 그림을 보면서 무엇을 먹는지 확인한 후 먹는 방법 어휘를 제시한다.

> 선 (비비다) 무엇을 먹고 있어요? 비빔밥은 어떻게 먹을까요? 비벼서 먹어요.
>
> 선 (싸다) 아빠는 무엇을 먹고 있어요? 삼겹살은 어떻게 먹어요? 상추에 싸서 먹어요.
>
> 선 (뿌리다) 핫도그를 먹어 봤어요? 핫도그는 어떻게 먹어요? 핫도그에 케첩을 뿌려서 먹어요.
>
> 선 (덜다) 피자를 먹고 있네요. 피자 한 판은 아주 많아요. 접시에 피자 한 조각을 덜어서 먹어요.
>
> 선 (바르다) 빵을 먹을 때 잼과 같이 먹으면 맛있어요. 빵에 잼을 발라서 먹어요.
>
> 선 (찍다) 만두를 먹어 봤어요? 그냥 먹으면 조금 싱거워요. 그럼 무엇에 찍어서 먹을까요? 간장에 찍어서 먹어요.

어휘 지식	
비비다	여러 가지 음식을 한데 모아 함께 섞다. 예 비빔밥은 비벼서 먹어요. 달걀밥은 밥과 달걀에 간장을 넣어서 비벼서 먹어요.
싸다	음식을 채소나 김 등으로 둘러 씌우다. 예 삼겹살은 상추에 싸서 먹어요. 밥과 반찬을 김에 넣고 싸 먹으면 맛있어요.
뿌리다	소스 등을 음식에 흩어져 떨어지게 하다. 예 핫도그에 케첩을 뿌려서 먹었어요. 피자에 치즈 가루를 뿌려서 먹으면 더 맛있어요.
덜다	일정한 수량이나 부피에서 일부를 떼어 내다. 예 샐러드를 접시에 덜어서 먹었어요. 밥이 너무 많으면 빈 그릇에 좀 덜어.
바르다	액체나 가루 등을 물체의 표면에 문질러 고루 묻히다. 예 빵에 잼을 바르니까 달고 맛있었다. 엄마는 빵에 버터를 바르고 계셨다.
찍다	물건의 끝에 가루나 액체를 조금 묻히다. 예 감자 튀김은 케첩에 찍어서 먹는다. 만두를 간장에 찍어서 먹으면 맛있다.

※ 유의점: 먹는 방법 어휘를 제시할 때 '–어서 먹다' 형태를

3 음식 먹는 방법

1. 음식 먹는 방법에 대해 이야기해 봅시다.

1) 그림을 보고 가리켜 보세요.

뿌리다
바르다
싸다
덜다
비비다
찍다

2) 듣고 따라 하세요. 🔊 31

> 엠마: 엄마, 삼겹살은 어떻게 먹어요?
> 엄마: 상추에 고기를 싸서 먹는 거야.
> 엠마: 그럼 만두는요?
> 엄마: 만두는 간장에 찍어서 먹으면 맛있어

결합해 제시한다.

2) 제시된 먹는 방법 어휘를 '–어서 먹어요' 형태로 두 번 따라 읽게 한다.

3) 대화 내용을 듣기 자료로 들은 후 교사와 학생이 역할을 나누어 읽는다.

4) 친구와 대화문을 나누어 읽게 한다.

5) 내용을 이해했는지 확인한다.

> 선 삼겹살은 어떻게 먹어요?
>
> 선 만두는 어떻게 먹어요?

3 연습 – 10분

1) 2번의 각 그림을 가리키며 음식 이름이 무엇인지, 어떻게 먹는지 질문하며 말하기를 먼저 한다.

> 선 빵과 버터가 있어요. 어떻게 먹으면 좋아요? 빵에 버터를 발라서 먹어요.
>
> 선 이건 초밥이에요. 어떻게 먹으면 맛있을까요? 초밥을 간

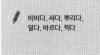
비비다, 싸다, 뿌리다,
덜다, 바르다, 찍다

2. 어떻게 먹을까요? 알맞은 말을 연결하고 써 봅시다.

① 비비다	② 바르다	③ 싸다	④ 찍다	⑤ 뿌리다
달걀과 밥을	빵에 버터를	삼겹살을 상추에	초밥을 간장에	피자에 치즈 가루를
먹어요.	먹어요.	먹어요.	먹어요.	먹어요.

3. 세계 여러 나라의 음식입니다. 먹는 방법을 이야기해 봅시다.

중국 딤섬   인도 카레

일본 초밥   이탈리아 피자

장에 찍어서 먹어요. 그러면 맛있어요.
🔵 여러분이 좋아하는 피자예요. 피자를 무엇과 같이 먹으면 더 맛있을까요? 피자에 치즈 가루를 뿌려서 먹어요.
🔵 맛있는 삼겹살이에요. 삼겹살은 어떻게 먹을까요? 삼겹살을 상추에 싸서 먹어요.
🔵 달걀밥이에요. 달걀프라이와 밥과 간장을 다 같이 비벼서 먹어요.

2) 말하기를 한 후 연결하고 빈칸에 맞는 낱말을 써 본다.

4 적용 - 11분

1) 그림에 나온 세계 여러 나라 음식 이름을 알려 준다.

2) 먹어 본 음식이 있는지 물어보고 어떻게 먹으면 좋을 지 이야기하도록 한다.
🔵 딤섬은 중국 음식이에요. 만두와 비슷해요. 딤섬을 간장 에 찍어서 먹으면 맛있어요.
🔵 카레는 인도 음식이에요. 카레에 밥을 비벼서 먹거나 난 을 찍어서 먹어요.

🔵 초밥은 어느 나라 음식이에요? 초밥은 일본 음식이에요. 초밥을 간장에 찍어서 먹어요.
🔵 피자는 이탈리아 음식이에요. 피자는 커서 혼자 다 먹기 힘들어요. 접시에 덜어서 한 조각씩 먹어요. 또 피자 치즈 를 뿌려서 먹으면 더 맛있어요.

※ 유의점: 학생들의 부모님 나라 음식 이름을 물어보고 어떻게 먹는지 배운 어휘를 활용해 말하도록 한다.

5 정리 - 2분

1) 익힘책 78쪽 1번 문항에서는 주어진 단어를 순서대로 넣어 문장을 완성하도록 한다.
🔵 비빔밥은 어떻게 먹어요?

※ 유의점: '④ 빵은 버터를 발라서 먹어요. ⑤ 핫도그는 케첩 을 뿌려서 먹어요.'는 조사 사용에 유의하도록 지도한다.

2) 익힘책 79쪽 2번 문항에서는 1번 문항을 참고해 음식 먹는 방법을 답할 수 있도록 한다.
🔵 카레는 어떻게 먹어요?
읽어 볼까요?

3) 익힘책 79쪽 3번 문항에서는 〈보기〉 대화를 참고해 좋 아하는 음식과 먹는 방법에 답할 수 있도록 한다.
🔵 이 음식은 뭐예요?
카레는 어떻게 먹어요?
친구와 이야기해 보세요.

4) 배운 어휘와 문형으로 음식을 먹는 방법을 말할 수 있 는지 확인한다.
🔵 핫도그는 어떻게 먹어요? 만두는요?

5) 차시 예고를 한다.

4차시 요리법

- **주요 학습 내용**

  어휘
  굽다, 섞다, 자르다, 끓이다, 볶다, 삶다

  문법 및 표현
  -은(동사 관형형 과거)

  준비물
  듣기 자료

- **학습 목표**
- 동사 관형형 과거 '-은'을 사용해 다양한 요리 방법을 말할 수 있다.

1 도입 - 2분

1) 그림을 보고 친구들이 무엇을 하고 있는지 질문한 후 차시 안내를 한다.
   - 신 다니엘과 유키가 무엇을 하고 있어요?
   - 신 요리해 봤어요? 무엇을 만들어 봤어요? 어떻게 만들어요?

2 제시, 설명 - 15분

1) 그림을 보며 어떻게 요리하는지 요리 방법 어휘를 제시한다.
   - 신 (굽다) 생선을 먹을 때 불에 요리해요. 생선을 구워요. 구운 생선을 좋아해요?
   - 신 (섞다) 샐러드를 만들어요. 채소와 과일과 드레싱을 모두 섞어요.
   - 신 (자르다) 요리할 때 채소나 고기를 작게 만들어요. 작게 잘라요.
   - 신 (끓이다) 물이 아주 뜨거워요. 물이 끓을 때까지 기다려요. 라면도 끓여서 먹어요. 김치찌개도 끓여서 먹어요.
   - 신 (볶다) 프라이팬에 기름을 조금 넣어요. 채소나 고기를 넣고 볶아요.
   - 신 (삶다) 냄비에 물을 많이 넣어요. 달걀이나 돼지고기 같은 것을 넣고 끓여요. 그 물은 먹지 않아요. 달걀을 삶아서 먹어요.

2) 삶은 달걀 샌드위치를 만드는 방법을 듣기 자료로 들은 후 교사와 학생이 한 줄씩 나누어 읽는다.

3) 친구와 한 줄씩 나누어 읽게 한다.

4) 내용을 이해했는지 확인한다.
   - 신 오늘 무슨 요리를 해요?
   - 신 물을 끓인 후에 무엇을 해요?
   - 신 삶은 달걀과 당근은 어떻게 해요?
   - 신 달걀, 당근, 설탕, 마요네즈를 다 같이 넣고 어떻게 해요?
   - 신 빵에 무엇을 발라요?
   - 신 먹기 전에 빵을 어떻게 해요?

---

4 요리법

1. 여러 가지 음식을 만드는 방법을 이야기해 봅시다.

1) 그림을 보고 가리켜 보세요.

굽다   섞다   자르다   끓이다   볶다

2) 삶은 달걀 샌드위치를 만드는 방법을 들어 보세요. 🎧 32

안녕하세요. 오늘은 삶은 달걀 샌드위치를 만들 거예요.
먼저 물을 끓여요. 끓인 물에 달걀을 넣고 삶아요. 삶은 달걀을 작게 잘라요.
당근도 작게 잘라 주세요. 달걀, 당근, 설탕, 마요네즈를 섞어 주세요.
빵에 섞은 재료를 발라 주세요. 반으로 자른 빵을 예쁘게 접시에 놓으세요.
자, 이제 맛있게 드세요.

134 • 의사소통 한국어 2

134

어휘 지식

굽다 [굽따]	음식을 불에 익히다. 예 고구마를 구워서 먹었다. 옥수수에 버터를 발라서 구워 먹으면 맛이 좋다.
섞다	두 가지 이상의 것을 한데 합치다. 예 샐러드에 드레싱을 뿌리고 잘 섞었다. 흰색과 빨간색을 섞으면 분홍색이 된다.
자르다	물체를 베거나 동강을 내어 일부를 끊어 내다. 예 삼겹살을 잘라서 상추에 싸서 먹었다. 어머니는 김치를 먹기 좋게 잘라서 접시에 내셨다.
끓이다 [끄리다]	액체를 거품이 솟아오를 정도로 뜨겁게 하거나 뜨거운 음식을 만들다. 예 물을 끓여서 차를 탔다. 오늘 점심에는 라면을 끓여서 먹자.
볶다 [복따]	물기를 거의 뺀 음식을 불 위에 놓고 이리저리 저으면서 익히다. 예 어머니는 프라이팬에 기름을 조금 넣고 쇠고기를 볶았다. 볶은 멸치는 언제 먹어도 맛있다.
삶다 [삼:따]	물에 넣고 끓이다. 예 감자를 삶아서 감자 샐러드를 만들었다. 달걀 삶는 법 좀 가르쳐 주세요.

굽다, 섞다, 자르다,
끓이다, 볶다, 삶다

'-은'

2. 삶은 달걀 샌드위치를 만드는 순서예요. 알맞은 말을 넣어 봅시다.

- 물을 ①_____
- 끓인 물에 달걀을 넣어요.
- 달걀을 ②_____

- 삶은 달걀을 작게 ③_____
- 당근도 작게 ④_____

- 잘라 놓은 달걀과 당근에 설탕과 마요네즈를 넣어요.
- 모두 ⑤_____

- 빵에 섞은 재료를 발라 주세요.

- 자른 빵을 접시에 예쁘게 놓아요.

3. 오늘의 급식 식단을 보고 알맞은 요리법을 써 봅시다.

오늘의 식단 7월 5일 월요일	
밥 ① 된장국 ② 볶음 우동 ③ 생선 구이 ④ 삶은 감자 김치 사과, 우유	①_____ ②_____ ③_____ ④_____

6. 음식과 맛 • 135

135

문법 지식

-은

· 동사에 붙어 그 동작이나 행위가 과거에 일어났거나 완료된 행위가 유지되고 있음을 나타낸다. '-은' 앞에 오는 동사를 관형사형으로 바꾸어 뒤에 오는 명사를 수식할 때 사용한다.

	조건	형태	예시
①	받침 ○	-은	입은, 받은, 먹은, 읽은, 찾은, 찍은
②	받침 ×	-ㄴ	온, 만난, 본, 준
③	ㄹ 받침	-ㄴ (어간 'ㄹ' 탈락)	산, 만든

🔴 제가 어제 친구와 먹은 음식은 불고기예요.
봄에 산 옷이 작아요.

1) 삶은 달걀 샌드위치를 만드는 순서와 함께 요리 방법 어휘와 문법을 연습한다.

2) 그림을 보고 빈칸에 알맞은 어휘를 먼저 말하도록 한다.
   ① 물을 끓인다.
   ② 달걀을 삶는다.
   ③ 달걀을 작게 자른다.
   ④ 당근도 작게 자른다.
   ⑤ 모두 섞는다.

3) 말하기로 어휘를 확인한 후 빈칸에 알맞은 어휘를 써 보게 한다.

1) 급식 식단을 보고 어떤 요리 방법으로 만든 음식인지 말해 보는 활동이다.

2) 급식 식단을 읽어 보게 한다.

3) 음식명을 읽고 요리 방법을 말한 후 빈칸에 '-어/아요' 형태로 요리 방법을 쓰게 한다.

   🟦 된장국은 어떻게 만들까요? 볶을까요? 삶을까요? 네, 끓여요.
   🟦 볶음 우동은 음식 이름에 볶음이 들어가요. 그럼 어떻게 만들까요?
   🟦 생선구이는 생선을 어떻게 요리할까요?
   🟦 삶은 감자는 감자를 어떻게 요리할까요?

1) 익힘책 80쪽 1번 문항에서는 그림을 보고 알맞은 동사를 연결한 후 아래 빈칸에 쓰도록 한다.
   🟦 생선을 어떻게 요리해요?
      네, 생선을 구워요.
   🟦 여러 가지 과일을 어떻게 하고 있어요?
      네, 과일을 섞고 있어요.

2) 익힘책 81쪽 2번 문항은 '-은(동사 관형형 과거)'을 사용해 연결하도록 한다.
   ※ 유의점: ★표가 있는 경우 문법 형태에 유의하도록 지도한다.

3) 익힘책 81쪽 3번 문항에서는 관형형 '-은'과 주어진 명사를 사용해 알맞은 답을 하도록 한다.

4) 배운 어휘와 표현으로 요리 방법을 말할 수 있는지 확인한다.
   🟦 삶은 달걀을 좋아해요?

5) 차시 예고를 한다.

5차시 생일에 먹는 음식

· **주요 학습 내용**

어휘
생일, 파티, 마트, 미역국, 신나다
문법 및 표현
-을(동사 관형형 미래)

· **학습 목표**
· 동사 관형형 미래 '-을'을 사용해 생일 파티에 준비할 것을 말할 수 있다.

1 도입 - 2분

1) 학생들 생일이 언제인지 질문하고 생일 파티를 하면 무엇을 준비할지 질문한다.

2) 그림 속 준서의 생일이 내일이라고 알려 준다.

2 제시, 설명 - 15분

1) 학생들이 장면별로 나눠서 읽어 보게 한다.

2) 첫 번째 장면을 읽고 질문을 통해 내용을 확인한다.
- 선 내일은 무슨 날이에요?
- 선 내일 준서 집에서 무엇을 할 거예요?
- 선 내일 준서 집에 누가 올 거예요?

3) 두 번째 장면을 읽고 질문을 통해 내용을 확인한다.
- 선 여기는 어디일까요?
- 선 준서는 무엇을 샀어요? 누구와 같이 먹을 거예요? 준서는 친구와 같이 먹을 과자를 샀어요?
- 선 준서는 또 무엇을 샀어요? 누구와 같이 마실 거예요? 준서는 친구와 같이 마실 주스와 우유를 샀어요?
- 선 준서는 수첩을 샀어요? 누구에게 줄 거예요? 준서는 친구에게 줄 수첩을 샀어요?

4) 세 번째 장면을 읽고 질문을 통해 내용을 확인한다.
- 선 엄마가 내일 무엇을 하실 거예요?
- 선 엄마가 내일 만들 음식은 뭐예요?
- 선 피자와 치킨을 만들 거예요? 살 거예요? 내일 살 음식은 뭐예요?

5) 네 번째 장면을 읽고 질문을 통해 내용을 확인한다.
- 선 내일 친구들과 같이 할 것은 뭐예요?
- 선 친구들과 같이 놀 생각을 하니까 준서는 기분이 어때요?

---

5 생일에 먹는 음식

1. 생일 파티를 준비하는 준서의 이야기를 읽어 봅시다.

1) 읽어 보세요.

내일

내일은 제 생일이에요.
내일 우리 집에서 생일 파티가 있어요.
그래서 친구들이 우리 집에 와요.

엄마와 같이 마트에 왔어요.
친구들과 같이 먹을 과자를 샀어요.
같이 마실 주스와 우유도 샀어요.
친구들에게 줄 수첩도 샀어요.

엄마가 요리를 하실 거예요.
엄마가 제 생일에 만들 음식은
미역국과 잡채예요.
피자와 치킨은 살 거예요.

친구들과 같이 할 보드게임도 샀어요.
친구들과 같이 놀 생각을 하니까
정말 신나요.

136 • 의사소통 한국어 2

136

어휘 지식

생일	사람이 세상에 태어난 날. 예 오늘은 제 생일이에요. 생일 선물로 책을 받았어요.
파티	친목을 도모하거나 무엇을 기념하기 위한 잔치나 모임. 예 학년이 끝난 것을 기념하는 파티를 했다. 어머니는 딸의 생일 파티를 위해 아이들이 좋아하는 음식을 만들고 있다.
마트	각종 생활용품을 판매하는 대형 매장. 예 엄마와 같이 주말에 마트에 가서 과일과 음료수를 샀다. 대형 마트에 갈 때는 꼭 차를 타고 간다.
미역국 [미역꾹]	미역을 넣어 끓인 국. 예 한국인들은 생일날 미역국을 먹는 풍습이 있다. 미역국에 소고기를 넣어서 끓여요.
신나다	흥이 나고 기분이 아주 좋아지다. 예 운동회에서 우리 팀이 이기니까 학생들이 신나서 박수를 쳤다. 다음 주에 체험 학습을 간다고 하니까 학생들이 모두 신나서 소리를 질렀다.

생일, 파티, 마트, 미역국, 신나다

-을

2. 다시 읽고 맞는 것을 찾아 ○표 해 봅시다.

1) 내일 친구들과 먹을 것은 뭐예요?

2) 내일 친구들에게 줄 것은 뭐예요?

3) 내일 엄마가 만들 음식은 뭐예요?

4) 내일 파티에서 친구들과 같이 할 것은 뭐예요?

3. 나의 생일 파티에 준비할 것을 말해 봅시다.

1) 준비할 것을 써 보세요.

〈보기〉
친구들이 오기 전에
할 일은 청소하는 거예요.

같이 먹을 간식은 .

엄마가 만들 요리는 .

2) 생일 파티에 준비할 것을 친구와 이야기해 보세요.

6. 음식과 맛 • 137

137

문법 지식

-을

· 동사나 형용사 '이다, 아니다'에 붙어 미래에 발생하는 상황이나 행위에 대한 추측, 예정, 의도 등을 나타낸다. '-을' 앞에 오는 동사와 형용사 등을 관형사형으로 바꾸어 뒤에 오는 명사를 수식할 때 사용한다.

	조건	형태	예시
①	받침 ○	-을	먹을, 읽을, 찾을, 많을, 높을, 작을
②	받침 ✕	-ㄹ	볼, 쓸, 만날, 다닐
③	ㄹ 받침	-ㄹ (어간 'ㄹ' 탈락)	살, 멀

예 가: 준서야, 이번 방학에 어디에 갈 거야?
나: 나는 부산에 갈 계획이야.
저는 이번 학기부터 피아노 학원에 다닐 생각이에요.

---

3 연습 – 10분

1) 학생 한 사람이 한 장면씩 다시 읽게 한다.

2) 질문에 맞는 답을 말하고 그림에서 찾아 ○표 하도록 한다.

  교 내일 친구들과 먹을 것은 뭐예요?
  교 내일 친구들에게 줄 것은 뭐예요?
  교 내일 엄마가 만들 음식은 뭐예요?
  교 내일 파티에서 친구들과 같이 할 것은 뭐예요?

4 적용 – 11분

1) 다음 주 생일 파티가 있을 때 무엇을 할 것인지 말하는 연습이다.

2) 먼저 주어진 질문에 맞는 대답을 하도록 한다.

  ※ 유의점: '저는 생일 파티 때 친구들과 치킨을 먹을 거예요.'의 형태가 아닌 '생일 파티 때 친구들과 먹을 것은(건) 치킨이에요.'와 같이 배운 문법을 활용해 말할 수 있도록 지도한다.

3) 마지막 질문은 학생 스스로 만들어 할 수 있도록 한다.

5 정리 – 2분

1) 익힘책 82쪽 1번 문항에서는 글을 읽으며 알맞은 단어를 골라 쓰도록 한다.

  교 오늘은 무슨 날인 것 같아요?
  교 준서는 오후에 무엇을 할 거예요?
  교 한국 사람은 생일에 무엇을 먹어요?

2) 익힘책 82쪽 2번 문항에서는 문장을 읽고 알맞은 단어를 골라 ○표 하도록 한다.

3) 익힘책 83쪽 3번 문항에서는 '-을(동사 관형형 미래)'을 사용해 연결하도록 한다.

  ※ 유의점: ★표가 있는 경우 문법 형태에 유의하도록 지도한다.

4) 익힘책 83쪽 4번 문항에서는 관형형 '-을'과 주어진 명사를 사용해 알맞은 답을 하도록 한다.

5) 배운 어휘와 표현으로 생일 파티에 준비할 것을 말할 수 있는지 확인한다.

  교 친구들이 제 생일 파티에 와요. 준비할 것이 뭐예요?

6) 차시 예고를 한다.

• 주요 학습 내용

> 어휘
> 배식대, 식판을 들다, 식판을 돌리다, 음식이 흐르다, 더
>
> 준비물
> 듣기 자료

• 학습 목표
• 급식실에서 사용하는 표현을 익히고 말할 수 있다.

1 도입 - 2분

1) 급식실에서 어떻게 하는지 질문하며 차시 안내를 한다.
   - 📖 급식실에 들어가면 어떻게 해요? 반찬을 더 먹고 싶을 때 어떻게 말해요?

2 제시, 설명 - 15분

1) 대화 내용을 듣기 전 1-1)번 그림을 보고 대화 내용에 대해 미리 이야기한다.
   - 📖 서영이와 장위가 어디에 있어요?
   - 📖 국과 밥을 받을 때는 식판을 어떻게 해요?

2) 대화 내용을 듣기 자료로 들은 후 교사와 학생이 역할을 나누어 읽는다.

3) 친구와 대화문을 나누어 읽게 한다.

4) 내용을 이해했는지 확인한다.
   - 📖 장위 음식이 어떻게 됐어요?
   - 📖 음식이 흐를 때 서영이가 어떻게 말했어요?
   - 📖 반찬을 더 먹고 싶을 때 어떻게 말해요?

어휘 지식	
배식대 [배식때]	학교나 군대 등의 단체에서 식사를 나누어 주는 곳. 📝 배식대 앞에 줄을 서서 급식을 받아야 한다. 배식대에 뜨거운 음식이 있으니까 장난치면 안 돼요.
식판	밥, 국, 서너 가지의 반찬을 담을 수 있게 칸을 나누어 만든 쟁반. 📝 급식 시간에 식판에 밥과 반찬을 담아요. 급식실에 식판이 있어요.
들다	아래에 있는 것을 위로 올리다. 📝 친구가 무거운 것을 들고 있어서 들어 줬다. 식판을 들고 있을 때는 장난치면 안 돼요.
돌리다	어떤 것을 원을 그리면서 움직이게 하다. 📝 식판을 돌릴 때 조심해야 해요. 책을 똑바로 돌려서 다시 꽂았다.
흐르다	액체나 가루 등이 밖으로 새어 빠지거나 떨어지다. 📝 책상 위에 물이 흘렀다. 음식이 흘러서 식탁 위가 엉망이 됐다.

---

6 급식 시간

1. 급식 시간에 할 일을 알아봅시다.

   1) 들어 보세요. 🔊33

> 서영: 장위야, 음식이 흘러. 식판을 잘 들어.
> 장위: 고마워. 음식이 흐르는 줄 몰랐어.
> 서영: 밥과 국을 받을 때는 식판을 돌려.
> 장위: 응. 그런데 반찬을 더 먹고 싶을 때는 어떻게 말해?
> 서영: "반찬 좀 더 주세요."라고 말해.

   2) 그림을 보고 가리켜 보세요.

 식판을 들다   식판을 돌리다   음식이 흐르다

 배식대

국 좀 더 주세요.
.... 더 주세요.

5) 1-2)번 그림을 보고 어휘 의미를 제시한다.
   - 📖 (배식대) 급식실에서 밥, 국, 반찬을 받고 싶어요. 어디 앞에서 기다려요?
     네, 배식대 앞에서 기다려요.
   - 📖 (식판을 들다) 급식실에 들어가서 식판을 어떻게 해요? 한 손으로 들어요? 두 손으로 들어요?
   - 📖 (식판을 돌리다) 밥과 국을 받을 식판을 (행동과 함께) 돌려요.
   - 📖 (음식이 흐르다) 급식실에서 장난을 쳐요. 그러면 음식이 흘러요. 국은 뜨거워요. 그래서 음식이 흐르면 다칠 수 있어요.
   - 📖 (더 주세요.) 밥, 국, 반찬을 다 먹었어요. 더 먹고 싶으면 어떻게 말해요?

3 연습 - 10분

1) 급식 시간에 지켜야 하는 내용과 표현을 배운 어휘로 다시 확인하는 문제이다.

2) 그림을 보고 학생이 말할 수 있도록 한다.
   - 📖 장위가 식판을 어떻게 들고 있어요? 한 손으로 식판을 들

식판을 한 손으로
_____지
않아요.

음식을 받을 때
앞사람을 밀면
음식이 _____.

밥과 국을 받을
때는 식판을
_____.

음식을 다 받은 후
식판을 돌리지 마세요.
국이 흐르면 뜨거워요.

음식을 더 먹고 싶으면
"국 좀 더 _____."
"고기 좀 더 _____."
라고 말해요.

---

*배식대, 식판을 들다,
식판을 돌리다,
음식이 흐르다, 더*

2. 그림을 보고 알맞은 말을 넣어 봅시다.

3. 여러분은 급식실에서 어떻게 합니까? 친구와 이야기해 봅시다.

6. 음식과 맛 • 139

139

 정리 - 3분

1) 익힘책 84쪽 1번 문항에서는 그림에 맞는 표현을 골라 빈칸에 쓰도록 한다.

2) 익힘책 84쪽 2번 문항에서는 문장을 읽고 알맞은 단어를 골라 ○표 하도록 한다.

3) 익힘책 85쪽 3번 문항에서는 글을 읽고 맞는 단어나 표현을 글에서 찾아 쓰도록 한다.
   선 장위가 점심시간에 어디에 갔어요?
   선 장위의 음식이 왜 흘렀어요?
   선 음식이 흐를 때 서영이는 무슨 말을 해 줬어요?
   선 장위는 서영이가 왜 고마웠어요?

4) 배운 표현으로 급식실에서 사용하는 표현을 말할 수 있는지 확인한다.
   선 급식을 받을 때 어떻게 해요?
      음식을 더 먹고 싶을 때 어떻게 말해요?

5) 차시 예고를 한다.

지 않아요.
   선 음식을 받을 때 앞사람을 밀면 음식이 어떻게 될까요? 음식이 흐르지요. 그리고 친구도 다칠 수 있어요.
   선 밥과 국을 받을 때는 식판을 어떻게 해요? 배식대에 계시는 선생님 앞으로 돌리세요.
   선 음식을 다 받은 후에 다시 식판을 돌려요? 식판을 돌리지 마세요. 국이 뜨거워서 흐르면 다쳐요.
   선 국이나 반찬을 더 먹고 싶을 때 어떻게 말해요?

3) 학생들이 그림을 보고 모두 말한 후 맞는 어휘를 빈칸에 쓰도록 한다.

4 적용 - 10분

1) 급식실에 들어가면 어떻게 하는지 질문한다.

2) 2번 그림을 보고 학생들은 어떻게 하는지 친구와 이야기하도록 한다.

3) 다른 친구 앞에서 발표해 보도록 한다.

7 학교 급식 설문지

1. 우리 학교 급식이 어떻습니까? 질문에 답해 봅시다.

1) 질문을 읽고 ∨표 해 보세요.

질문	점수				
	매우 그렇다	그렇다	보통 이다	그렇지 않다	매우 그렇지 않다
① 학교 급식은 맛있다.					
② 학교 급식에서 먹는 음식은 뜨겁지 않다.					
③ 학교 급식에서 주는 음식의 양은 적당하다.					
④ 학교 급식에서는 여러 가지 음식을 준다.					
⑤ 학교 급식 음식은 깨끗하다.					
⑥ 학교 급식은 영양이 풍부하다.					
⑦ 학교에서는 급식 메뉴(식단)를 가정 통신문으로 보낸다.					
⑧ 학교 급식이 좋다.					
⑨ 학교 급식 환경은 깨끗하고 편안하다.					
⑩ 배식할 때 기다리지 않고 빨리 받을 수 있다.					

2. 우리 학교 급식에 대해 친구들의 생각을 물어봅시다.

1) 대답한 친구의 수를 써 보세요.

질문	그렇다 (명)	보통이다 (명)	그렇지 않다 (명)
〈보기〉 학교 급식은 맛있어요?	1		3
① 학교 급식에서 주는 양은 적당해요?			
② 학교 급식에서 여러 가지 음식을 줘요?			
③ 학교 급식 때 먹는 음식은 깨끗해요?			
④ 급식 환경은 깨끗하고 편안해요?			
⑤ 배식할 때 기다리지 않고 빨리 받을 수 있어요?			

3. 우리 학교 급식에 대해 이야기해 봅시다.

저는 급식 시간에 다양한 한국 음식을 먹어 봤어요.
급식 시간에 나오는 음식은 모두 맛있어요.
먹으면 건강해지는 음식이 많아요.

7차시 학교 급식 설문지

· **주요 학습 내용**

과제 1
급식 설문지에 답해 보기
과제 2
급식 시간에 대한 자신의 생각 말하기

· **학습 목표**
· 급식 만족도 설문지를 읽고 답할 수 있다.

1 도입 - 3분

1) 학교 급식 설문에 답해 봤는지 질문한다.

2 과제 1 - 17분

1) 교사는 설문에 답하는 방법을 먼저 설명한다.

🔵 학교 급식이 아주 맛있어요? 그러면 '매우 그렇다'에 ∨ 하세요. 학교 급식이 정말 맛이 없어요. 그러면 '매우 그렇지 않다'에 ∨ 하세요.

2) 학생이 돌아가면서 한 문항씩 읽도록 한다.

3) 질문을 통해 내용을 확인하고 급식에 대해 평가하게 한다.

🔵 학교 음식이 정말 맛있어요?

🔵 학교 급식에서 먹는 음식이 정말 뜨거워요?

🔵 학교 급식이 많아요? 적어요? 아니면 적당해요?

🔵 급식 시간에 여러 가지 음식을 줘요?

🔵 급식 음식이 깨끗해요?

🔵 급식을 먹으면 튼튼해져요? 단백질, 비타민이 많이 들어 있어요?

🔵 학교에서 급식 메뉴를 집으로 보내 줘요?

🔵 여러분은 학교 급식이 좋아요?

🔵 학교 급식실이 깨끗해요? 급식실에서 편하게 먹을 수 있어요?

🔵 급식 음식을 빨리 받을 수 있어요?

4) 학생들이 서로 질문하고 답하도록 한다.

3 과제 2 - 13분

1) 자리에서 일어서서 한 명 이상의 친구를 만나 급식에 대해 질문하고 대답하게 한다.

2) 친구가 급식에 대해 어떻게 생각하는지 물어본다.

4 과제 3 - 5분

1) 우리 학교 급식에 대한 나의 생각을 3~4문장 이상으로 말하게 한다.

5 정리 - 2분

1) 설문 조사에 답할 수 있는지 확인한다.

2) 차시 예고를 한다.

8 좋아하는 음식 설명하기

1. 유키가 좋아하는 음식을 들어 봅시다. 🔊34

1) 유키가 이야기하고 있는 음식을 찾아보세요.

①
②
③
④

2) 엄마가 만든 떡볶이는 왜 많이 맵지 않아요? 맞는 것에 ○표 하세요.

① 고추장을 넣어서 맵지 않아요. ( )

② 케첩을 넣어서 맵지 않아요. ( )

③ 우유랑 같이 먹어서 맵지 않아요. ( )

2. 내가 좋아하는 음식 이름을 쓰고 그려 봅시다.

내가 좋아하는 음식: _____

① 좋아하는 음식이 뭐예요? _____
② 맛이 어때요? _____
③ 무엇으로 만들어요? _____
④ 어떻게 먹어요? _____

3. 내가 좋아하는 음식을 친구들에게 소개해 봅시다.

제가 좋아하는 음식은 떡볶이예요.
조금 매워요. 그렇지만 아주 맛있어요.
떡볶이는 떡과 어묵에 고추장과 설탕을 넣어서
만들어요. 튀김과 같이 먹으면 더 맛있어요.
친구들도 떡볶이를 먹어 보세요.

8차시 좋아하는 음식 설명하기

• **주요 학습 내용**

과제 1
음식 설명 듣고 이해하기

과제 2
좋아하는 음식 그리고 이야기하기

준비물
듣기 자료

• **학습 목표**
• 좋아하는 음식에 대해 발표할 수 있다.

1 도입 - 3분

1) 학생들이 좋아하는 한국 음식은 무엇인지 질문하며 차시 안내를 한다.
   전 좋아하는 한국 음식이 있어요? 맛이 어때요? 어떻게 만들어요? 왜 좋아해요? 무엇과 같이 먹으면 더 맛있어요?

2 과제 1 - 15분

1) 1번 그림을 보고 무슨 음식인지 물어본다.

2) 듣기 자료를 한 번 듣고 각 문항의 답을 말하게 한다.

듣기 자료 🔊34
제가 좋아하는 음식을 소개할게요. 제가 자주 먹는 음식은 떡볶이예요. 떡볶이에는 떡과 어묵과 달걀이 들어 있어요. 고추장을 넣어서 조금 매워요. 하지만 우리 엄마는 떡볶이를 만들 때 케첩을 조금 넣어요. 그래서 엄마가 만든 떡볶이는 맵지 않아요. 그리고 떡볶이를 우유와 같이 먹으면 더 맛있어요. 맛있는 떡볶이, 꼭 먹어 보세요.

전 유키가 이야기하고 있는 음식은 뭐예요?
전 왜 엄마가 만든 떡볶이는 맵지 않아요?

3) 듣기 자료를 다시 듣고 각 문항의 답을 확인한다.

3 과제 2 - 20분

1) 학생들이 좋아하는 음식 이름을 쓰고 질문에 대답하게 한다.

2) 학생들이 질문에 대답하고 간단히 써 보게 한다.
   전 좋아하는 음식이 뭐예요? 맛이 어때요? 그 음식은 무엇으로 만들어요? 어떻게 먹어요? 어떻게 만들어요? 무엇과 먹으면 더 맛있어요?

3) 대답을 한 후 교재에 좋아하는 음식 그림을 그려 본다.

4) 다 그린 후 친구들 앞에 나와 그림을 보여 주며 자신이 좋아하는 음식에 대해 소개해 본다.

4 정리 - 2분

1) 좋아하는 음식을 설명할 수 있는지 확인한다.

2) 차시 예고를 한다.

1. 시를 들어 봅시다. 35

몰래 몰래 먹으면

김준범

달콤달콤 초콜릿
엄마 몰래 냠냠

새콤달콤 오렌지 주스
아빠 몰래 꿀꺽꿀꺽

아이 뜨거! 라면도
동생 몰래
후후 불어
후루룩후루룩

아이! 배 아파
꾸르륵꾸르륵

맛있는 건
몰래 말고
다 같이 냠냠

2. 음식을 먹을 때 나는 소리나 모양을 흉내 내는 말을 알아봅시다.

1) 그림에 알맞은 말을 〈보기〉에서 찾아 쓰세요.

| 〈보기〉 | 꾸르륵꾸르륵 | 냠냠 | 꿀꺽꿀꺽 | 후루룩후루룩 |

① 아이가 음식을
_____ 맛있게 먹어요.

② 물이나 음료수를
_____ 마셔요.

③ 국수를
_____ 먹어요.

④ 배가 아파서 뱃속에서
_____ 소리가 나요.

2) 1에서 소리나 모양을 흉내 내는 말을 찾아서 ○표 해 보세요.

3. 소리나 모양을 흉내 내는 말을 생각하며 다시 시를 읽어 봅시다.

9차시 시 읽기

· **주요 학습 내용**

과제 1
시 읽고 내용 이해하기
과제 2
음식을 먹을 때 나는 소리나 모양을 흉내 내는 말 익히기
준비물
듣기 자료

· **학습 목표**

· 시를 읽고 음식을 먹을 때 나는 소리나 모양을 흉내 내는 말을 이해할 수 있다.

1 도입 · 5분

1) 음식을 먹을 때 어떤 소리가 나는지 질문한다.

2 과제 1 · 18분

1) 듣기 자료를 들은 후 학생들이 한 번 읽어 보게 한다.

2) 내용 확인 질문을 한다.

- 〈신〉 친구가 무엇을 먹었어요? 엄마, 아빠, 동생과 같이 먹었어요? 혼자 먹었어요?
- 〈신〉 초콜릿 맛이 어때요?
- 〈신〉 맛있을 때 어떤 소리를 내면서 먹어요?
- 〈신〉 오렌지 주스는 맛이 어때요? 오렌지 주스를 마실 때 어떤

소리가 나요?
- 〈신〉 라면은 처음 먹을 때 어때요? 뜨거워요? 면이 뜨거워서 어떻게 했어요?
- 〈신〉 라면을 먹을 때 어떤 소리가 나요?
- 〈신〉 이 친구는 혼자 몰래 먹어서 배가 아파요. 배가 아플 때 배에서 어떤 소리가 나요?
- 〈신〉 맛있는 음식은 혼자 먹는 게 좋아요? 다 같이 먹는 게 좋아요?

3 과제 2 · 13분

1) 그림을 보고 알맞은 말을 〈보기〉에서 찾아 쓰도록 한다.

- 〈신〉 아이가 음식을 냠냠 맛있게 먹어요.
- 〈신〉 물이나 음료수를 꿀꺽꿀꺽 마셔요.
- 〈신〉 국수를 후루룩후루룩 먹어요.
- 〈신〉 배가 아파서 뱃속에서 꾸르륵꾸르륵 소리가 나요.

2) 시를 다시 읽을 때 소리나 모양을 나타내는 말을 찾아서 ○표 하면서 읽도록 한다.

4 과제 3 · 5분

1) 다시 한번 시를 읽을 때 '냠냠, 꿀꺽꿀꺽, 후후, 후루룩후루룩, 꾸르륵꾸르륵'이 나오면 소리를 내거나 모양을 흉내 내도록 한다.

5 정리 · 2분

1) 음식을 먹을 때 나는 소리나 모양을 흉내 내는 말을 알고 있는지 확인한다.

2) 차시 예고를 한다.

⑩ 생각 넓히기

1. 특별한 날 먹는 한국의 음식입니다. 읽어 봅시다.

생일에 먹는 음식 - 미역국

한국 사람들은 생일에 미역국을 먹어요.
엄마가 아이를 낳은 후에 미역국을 먹어요.

설날 먹는 음식 - 떡국

1월 1일 설날이 되면 가족과 함께 떡국을 먹어요.
떡국을 먹으면 나이를 한 살 더 먹는다고 생각해요.

동지에 먹는 음식 - 팥죽

동지는 1년 중 밤이 가장 긴 날이에요. 동짓날에는
팥을 넣어 만든 팥죽을 먹어요. 귀신이 붉은색을 싫
어해서 귀신을 쫓을 수 있다고 생각해요.

추석에 먹는 음식 - 송편

음력 8월 15일 추석이 되면 가족들이 모여서 송편을
빚어서 먹어요. 송편을 예쁘게 빚으면 예쁜 아이를
낳는다는 말이 있어요.

2. 언제 먹는 음식인지 써 봅시다.

①   ②   ③   ④

---

3. 특별한 날 먹는 세계 여러 나라의 음식입니다. 읽어 봅시다.

장수면 - 중국

중국에서 생일에 먹는 음식이에요.
장수면은 긴 면을 끊지 않고 한 번에 먹어야 해요.
그러면 오래 살 수 있다는 말이 있어요.

오세치 - 일본

일본에서 1월 1일 설날에 먹는 음식이에요.
오세치는 연근, 우엉, 새우, 콩으로 만들어요.
그리고 설날이 되기 전에 미리 요리를 준비해요.

칠면조와 호박 파이 - 미국

미국에서 추수 감사절에 먹는 음식이에요.
가족이 다 같이 모여서 칠면조와 호박 파이를 먹어요.

반쯩투 - 베트남

베트남의 추석인 쭝투에 먹는 음식이에요.
빵 속에 달걀이나 돼지고기를 넣어요.

4. 부모님 나라의 음식 중에서 특별한 날 먹는 음식을 소개해 봅시다.

10차시 생각 넓히기

• **주요 학습 내용**

> 과제 1
> 특별한 날 먹는 한국의 음식
>
> 과제 2
> 특별한 날 먹는 세계 여러 나라의 음식

• **학습 목표**
• 특별한 날 먹는 한국 음식과 세계 여러 나라의 음식을 안다.

1 도입 - 3분

1) 생일, 설날 같은 특별한 날 무엇을 먹는지 질문하며 차시 안내를 한다.

2 과제 1 - 15분

1) 특별한 날 먹는 한국 음식을 먼저 소개한다.
   - 📘 생일에 무엇을 먹을까요?
   - 📘 1월 1일 설날에 무엇을 먹을까요?
   - 📘 12월에 밤이 가장 긴 날이 있어요. 동지예요. 동지에 한국 사람들은 무엇을 먹을까요?
   - 📘 9월(또는 10월)에 추석이 있어요. 추석이 되면 사람들이 무엇을 먹을까요?

2) 학생들이 각 음식에 대한 설명을 읽어 보게 한다.

3) 2번 문제의 그림을 보고 음식 이름이 무엇인지 먼저 질문한다.

4) 각 음식은 언제 먹는 음식인지 말하고 쓰게 한다.

3 과제 2 - 15분

1) 특별한 날 먹는 세계 음식을 먼저 소개한다.
   - 📘 중국 사람들이 생일에 먹는 음식이 무엇일까요?
   - 📘 일본 사람들은 1월 1일 설날에 무엇을 먹을까요?
   - 📘 미국에도 한국의 추석과 같은 날이 있어요. 바로 추수 감사절이에요. 미국 사람들은 추수 감사절에 무엇을 먹을까요?
   - 📘 베트남에도 추석이 있어요. 그날 베트남 사람들은 무엇을 먹을까요?

2) 학생들이 각 음식에 대한 설명을 읽어 보게 한다.

4 과제 3 - 5분

1) 부모님의 나라나 학생들이 온 나라에도 특별한 날 먹는 음식이 있는지 물어본다.
   - 📘 어느 나라 음식이에요? 언제 먹어요? 음식 이름이 뭐예요?

5 정리 - 2분

1) 한국과 세계 여러 나라에서 특별한 날 먹는 음식을 아는지 확인한다.
2) 대단원을 정리한다.

7단원 • 물건 사기

단원의 개관

이 단원에서는 물건 가격을 묻고 답하며 물건을 살 수 있는 곳을 알아보고 문구점에서 학용품을 사는 대화, 슈퍼마켓에서 물건 사는 대화를 할 수 있다. 또한 자신이 마음에 드는 옷을 고를 수 있고 용돈과 관련된 표현을 익힌다. 심부름 쪽지를 읽고 이해하며 알뜰 시장 놀이와 용돈 기입장 쓰기 활동을 하도록 한다.

학습 목표	• 물건 가격을 묻고 답할 수 있다. • 가게에서 물건 사는 표현을 말할 수 있다. • 마음에 드는 옷을 설명할 수 있다.						
주제	장면		기능	문법	어휘	문화	담화 유형
	일상생활	학교생활					
물건 사기	문구점에서 학용품 사기	알뜰 시장	가격 말하기 물건 사기	보다 -을까요? -지만 -는 편이다	가격 가게 명사 학용품 돈 관련 어휘	한국의 전통 시장	대화 쪽지 안내문 소개문
	슈퍼마켓에서 간식 사기	용돈 기입장					

차시 전개 과정

차시	차시 제목	성격	학습 내용	교재 쪽수	익힘책 쪽수
1	물건 가격	필수	• 물건의 가격을 묻고 대답할 수 있다.	150	86
2	물건을 살 수 있는 곳	필수	• '보다'를 사용해 물건을 살 수 있는 장소를 비교해 말할 수 있다.	152	88
3	문구점에서 학용품 사기	필수	• 문구점에서 학용품을 살 때의 표현을 말할 수 있다.	154	90
4	슈퍼마켓에서 물건 사기	필수	• '-을까요?'를 사용해 슈퍼마켓에서 물건을 살 때의 표현을 말할 수 있다.	156	92
5	옷 고르기	필수	• '-지만'을 사용해 좋아하는 옷에 대해 말할 수 있다.	158	94
6	용돈	필수	• '-는 편이다'를 사용해 자신이 받는 용돈에 대해 말할 수 있다.	160	96
7	심부름 쪽지 읽기	선택	• 심부름 쪽지를 읽고 이해하며 슈퍼마켓에서 물건을 사는 대화를 할 수 있다.	162	-
8	알뜰 시장 놀이	선택	• 알뜰 시장 안내문을 읽고 이해하며 알뜰 시장 놀이를 통해 물건을 사고파는 대화를 할 수 있다.	164	-
9	용돈 기입장 쓰기	선택	• 용돈 기입장을 쓸 수 있다.	166	-
10	생각 넓히기	선택	• 여러 종류의 시장과 우리 동네 전통 시장에 대해 안다.	168	-

단원 지도상의 유의점

◆ 숙달도가 초급 수준인 학습지를 고려하여 어휘, 표현, 문법을 분리하여 명시적으로 학습하지 않고, 주어진 장면과 상황, 대화 속에서 어휘 및 표현을 이해하고 연습할 수 있도록 교수한다.

◆ 교사의 판서를 최소화하고 전자책이나 그림 자료를 보면서 말하기를 통해 학습이 이루어지도록 한다.

◆ 마지막 활용 문항에서는 매 차시 배운 어휘나 문법을 활용해 차시별 학습 주제를 두 문장 이상의 복문으로 말하고 쓸 수 있도록 지도한다.

1차시 물건 가격

· **주요 학습 내용**

> **어휘**
> 돈, 동전, 지폐, 원, 가격
>
> **준비물**
> 듣기 자료

· **학습 목표**
· 물건의 가격을 묻고 대답할 수 있다.

1 도입 - 3분

1) 단원 도입 그림을 보고 질문한다.

> 📵 (첫 번째 그림) 여기가 어디예요? 오딜은 문구점에서 무엇을 사요?
>
> 📵 (두 번째 그림) 여기는 어디예요? 타이선은 무엇을 사요?
>
> 📵 문구점에 가 봤어요? 슈퍼마켓에도 가 봤어요? 무엇을 사러 슈퍼마켓에 갔어요?

2) 교재에 나온 도입 질문을 한다.

> 📵 문구점에 무엇을 사러 갔어요?
>
> 📵 여러분은 어디에서 간식을 사요?

3) 1번 그림을 보며 무엇인지, 얼마인지 질문하며 차시 안내를 한다.

> 📵 이것은 모두 뭐예요? 한국 돈이에요.

2 제시, 설명 - 10분

1) 1번 그림을 보며 한국 돈을 학습하게 한다.

> 📵 (십 원, 오십 원, 백 원, 오백 원) 이건 얼마예요? 이건 종이돈이 아니에요. 동전이에요.
>
> 📵 (천 원, 오천 원, 만 원, 오만 원) 이건 얼마예요? 이것은 종이지요? 이것은 지폐예요.
>
> 📵 무엇이 가장 큰 돈일까요? 무엇이 가장 작은 돈일까요?

> ※ 유의점: 교사가 직접 실물 지폐와 동전을 보여 주는 것도 효과적이다.

어휘 지식	
돈 [돈:]	물건을 사고 팔 때나 일한 값으로 주고받는 동전이나 지폐. 📗 하미가 길에서 돈 1000원을 잃어버렸다. 돈이 생기면 내가 좋아하는 장난감을 사고 싶다.
동전	구리 등으로 동그랗게 만든 돈. 📗 아이가 음료수를 사려고 자판기에 500원짜리 동전을 넣었다. 돼지 저금통에 100원짜리 동전을 넣었다.
지폐	종이로 만든 돈. 📗 만 원권 지폐에는 세종대왕이 그려져 있다. 엄마 지갑 안에는 항상 지폐가 많이 들어 있었다.
원	한국 돈의 단위. 📗 공책 한 권에 800원이다. 체험 학습비 2만 5000원을 내야 한다.

1 물건 가격

1. 한국의 돈을 알아봅시다.

1) 얼마예요? 그림을 보고 가리켜 보세요.

동전	지폐
십 원	천 원
오십 원	오천 원
백 원	만 원
오백 원	오만 원

2) 듣고 따라 하세요. 🔊 36

> 아줌마, 이 과자 얼마예요?
>
> 1000원이야.

가격	물건의 가치를 돈으로 나타낸 것. 📗 이 자전거는 가격이 얼마예요? 날씨가 너무 더워서 채소와 과일 가격이 많이 올랐다.

2) 대화문에 제시된 그림을 확인한다.

> 📵 여기는 어디일까요? 타이선이 누구와 이야기해요?

3) 듣기 자료를 들은 후 교사와 학생이 역할을 나누어 읽는다.

4) 친구들과 역할을 나누어 읽게 한다.

5) 대화 내용을 확인한다.

> 📵 타이선은 무엇을 사고 싶어 해요? 과자가 얼마예요?

3 연습 - 12분

1) 그림을 보고 물건의 값을 묻고 답하는 활동이다.

2) 교사가 먼저 〈보기〉와 같이 질문을 통해 학생과 대화한 후 문제에 대해 설명을 한다.

> 📵 (① 그림) 이건 뭐예요? 이 아이스크림이 얼마예요?

✏ 가격, 돈, 동전, 지폐, 원

2. 그림을 보고 〈보기〉와 같이 값을 묻고 대답해 봅시다.

1) 값을 물어보세요.

〈보기〉

300원
삼백 원

가: 지우개가 얼마예요?
나: 300원이에요.

① 600원

② 900원

③ 2000원

④ 8000원

⑤ 35000원

2) 물건의 가격을 한글로 써 보세요.

3. 내 물건이 얼마인지 친구와 이야기해 봅시다.

1) 가방 안에 무엇이 있어요?
   물건값을 종이에 써 보세요.

2) 친구와 물건값을 묻고
   대답해 보세요.

7. 물건 사기 • 151

151

선 (② 그림) 이건 뭐예요? 이 과자가 얼마예요?

선 (③ 그림) 이건 뭐예요? 이 필통이 얼마예요?

선 (④ 그림) 이건 뭐예요? 이 자동차가 얼마예요?
   이 장난감 자동차가 얼마예요?

선 (⑤ 그림) 이건 뭐예요? 이 가방이 얼마예요?

3) 학생들끼리 〈보기〉와 같이 질문하고 대답하도록 한다.

4) 모두 말한 후 그림 아래 빈 상자 안에 한글로 물건값을 쓰게 한다.

   ※ 유의점: 학생들이 백, 천, 만에 맞게 물건값을 쓰는지 맞춤법과 금액을 확인한다.

4 적용 - 13분

1) 학생들이 가방 안에 있는 자신의 물건의 값을 물어보고 대답하게 하는 활동이다.

2) 가방 안에서 3~5개 정도의 물건을 꺼내 책상 위에 올려 두게 한다.

3) 작은 종이에 숫자와 한글로 물건값을 적게 하고 이것을 물건 앞에 놓는다.

4) 두 팀으로 나누어 한 팀은 자리에 앉아 있고 다른 팀 학생들은 돌아다니며 "이 ○○ 얼마예요?"와 같이 물건값을 물어보면 다른 학생은 대답해 준다.

5) 팀을 바꿔서 다시 한번 물어보고 대답하는 활동을 한다.

   ※ 다른 활동: 활동이 정리되고 학생들이 자리에 앉은 후 교사가 "○○ 지우개가 얼마예요?"라고 한 학생에게 질문을 던진다. 그 후 학생들이 돌아가며 활동 중 질문했던 친구들의 물건값을 이야기하도록 한다.

5 정리 - 2분

1) 익힘책 86쪽 1번 문항에서는 돈을 숫자로 쓴 후 한글로 쓰도록 한다.

2) 익힘책 86쪽 2번 문항에서는 동전과 지폐를 구분해 □에 동전은 '동', 지폐는 '지'라고 쓰도록 한다.

3) 익힘책 87쪽 3번 문항에서는 〈보기〉와 같이 물건의 가격을 한글로 쓰도록 지도한다.

   선 이 지우개는 얼마예요?
   선 이 아이스크림은 얼마예요?
   선 이 과자는 얼마예요?
   선 이 가방은요?

4) 익힘책 87쪽 4번 문항에서는 물건의 값을 묻고 답하는 대화를 만들도록 한다.

   ※ 유의점: 물건값은 한글로 쓰도록 지도한다.

5) 배운 어휘와 표현으로 물건값을 물어보고 대답할 수 있는지 확인한다.

   선 이 지우개는 얼마예요? 이 연필은 얼마예요?

6) 차시 예고를 한다.

2차시 물건을 살 수 있는 곳

· 주요 학습 내용

> **어휘**
> 슈퍼마켓, 편의점, 시장, 마트, 백화점
>
> **문법 및 표현**
> 보다
>
> **준비물**
> 듣기 자료

· 학습 목표

· '보다'를 사용해 물건을 살 수 있는 장소를 비교해 말할 수 있다.

1 도입 - 2분

1) 물건을 사러 어디에 가는지 질문하며 차시 주제를 안내한다.

> 웹 과자를 사러 어디에 가요? 과일을 사러 엄마와 같이 어디에 가요?

2 제시, 설명 - 15분

1) 어휘가 쓰여 있는 카드를 가리키며 질문을 통해 어휘를 학습한다.

> 웹 (슈퍼마켓) 집 근처에서 물건을 파는 작은 가게예요. 우리 학교 근처에 슈퍼마켓이 있어요? 집 근처에 슈퍼마켓이 있어요?

> 웹 (편의점) 밤늦게까지 또는 24시간 동안 문을 열어요. GS25, 세븐일레븐, CU 같은 가게예요.

> 웹 (시장) 과일, 생선, 쌀, 채소, 반찬 등 여러 가지를 사고파는 곳이에요. 여러분 집 근처에 시장이 있어요? 시장에 가 봤어요? 시장에서 무엇을 샀어요?

> 웹 (마트) 이마트, 롯데마트, 홈플러스같이 큰 곳이에요. 보통 차를 타고 가서 물건을 사요. 집 근처에 마트가 있어요?

어휘 지식	
슈퍼마켓	먹을거리와 생활에 필요한 물품 등을 모두 갖추어 놓고 파는 가게. 예 간식을 사러 슈퍼마켓에 들어갔다. 휴지 사러 슈퍼마켓에 갔다 올게요.
편의점 [펴니점/펴니쩜]	하루 24시간 내내 문을 열고 간단한 생활필수품 등을 파는 가게. 예 우리 동네 편의점에는 없는 물건이 없다. 밤늦게까지 편의점 문을 열어요.
시장	여러 가지 상품을 사고파는 곳. 예 생선을 사러 엄마와 시장에 갔다 왔다. 시장에 가면 반찬 가게도 있고 과일 가게도 있다.
마트	각종 생활용품을 판매하는 대형 매장. 예 엄마와 같이 주말에 마트에 가서 과일과 음료수를 샀다. 대형 마트에 갈 때는 꼭 차를 타고 간다.
백화점 [배콰점]	한 건물 안에 여러 종류의 상품을 판매하는 큰 상점. 예 영수는 선생님께 드릴 선물을 사러 백화점에 갔다. 이 백화점에는 비싼 물건이 많다.

---

2 물건을 살 수 있는 곳

1. 물건을 살 수 있는 곳을 알아봅시다.

1) 그림을 보고 가리켜 보세요.

슈퍼마켓   편의점   시장

마트   백화점

2) 듣고 따라 하세요. 🔊 37

> 넌 어디에서 아이스크림을 사?

> 나는 슈퍼마켓에서 아이스크림을 사. 슈퍼마켓이 편의점보다 집에서 가까워.

152 • 의사소통 한국어 2

152

> 웹 (백화점) 큰 건물 안에 여러 가게가 있어요. 슈퍼마켓, 남자 옷, 여자 옷, 신발 등 여러 가지 물건을 팔아요. 값이 조금 비싸요.

> ※ 유의점: 멀티미디어를 통해 직접 슈퍼마켓, 편의점, 시장, 마트, 백화점을 보며 어휘를 학습시킬 수도 있다.

2) 타이선과 유키의 대화를 듣기 자료로 들은 후 교사와 학생이 역할을 나누어 읽는다.

3) 친구와 대화문을 나누어 읽게 한다.

4) 내용을 이해했는지 확인한다.

> 웹 유키는 어디에서 아이스크림을 사요?

> 웹 왜 유키는 슈퍼마켓에서 아이스크림을 사요?

> 웹 슈퍼마켓이 유키 집에서 가까워요? 편의점이 유키 집에서 가까워요? 슈퍼마켓이 편의점보다 유키 집에서 가까워요.

슈퍼마켓, 편의점,
시장, 마트, 백화점

 보다

2. 〈보기〉와 같이 이야기해 봅시다.

〈보기〉
마트 〉 슈퍼마켓: 물건이 다양하다
➡ 마트가 슈퍼마켓보다 물건이 다양해요.

① 편의점 〉 슈퍼마켓: 집에서 가깝다
➡ _____

② 편의점 〉 슈퍼마켓: 늦게까지 한다
➡ _____

③ 시장 〉 슈퍼마켓: 물건값이 싸다
➡ _____

④ 백화점 〉 시장: 물건값이 비싸다
➡ _____

3. 다음을 살 수 있는 곳을 친구들과 이야기해 봅시다.

저는 엄마와 같이
시장에 가서 과일을 사요.
시장은 마트보다
과일이 많아요.

문법 지식

보다

· 명사에 붙어 앞의 말이 비교의 기준이 되는 대상임을 나타낼 때 사용한다.

조건	형태	예시
받침 ○	보다	선생님보다, 동생보다, 펜보다, 책상보다
받침 ×	보다	컴퓨터보다, 친구보다, 사과보다, 학교보다

예 미도리가 흐엉보다 운동을 잘해요.
밥이 빵보다 맛있어요.

---

3 연습 - 10분

1) 문장을 쓰기 전에 교사의 질문에 답하게 한다.

선 마트가 물건이 다양해요? 슈퍼마켓이 물건이 다양해요? 어디가 물건이 더 다양해요? 마트가 슈퍼마켓보다 물건이 다양해요.

선 편의점이 늦게까지 해요? 슈퍼마켓이 늦게까지 해요? 어디가 더 늦게까지 해요? 편의점이 슈퍼마켓보다 늦게까지 해요.

선 시장이 물건값이 싸요? 슈퍼마켓이 물건값이 싸요? 어디가 물건값이 더 싸요? 시장이 슈퍼마켓보다 물건값이 싸요.

선 백화점이 물건값이 비싸요? 시장이 물건값이 비싸요? 백화점이 시장보다 물건값이 비싸요.

2) 〈보기〉와 같이 문장을 만들어 쓰게 한다.

4 적용 - 11분

1) 그림을 보고 어디에서 사는지 교사가 먼저 질문한다.

선 어디에서 과일을 사요? 왜 그곳에서 과일을 사요?

선 어디에서 과자나 아이스크림을 사요?

선 옷을 사러 어디에 가요?

선 엄마와 생선을 사러 시장에 가 봤어요?

2) 학생들끼리 서로 질문하고 답하게 한다.

3) 학생 활동이 끝나면 친구들 앞에서 이야기하도록 한다.

5 정리 - 2분

1) 익힘책 88쪽 1번에서는 물건을 살 수 있는 곳 '시장, 마트, 백화점, 편의점, 슈퍼마켓'을 고르고 빈칸에 쓰도록 한다.

선 어디에서 간식을 사요?

선 옷은 어디에서 사요?

선 물건을 사러 엄마와 어디에 가 봤어요?

2) 익힘책 89쪽 2번 문항에서는 그림을 보고 주어진 문장에 맞는 말을 넣도록 한다.

3) 익힘책 89쪽 3번 문항에서는 질문에 자신의 생각을 답하도록 한다.

4) 오늘 배운 어휘와 문법으로 물건을 사는 곳을 비교해 말할 수 있는지 확인한다.

선 학교에서 시장이 가까워요? 편의점이 가까워요?

5) 차시 예고를 한다.

• 주요 학습 내용

어휘
스카치테이프, 도화지, 물감, 연필깎이, 실내화, 신발주머니
준비물
듣기 자료

• 학습 목표
• 문구점에서 학용품을 살 때의 표현을 말할 수 있다.

1 도입 – 2분

1) 연필, 지우개, 공책 등 학용품을 사러 어디에 가는지 질문하며 차시 안내를 한다.
   🔴 어디에서 학용품을 살 수 있어요? 학용품을 사러 문구점에 가 봤어요?

2 제시, 설명 – 15분

1) 교사는 그림을 보며 문구점에 무엇이 있는지 학생들에게 질문한다.

2) 교사의 설명을 듣고 학생들이 대답하며 그림을 가리키게 한다.
   🔴 (스카치테이프) 종이를 붙이고 싶어요. 무엇이 필요해요?
   🔴 (도화지) 그림을 그리려고 해요. 하얀색 무엇이 필요할까요?
   🔴 (물감) 그림을 그린 후에 색칠하고 싶어요. 붓으로 색칠을 할 거예요. 여러 색깔의 무엇이 필요해요?
   🔴 (연필깎이) 공부할 때 연필을 많이 썼어요. 다시 연필을 뾰족하게 하고 싶어요. 무엇으로 연필을 깎으면 돼요?
   🔴 (실내화) 교실에 들어올 때 무슨 신발을 신어요?
   🔴 (신발주머니) 실내화를 어디에 넣어서 와요?

어휘 지식

스카치테이프	접착력을 가진 투명하고 광택이 나는 테이프. 🔴 아이는 스카치테이프로 빨대 두 개를 붙였다. 선물을 포장해 스카치테이프로 붙였다.
도화지	그림을 그리는 데 쓰는 종이. 🔴 내 동생은 도화지에 크레파스로 그림을 그렸다. 내일 미술 시간에 도화지를 가져오세요
물감 [물깜]	그림을 그리거나, 천이나 옷에 물을 들일 때 쓰는 재료. 🔴 영희는 스케치북에 그림을 그린 뒤 물감으로 색을 칠했다. 그림을 그린 후 아이의 손에 물감이 묻어 있었다.
연필깎이 [연필까끼]	연필을 깎는 데에 쓰는 기구. 🔴 언니는 연필깎이로 항상 연필을 깎아 쓴다. 나는 수학 문제를 풀 때 연필깎이로 깎은 나무 연필을 쓴다.
실내화 [실래화]	방이나 건물 안에서 신는 신발. 🔴 교실에 들어갈 때 신발을 벗고 실내화를 신어야 한다. 발이 커서 이제 실내화가 작다.
신발주머니 [신발쭈머니]	신발을 넣어 들고 다니는 주머니. 🔴 흐엉은 실내화를 넣어 둔 신발주머니를 안 가지고 왔다. 금요일마다 집으로 신발주머니를 가지고 간다.

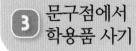

3 문구점에서
학용품 사기

1. 문구점에 무엇을 사러 갔는지 이야기해 봅시다.

1) 그림을 보고 가리켜 보세요.

| 스카치테이프 | 도화지 | 물감 | 연필깎이 | 실내화 | 신발주머니 |

2) 듣고 따라 하세요. 🔵 38

주인: 어서 오세요.
오딜: 안녕하세요. 알림장 두 권 주세요.
     얼마예요?
주인: 1000원이에요.
오딜: 돈 여기 있어요.

154 • 의사소통 한국어 2

154

3) 듣기 자료를 듣기 전 그림을 보고 어디에서 대화하는지 질문하며 배경을 환기시킨다.

4) 듣기 자료를 들은 후 교사와 학생이 역할을 나누어 읽는다.

5) 친구와 대화문을 나누어 읽게 한다.

6) 내용을 이해했는지 확인한다.
   🔴 어디에서 이야기해요?
   🔴 오딜이 누구와 이야기해요?
   🔴 오딜은 무엇을 사고 싶어요?
   🔴 알림장 두 권은 얼마예요?

3 연습 – 10분

1) 문구점에서 학용품을 사는 대화를 연습하는 활동이다.

2) 두 명의 학생에게 〈보기〉를 읽어 보게 한다.

3) 두 명씩 짝을 지어 각각의 학용품을 사는 대화를 〈보기〉와 같이 해 보도록 한다.

연필깎이, 실내화
신발주머니
스카치테이프, 도화지,
물감,

2. 〈보기〉와 같이 대화해 봅시다.

〈보기〉
어서 오세요.
스카치테이프 2개 주세요. 얼마예요?
모두 2000원이에요.
돈 여기 있어요.

① 빨간 색연필
2자루
1000원

② 흰색 도화지
3장
600원

③ 12색
물감
4500원

④ 실내화
1켤레
8000원

3. 다음 질문에 대답하고 문구점 주인과 손님이 되어 이야기해 봅시다.

어서 오세요.　　공책 한 권 주세요.

질 문	대 답
1) 무엇을 살 거예요?	
2) 얼마나 살 거예요?	
3) 하나에 얼마예요?	
4) 모두 얼마예요?	

7. 물건 사기 • 155

155

(선) 문구점에서 볼 수 있는 물건이에요. 이건 뭐예요?

2) 익힘책 90쪽 2번 문항에서는 문장을 읽고 맞는 단어를 찾도록 한다.

3) 익힘책 91쪽 3번 문항에서는 물건에 맞는 단위 명사를 찾아 줄로 연결하도록 한다.

(선) 실내화 한 켤레가 있어요.

(선) 스카치테이프는 한 권 있어요?

(선) 종이는 몇 장 있어요?

(선) 연필은 한 장이라고 해요?

(선) 가방이 한 켤레 있어요?

4) 익힘책 91쪽 4번 문항에서는 〈보기〉와 같이 물건 살 때의 표현을 쓰게 한다.

※ 유의점: 물건값을 숫자로 쓰도록 한다.

5) 배운 어휘와 표현으로 문구점에서 자신이 사고 싶은 학용품을 말하고 구입할 수 있는지 확인한다.

(선) 문구점에 가서 뭘 살 거예요?

(선) 그걸 사고 싶을 때 아저씨에게 어떻게 말해요?

6) 차시 예고를 한다.

4 적용 - 11분

1) 친구와 같이 사고 싶은 학용품을 정하고 2번과 같이 대화하도록 하는 활동이다.

2) 학생 두 사람이 각각 사고 싶은 학용품, 개수, 가격을 교재 빈칸에 적게 한다.

(선) ○○는 문구점에 가서 뭘 사고 싶어요?

(선) 몇 개 살 거예요?

(선) 그건 한 개(장, 권…)에 얼마예요?

(선) 모두 얼마예요?

3) 2번과 같이 대화를 연습하도록 한다.

4) 학생끼리 말하기가 끝나면 친구들 앞에 나와서 문구점 주인과 손님이 되어 상황극을 해 보도록 한다.

5 정리 - 2분

1) 익힘책 90쪽 1번 문항에서는 그림에 맞는 단어를 찾아 빈칸에 쓰도록 지도한다.

4차시 슈퍼마켓에서 물건 사기

• 주요 학습 내용

> 어휘
> 계산하다, 봉지에 넣다, 돈을 내다, 거스름돈을 받다,
> 영수증을 받다
>
> 문법 및 표현
> -을까요?
>
> 준비물
> 듣기 자료, 〈부록〉 간식 카드

• 학습 목표
• '-을까요?'를 사용해 슈퍼마켓에서 물건을 살 때의 표현을 말할 수 있다.

1 도입 - 2분

1) 과자를 사고 돈을 낼 때 어떻게 말하는지 물어보며 차시 안내를 한다.

> 🔈 과자를 가지고 계산대에 가서 어떻게 말해요?

2 제시 - 설명 18분

1) 교사는 그림을 보며 무엇을 하는지 물어본다.

2) 교사의 설명을 듣고 학생들이 대답하며 그림을 가리키게 한다.

> 🔈 (계산하다) 슈퍼마켓 주인이 물건값이 얼마인지 계산기에 넣어요. 그리고 저는 그 물건값을 내요.
>
> 🔈 (봉지에 넣다) 과자가 많아서 그냥 들고 갈 수 없어요. 무엇에 넣어서 갈까요?
>
> 🔈 (돈을 내다) 제가 아저씨에게 과자값을 줘요.
>
> 🔈 (거스름돈을 받다) 과자는 모두 1500원이에요. 저는 아저씨에게 2000원을 드렸어요. 거스름돈 500원을 받았어요.
>
> 🔈 (영수증을 받다) 과자값이 얼마인지 내가 낸 돈이 얼마인지 모두 쓰여 있는 종이예요.

3) 듣기 자료를 듣기 전 그림을 보고 어디에서 대화하는지 질문하며 배경을 환기시킨다.

4) 듣기 자료를 들은 후 교사와 학생이 역할을 나누어 읽는다.

5) 친구와 대화문을 나누어 읽게 한다.

6) 내용을 이해했는지 확인한다.

> 🔈 타이선이 아이스크림을 몇 개 샀어요?
>
> 🔈 아이스크림 세 개에 얼마예요?
>
> 🔈 아이스크림을 봉지에 넣었어요?
>
> 🔈 거스름돈 얼마를 받았어요?
>
> 🔈 타이선이 영수증을 받았어요?

4 슈퍼마켓에서 물건 사기

1. 간식을 살 때 가게에서 어떻게 말합니까?

1) 그림을 보고 가리켜 보세요.

계산하다   봉지에 넣다

돈을 내다   거스름돈을 받다   영수증을 받다

2) 타이선과 가게 주인이 이야기해요. 듣고 따라 하세요. 🎧 39

> 타이선: 아이스크림 3개 계산해 주세요.
> 주인: 모두 1500원이에요. 봉지에 넣어 줄까요?
> 타이선: 네, 봉지에 넣어 주세요.
> 주인: 여기 거스름돈 500원 있어요. 영수증 줄까요?
> 타이선: 네, 영수증 주세요. 감사합니다.
> 주인: 또 오세요.

156 • 의사소통 한국어 2

156

어휘 지식	
계산하다 [계:산하다/ 게:산하다]	물건값이나 비용을 내다. 예 모두 얼마예요? 계산해 주세요. 　계산하고 나니까 돈이 하나도 없었다.
봉지	안에 물건을 넣을 수 있게 종이나 비닐 등으로 만든 주머니. 예 모두 봉지에 넣어 드릴까요? 　아이들은 쓰레기를 주워서 쓰레기 봉지에 넣었다.
넣다 [너:타]	어떤 공간 속에 들어가게 하다. 예 산 물건들을 모두 봉지에 넣어서 가지고 왔다. 　우유는 냉장고에 넣어 두세요.
내다	돈이나 물건 등을 주거나 바치다. 예 아이는 과자를 사고 돈을 냈다. 　돈을 내고 아이스크림을 먹어야 해요.
거스름돈 [거스름똔]	치러야 할 돈을 빼고 도로 주거나 받는 돈. 예 거스름돈을 잘못 주신 것 같아요. 　잊어버리지 말고 거스름돈을 꼭 받으세요.

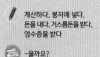

계산하다, 봉지에 넣다,
돈을 내다, 거스름돈을 받다,
영수증을 받다

-을까요?

2. '과자 주세요' 게임을 해 봅시다. 부록

뭐 줄까요?

과자 주세요.

〈보기〉 사탕 초콜릿 과자 젤리 핫도그 컵라면 주스

① 카드에 가게에서 살 수 있는 간식 3가지를 써 보세요.
② 친구에게 "뭐 줄까요?" 하고 물어보면서 간식 카드를 보여 주세요.
③ 친구는 카드를 보고 "＿＿＿＿＿＿＿ 주세요"라고 대답하세요.

3. 가게 주인과 손님이 되어 물건을 사고팔아 봅시다.

1) 순서에 맞게 대화를 만들어 보세요.

① 인사하기
② 사고 싶은 물건 말하기
③ 가격 물어보기
④ 계산 부탁하기
⑤ 봉지 부탁하기
⑥ 돈 내고 거스름돈 받기
⑦ 인사하기

2) 가게 주인과 손님이 되어 친구와 이야기해 보세요.

7. 물건 사기 • 157

157

문법 지식

-을까요?

· 동사에 붙어 듣는 사람에게 앞으로 할 일을 제안하며 의견
이나 생각을 물어볼 때 사용한다.

	조건	형태	예시
①	받침 ○	-을까요	입을까요, 앉을까요, 먹을까요, 찍을까요, 찾을까요, 받을까요
②	받침 ×	-ㄹ까요	살까요, 만날까요, 볼까요, 배울까요
	ㄹ 받침	-ㄹ까요 (어간 'ㄹ' 탈락)	팔까요, 만들까요

예 도서관에서 책을 읽을까요?
제가 도와드릴까요?

1) 간식 카드를 만들어 '○○ 줄까요?', '○○ 주세요.' 연
습을 하는 활동이다.

2) 학생들에게 가게에서 살 수 있는 간식 3가지를 〈부록〉
의 빈 카드에 쓰게 한다.

3) 간식 카드가 준비되면 학생들이 모두 일어나서 교실
여기저기에서 말하도록 한다.

4) 친구에게 '뭐 줄까요?' 하고 물어보면서 동시에 자신의
간식 카드를 보여 주게 한다.

5) 간식 카드를 본 학생은 '(카드에 써 있는) 간식 주세요.'
하고 대답하게 한다.

   ※ 유의점: 학생들의 숙달도에 따라서 '봉지에 넣어 줄까요?/
   넣어 드릴까요?', '영수증도 줄까요?/드릴까요?'도 같이 연
   습할 수 있다.

1) 교사와 함께 각 상황에서 어떻게 말하는지 이야기해
본다.

   교 가게에 들어가면 어떻게 인사해요?
   교 사고 싶은 물건이 있어요. 어떻게 물어봐요?
   교 물건값을 어떻게 물어보면 돼요?
   교 돈을 내려고 할 때 어떻게 말해요?
   교 봉지가 필요해요. 그럼 어떻게 말하면 돼요?
   교 돈을 낼 때 어떻게 말하면 될까요?
   교 물건을 다 사고 나올 때는 어떻게 인사할까요?

2) 두 사람씩 가게 주인과 손님이 되어 이야기해 보도록
한다.

1) 익힘책 92쪽 1번 문항에서는 그림을 보고 알맞은 명사
를 골라 빈칸에 쓰도록 한다.

2) 익힘책 92쪽 2번 문항에서는 글을 읽고 그림을 참고해
문맥에 맞는 말을 찾아 ○표 하도록 한다.

3) 익힘책 93쪽 3번 문항에서는 주어진 동사를 '-을까요'
와 결합하도록 한다.

   ※ 유의점: ★표가 있는 경우 문법 형태에 유의하도록 지도한다.

4) 익힘책 93쪽 4번 문항에서는 그림을 보고 '-을까(요)'
형태로 질문하고 대답하도록 한다.

   ※ 유의점: ①은 반말, ②는 존댓말, ③은 반말 또는 존댓말로
   묻고 답할 수 있도록 한다.

5) 배운 어휘와 표현으로 가게에서 물건 사는 대화를 할
수 있는지 확인한다.

6) 차시 예고를 한다.

5차시 옷 고르기

· 주요 학습 내용

> **어휘**
> 고르다, 마음에 들다, 마음에 안 들다
>
> **문법 및 표현**
> -지만
>
> **준비물**
> 듣기 자료

· 학습 목표
· '-지만'을 사용해 좋아하는 옷에 대해 말할 수 있다.

1 도입 - 2분

1) 그림을 보고 어디인지, 엠마가 무엇을 하는지 질문하면서 차시 주제를 안내한다.

2 제시, 설명 - 15분

1) 듣기 자료로 대화를 들은 후 교사와 학생이 역할을 나누어 읽는다.

2) 친구들과 역할을 나누어 읽게 한다.

3) 대화 내용을 확인한다.

> 🔵 엠마는 엄마와 같이 어디에 갔어요?
> 🔵 빨간색 티셔츠를 샀어요? 왜 빨간색 티셔츠를 안 샀어요?
> 🔵 모양은 괜찮아요. 그렇지만 색깔이 마음에 안 들었어요.
> 🔵 엠마는 무슨 색 티셔츠를 샀을까요?

문법 지식

-지만

· 동사나 형용사 '이다, 아니다'에 붙어 앞 절과 뒤 절이 서로 반대되는 내용임을 나타낸다. 앞 절에서 어떤 사실을 말하고 뒤 절에서 그와 반대되는 사실이나 다른 내용을 연결하여 말할 때 사용한다.

	조건	형태	예시
①	받침 ○	-지만	먹지만, 읽지만, 살지만, 만들지만, 좋지만, 작지만, 길지만
②	받침 ×	-지만	가지만, 다니지만, 크지만, 예쁘지만

> 🔘 흐엉은 매운 음식을 좋아하지만 저는 매운 음식을 싫어합니다.
> 미국은 멀지만 중국은 가까워요.

---

5 옷 고르기

1. 어떤 옷을 좋아하는지 이야기해 봅시다.

1) 듣고 따라 하세요. 🎧 40

> **엄마:** 이 빨간색 티셔츠 어때?
> **엠마:** 모양은 괜찮지만 색깔이 별로 마음에 안 들어요.
> **엄마:** 그러면 다른 색을 골라 봐.
> **엠마:** 저는 노란색이 마음에 들어요.
> **엄마:** 그래, 그럼 저 노란색 티셔츠를 사자.

2) 그림을 보고 가리켜 보세요.

고르다	마음에 들다	마음에 안 들다

---

4) 교사의 설명을 듣고 학생들이 대답하면서 그림을 가리키게 한다.

> 🔵 (고르다) (여러 색깔 펜들 가운데 빨간색을 골라 들고) 여러 펜 중에서 빨간색 펜을 골라요.
> 🔵 (마음에 들다) 친구에게 선물을 받았어요. 제가 좋아하는 차가 들어 있어요. 선물이 마음에 들었어요.
> 🔵 (마음에 안 들다) 선물 상자를 열었어요. 파란색 장갑이 있었어요. 그런데 저는 파란색을 별로 안 좋아해요. 파란색 장갑이 마음에 안 들어요.

어휘 지식

고르다	여럿 중에서 어떤 것을 가려내거나 뽑다. 🔘 제가 과자를 고를게요. 책이 모두 재미있어 보여서 한 권만 고르기가 어려워요.
마음에 들다	자신의 느낌이나 생각과 맞아 좋게 느껴지다. 🔘 이 옷은 디자인도 예쁘고 값도 싸서 마음에 들어요. 마음에 드는 장난감은 비싸요.

고르다, 마음에 들다,
마음에 안 들다

-지만

2. 다음 옷은 어떻습니까? 〈보기〉와 같이 이야기해 봅시다.

〈보기〉

① 모양이 마음에 들다/작다

② 몸에 딱 맞다/내가 좋아하는 색깔이 아니다

색이 예쁘다/작다
➡ 색이 예쁘지만 작아요.

③ 모양이 예쁘다/비싸다

④ 예쁘다/짧다

3. 〈보기〉와 같이 질문에 대답해 봅시다.

제가 좋아하는 옷은 원피스예요.
저희 할머니께서 생일 선물로 사 주셨어요.
그 원피스는 조금 짧지만 모양이
마음에 들어서 그 원피스를 자주 입어요.

질문	대답
① 가지고 있는 옷 중에서 어떤 옷을 좋아해요?	
② 누가 그 옷을 사 주셨어요?	
③ 왜 그 옷을 좋아해요?	

7. 물건 사기 • 159

159

3 연습 - 10분

1) 2번은 두 문장을 '-지만'으로 연결해 역접 관계를 이해하도록 하는 문항이다.

2) 교사가 질문을 통해 두 문장의 의미를 이해하고 연결하도록 한다.

🔵 이 티셔츠는 색이 예뻐요. 그렇지만 작아요.

🔵 이 바지는 디자인이 마음에 들어요. 그렇지만 작아요.

🔵 이 원피스는 몸에 잘 맞아요. 그렇지만 좋아하는 색깔이 아니에요.

🔵 이 반바지는 디자인이 예뻐요. 그렇지만 비싸요.

🔵 이 치마는 예뻐요. 그렇지만 짧아요.

3) 위에서 말한 문장을 '-지만'을 사용해 한 문장으로 써 보게 한다.

4 적용 - 11분

1) 3번은 좋아하는 옷, 마음에 드는 옷에 대해 이야기하는 활동이다.

2) 학생들이 발표할 내용을 순서에 맞게 차례로 질문한다.

3) 가지고 있는 옷 중에서 무슨 옷을 좋아하는지, 누가 그 옷을 사 주셨는지, 왜 그 옷을 좋아하는지 질문한 후 간단히 쓰게 한다.

4) 자신이 좋아하는 옷에 대해 3~4문장 정도로 친구들 앞에서 발표하도록 한다.

※ 유의점: 그 옷은 어떤 점이 좋은지 어떤 점은 안 좋은지 이야기하고 배운 문법 '-지만'을 사용할 수 있도록 지도한다.

5 정리 - 2분

1) 익힘책 94쪽 1번 문항에서는 그림을 보고 알맞은 말을 골라 빈칸에 쓰도록 한다.

2) 익힘책 94쪽 2번 문항에서는 주어진 옷 중 마음에 드는 것과 마음에 들지 않는 것을 말하고 쓰도록 한다.

🔵 여러 가지 옷이 있어요.

무슨 옷이 있어요?

○○는 무엇을 입고 싶어요? 뭐가 마음에 들어요? 마음에 안 드는 옷은 뭐예요?

3) 익힘책 95쪽 3번 문항에서는 어울리는 두 문장을 찾아 '-지만'을 사용해 한 문장으로 만들어 써 보도록 한다.

4) 배운 어휘와 표현으로 좋아하는 옷에 대해 말할 수 있는지 확인한다.

🔵 여러분은 어떤 옷을 좋아해요? 왜 그것을 좋아해요?

5) 차시 예고를 한다.

7단원 물건 사기 • 133

· **주요 학습 내용**

> 어휘
>
> 용돈을 받다, 용돈을 쓰다, 용돈을 모으다, 용돈 기입장, 수입, 지출, 잔액
>
> 문법 및 표현
>
> -는 편이다

· **학습 목표**

· '-는 편이다'를 사용해 자신이 받는 용돈에 대해 말할 수 있다.

1 도입 - 2분

1) 부모님께 용돈을 받는지, 얼마나 자주 받는지 질문하며 차시 주제를 안내한다.

> 신 부모님께 용돈을 받아요? 한 달에 한 번 받아요? 일주일에 한 번 받아요?

2 제시, 설명 - 13분

1) 교사의 설명을 들으며 학생들이 그림을 가리켜 보도록 한다.

> 신 (용돈을 받다) 어머니께서 일주일에 한 번 오천 원을 주세요. 저는 일주일에 한 번 용돈을 받아요.
>
> 신 (용돈을 쓰다) 용돈을 받으면 친구와 같이 아이스크림을 사 먹어요. 과자도 사 먹어요. 저는 간식을 사 먹을 때 용돈을 써요.
>
> 신 (용돈을 모으다) 다음 주에 친구 생일 선물을 살 거예요. 그래서 용돈을 다 쓰지 않아요. 돈을 모아요.
>
> 신 (용돈 기입장) 받은 돈과 쓴 돈을 쓴 수첩이에요.

2) 교사가 한 줄씩 읽은 후 학생들에게 돌아가며 한 문장씩 읽게 한다.

3) 질문을 통해 내용을 이해했는지 확인한다.

> 신 유키는 한 달에 용돈을 얼마 받아요?
>
> 신 엠마는 용돈을 얼마 받아요? 준서는 용돈을 얼마 받아요?
>
> 신 유키는 다른 친구들보다 용돈을 많이 받아요. 친구들보다 많이 받는 편이에요.
>
> 신 유키는 용돈을 받으면 무엇을 해요?
>
> 신 들어온 돈은 어디에 써요? 나간 돈은 어디에 써요? 남은 돈은 어디에 써요?

어휘 지식

용돈 [용:똔]	개인이 여러 가지 용도로 자유롭게 쓸 수 있는 돈. 예 민준이는 엄마에게 한 달에 한 번 용돈을 받는다. 항상 용돈이 부족하다.
쓰다	어떤 일을 하는 데 시간이나 돈을 들이다. 예 지수는 용돈을 모두 간식 사 먹는 데 쓴다. 방학 때는 돈 쓸 일이 더 많이 생긴다.

---

6 용돈

1. 용돈에 대한 말을 배워 봅시다.

1) 그림을 보고 가리켜 보세요.

용돈을 받다   용돈을 쓰다   용돈을 모으다

2) 읽고 알맞은 낱말을 넣어 보세요.

> 저는 어머니께 한 달에 한 번 30000원을 받아요.
> 엠마는 25000원을 받고 준서는 20000원을 받아요.
> 저는 용돈을 많이 받는 편이에요. 용돈을 받으면 용돈 기입장을 써요.
> 들어온 돈은 '수입' 칸에, 나간 돈은 '지출' 칸에, 남은 돈은 '잔액' 칸에 써요.

〈보기〉

용돈 기입장

수입

지출

잔액

①				
날짜	내용	②	③	④
10월 1일	용돈	30000		30000
10월 3일	친구 생일 선물		5000	25000
10월 5일	공책		1000	24000
10월 6일	간식		2000	22000
10월 8일	책 빌림		3000	19000

160 • 의사소통 한국어 2

160

모으다	돈이나 재물 등을 쓰지 않고 쌓아 두다. 예 게임기를 사려고 돈을 모으고 있어요. 돈을 모아서 엄마 생신 선물을 사 드릴 거예요.
용돈 기입장 [용:똔 기입짱]	돈을 받고 쓴 금액과 내용을 쓰는 수첩. 예 저는 2학년 때부터 용돈 기입장을 썼어요. 요즘은 귀찮아서 용돈 기입장을 안 쓰고 있어요.
수입	어떤 일을 하여 돈이나 물건 등을 거두어들임. 또는 그 돈이나 물건. 예 들어온 돈은 용돈 기입장 수입 칸에 써요. 장사가 잘되어서 수입이 좀 늘었다.
지출	어떤 목적으로 돈을 씀. 또는 그렇게 쓰는 돈. 예 이번 달에 친구 생일이 많아서 지출이 많다. 지출을 많이 해서 돈을 모을 수가 없었어요.
잔액 [자낵]	남은 돈의 액수. 예 용돈을 거의 다 써서 잔액이 얼마 없어요. 지난달보다 잔액이 많이 남았다.

문법 지식

-는 편이다

· 동사나 형용사 '이다, 아니다'에 붙어 어떤 사실에 대해 단정적으로 말하기보다는 어떤 쪽에 가깝다고 말할 때 사용한다.

용돈을 받다, 용돈을 쓰다,
용돈을 모으다, 용돈 기입장,
수입, 지출, 잔액

-는 편이다

2. 친구에게 용돈에 대해 질문해 봅시다.

1) 친구에게 물어보고 써 보세요.

질문		친구 1	친구 2	나
〈보기〉	일주일에 용돈을 얼마 받아?	4000원	6000원	8000원
①	일주일에 간식을 몇 번 사 먹어?			
②	일주일에 슈퍼마켓에 몇 가?			
③	용돈을 얼마 모아?			

2) 1)을 보고 〈보기〉와 같이 말해 봅시다.

〈보기〉 저는 일주일에 용돈을 8000원 받아요.
저는 용돈을 많이 받는 편이에요.

3. 유키와 엄마의 대화를 들어 봅시다. 🔊 41

1) 유키는 용돈을 얼마 받았어요?

2) 유키는 용돈을 모아서 어디에 쓸까요?

① 아이스크림을 사 먹을 거예요. ② 엄마 생신 선물을 살 거예요.

③ 책을 사서 장위에게 줄 거예요. ④ 동생 선물을 살 거예요.

7. 물건 사기 • 161

161

	조건		형태	예시
① 동사	받침 ○, ×		-는 편이다	씻는 편이다, 읽는 편이다, 먹는 편이다, 보는 편이다, 가는 편이다, 사는 편이다
	ㄹ 받침		-는 편이다 (어간 'ㄹ' 탈락)	사는 편이다, 노는 편이다, 만드는 편이다
② 형용사	받침 ○		-은 편이다	작은 편이다, 많은 편이다, 짧은 편이다, 높은 편이다, 좋은 편이다, 밝은 편이다
	받침 ×		-ㄴ 편이다	큰 편이다, 예쁜 편이다, 싼 편이다, 깨끗한 편이다
	ㄹ 받침		-ㄴ 편이다 (어간 'ㄹ' 탈락)	긴 편이다, 먼 편이다

예 나는 친구들 중에서 키가 큰 편이다.
내 동생은 수학을 잘하는 편이다.

3

1) 친구들에게 용돈에 대해 질문한 후 나와 비교해 '-는 편이다'를 사용해 말하도록 한다.

2) 3명 이상의 친구를 만나서 질문한 후 대답을 빈칸에 쓰게 한다.

3) 교사의 질문을 통해 친구의 대답과 나의 경우를 비교하도록 한다.

선 ○○는 친구들보다 용돈을 많이 받는 편이에요? 적게 받는 편이에요?

선 ○○는 일주일에 간식을 자주 사 먹는 편이에요? 자주 안 사 먹는 편이에요?

선 ○○는 용돈을 많이 모으는 편이에요? 적게 모으는 편이에요?

4) 2-2)번 〈보기〉처럼 학생들에게 자신의 경우를 발표해 보도록 한다.

4

1) 듣기 자료를 한 번 듣고 문제의 답을 찾도록 한다.

듣기 자료 🔊 41
엄마: 유키야, 이번 주 용돈 3000원이야.
유키: 고마워요, 엄마.
엄마: 용돈을 어디에 쓸 거야?
유키: 돈을 모아서 장위 생일 선물을 살 거예요.
엄마: 뭘 살 거야?
유키: 장위는 책을 많이 읽는 편이어서 책을 사 줄 거예요.

2) 다시 듣고 교사와 함께 답을 확인한다.

선 유키는 용돈을 얼마 받아요?
선 유키는 용돈을 모아서 무엇을 할 거예요?

5

1) 익힘책 96쪽 1번 문항에서는 그림을 보고 알맞은 말을 골라 빈칸에 쓰도록 한다.

2) 익힘책 96쪽 2번 문항에서는 글을 읽고 문맥에 맞는 단어를 골라 ○표 하도록 한다.

3) 익힘책 97쪽 3번 문항에서는 주어진 동사를 '-는 편이다'와 결합하도록 한다.

※ 유의점: ★표가 있는 경우 문법 형태에 유의하도록 지도한다.

4) 익힘책 97쪽 4번 문항은 표를 보고 '-는 편이다'를 사용해 질문에 맞는 답을 하도록 한다.

선 다니엘은 일주일에 용돈을 얼마 받아요?
선 타이선은 일주일에 태권도 학원에 몇 번 가요?
선 준서는 하루에 몇 시간 게임을 해요?

5) 배운 어휘와 문법으로 용돈과 관련된 질문과 답을 할 수 있는지 확인한다.

선 용돈을 받으면 뭘 해요?

6) 차시 예고를 한다.

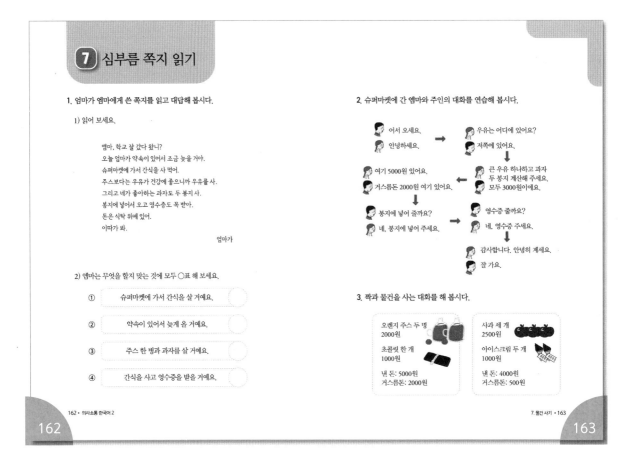

7차시 심부름 쪽지 읽기

• **주요 학습 내용**

> **과제 1**
> 심부름 쪽지 읽고 이해하기
>
> **과제 2**
> 슈퍼마켓에서 물건 사는 대화하기

• **학습 목표**
• 심부름 쪽지를 읽고 이해하며 슈퍼마켓에서 물건을 사는 대화를 할 수 있다.

1 도입 - 3분

1) 슈퍼마켓에 가서 간식을 살 때 어떻게 이야기하는지 질문하며 차시 안내를 한다.

2 과제 1 - 17분

1) 교사는 읽기 전 배경을 설명한다.
   - 📖 누구에게 쪽지를 받았어요?
   - 📖 여러분은 간식을 살 때 어디에 가요? 무슨 간식을 사요?

2) 교사가 먼저 글 전체를 읽고 학생이 한 문장씩 따라 읽도록 한다.

3) 글을 읽은 후 질문을 통해 내용을 확인한다.
   - 📖 오늘 엄마는 왜 늦어요?
   - 📖 엄마가 뭘 시켰어요?
   - 📖 엠마는 무엇을 살까요? 주스를 살까요?
   - 📖 엠마는 간식을 사서 어디에 넣어서 올까요?
   - 📖 엠마는 영수증을 받을까요?
   - 📖 엄마가 돈을 어디에 두었어요?

4) 내용을 이해한 후 2번 문제를 읽도록 한다.
   - 📖 엠마는 쪽지를 읽고 무엇을 할까요? 모두 찾아보세요.

3 과제 2 - 18분

1) 슈퍼마켓에 가서 물건을 사는 대화를 연습해 본다.

2) 교사는 주인이 되고 학생은 손님이 되어 대화를 읽는다.

3) 짝과 함께 2)에서 두 종류의 물건을 사는 대화를 차례대로 해 보도록 한다.

   ※ 유의점: 두 번의 연습이 끝난 후 위 순서대로 슈퍼마켓에서 자신이 사고 싶은 물건을 사는 연습을 해 보도록 한다.

4 정리 - 2분

1) 슈퍼마켓에서 자신이 원하는 물건을 산 후 계산하고 봉지와 영수증을 달라고 요청할 수 있는지 확인한다.

2) 차시 예고를 한다.

1. 알뜰 시장 행사 안내문을 읽어 봅시다.

1) 안내문을 읽어 보세요.

제5회 나래초등학교 알뜰 시장 행사

1. 언제: 4월 29일 금요일
2. 어디서: 교실
3. 누가: 나래초등학교 학생 모두
4. 준비물: 10개 정도의 물건(학용품, 책, 장난감, 생활용품)
5. 알뜰 시장 일정

1교시	가게 이름 정하기, 물건 가격 정하기, 가격표 붙이기
2교시	알뜰 시장 하기
3교시	교실 정리

모두 가게 주인이 되어 보세요.

2) 안내문을 읽고 맞는 것에 ○표 하세요.

① 4월 29일 금요일에 알뜰 시장이 열려요.　□ 네　□ 아니요

② 운동장에서 알뜰 시장을 해요.　□ 네　□ 아니요

③ 한 사람이 10개쯤 물건을 준비해요.　□ 네　□ 아니요

④ 연필이나 공책을 팔아도 돼요.　□ 네　□ 아니요

2. 친구들과 같이 알뜰 시장 놀이를 해 봅시다.

1) 같이 물건을 팔 친구를 정해요.

● 누구와 같이 알뜰 시장에서 물건을 팔 거예요?

2) 팔고 싶은 물건을 정해요.

● 무엇을 팔 거예요?

3) 팔 물건의 가격을 정하고 가격표를 만들어요.

● 물건의 가격은 얼마예요?

4) 친구에게 물건을 팔아 보세요.

● 무엇을 팔았어요?

● 모두 얼마를 벌었어요?

8차시 알뜰 시장 놀이

• **주요 학습 내용**

> 과제 1
> 알뜰 시장 안내문 읽고 이해하기
>
> 과제 2
> 알뜰 시장 놀이
>
> 준비물
> 알뜰 시장에서 팔 물건 3가지, 가격표 종이, 2000원 정도의 돈(동전)

• **학습 목표**

• 알뜰 시장 안내문을 읽고 이해하며 알뜰 시장 놀이를 통해 물건 사고파는 대화를 할 수 있다.

1 도입 - 2분

1) 알뜰 시장을 해 본 적이 있는지 물어보며 차시 안내를 한다.

> 🔵 학교에서 알뜰 시장을 해 봤어요? 무엇을 팔았어요? 무엇을 샀어요?

2 과제 1 - 10분

1) 학생들이 안내문을 읽게 한다.

2) 질문을 통해 내용을 확인한다.

> 🔵 언제 알뜰 시장을 해요?

> 🔵 어디에서 알뜰 시장을 해요?
> 🔵 무엇을 가지고 오면 돼요?
> 🔵 알뜰 시장은 몇 교시에 해요? 1교시에는 무엇을 해요? 3교시에는 무엇을 해요?

3) 2번 문제를 읽고 맞는 것에 답하도록 한다.

3 과제 2 - 25분

1) 학생들과 실제로 알뜰 시장을 하며 지금까지 배운 물건 사고팔기 대화를 연습한다.

2) 1)번 문제를 읽은 후 학생들이 같이 물건을 팔 팀을 정하게 한다.

3) 같은 팀이 된 학생이 2)번, 3)번 질문을 읽고 답을 쓴 후 팔 물건과 가격을 정하게 한다.

4) 팔 물건과 가격표가 정해지면 두 명 중 한 명은 돌아다니며 물건을 사고 한 명은 자신의 가게에서 물건을 판다.

5) 시간이 지나면 물건을 사는 사람과 파는 사람을 바꾼다.

6) 물건 판매가 끝나면 자리로 돌아와 정리한 후 4)번 판 물건과 번 돈을 써 보게 한다.

4 정리 - 3분

1) 알뜰 시장 놀이를 통해 물건을 사고파는 대화를 할 수 있는지 확인한다.

2) 차시 예고를 한다.

교재 구성

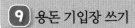

9 용돈 기입장 쓰기

1. 이야기를 듣고 빈칸에 알맞은 낱말을 〈보기〉에서 찾아 써 봅시다. 🎧 42

〈보기〉 용돈 햄버거 떡볶이 3000원 10000원

날짜	내용	수입	지출	잔액
9월 1일	①	②		10000
9월 5일	친구 생일 선물		③	7000
9월 7일	공책		1000	6000
9월 10일	④		2,000	4000
9월 12일	⑤		3000	1000

2. 이번 달 용돈 기입장을 써 봅시다.

날짜	내용	수입	지출	잔액
월 일				
월 일				
월 일				
월 일				
월 일				

1) 이번 달에 받은 용돈은 얼마예요?

2) 용돈으로 무엇을 했어요?

3) 용돈이 얼마 남았어요?

9차시 용돈 기입장 쓰기

· 주요 학습 내용

과제 1
듣고 용돈 기입장 어휘 채우기
과제 2
자신의 용돈 기입장 쓰기
준비물
듣기 자료

· 학습 목표
· 용돈 기입장을 쓸 수 있다.

1 도입 - 3분

1) 용돈 기입장을 쓰고 있는지 질문하며 차시 도입을 한다.

2 과제 1 - 15분

1) 듣기 자료를 듣기 전에 수입, 지출, 잔액의 의미를 확인한 후 듣기 자료를 듣는다.

  🔲 들어온 돈은 어디에 쓸까요? 쓴 돈은 어디에 쓸까요? 남은 돈은 어디에 쓸까요?

2) 듣기 자료를 듣고 질문을 통해 내용을 확인한다.

듣기 자료 🎧 42

저는 9월 1일에 용돈을 받았어요. 이번 달에는 10000원을 받았어요. 9월 5일에 장위의 생일 선물을 샀어요. 그래서 3000원을 썼어요. 9월 7일에는 공책을 샀어요. 공책은 한 권에 1000원이었어요. 9월 10일에는 친구와 떡볶이를 사 먹었어요. 그래서 2000원을 더 썼어요. 9월 12일에 수업이 끝나고 혼자 햄버거를 사 먹었어요. 이제 용돈이 1000원밖에 안 남았어요.

🔲 언제 용돈을 받았어요?
🔲 이번 달 용돈은 얼마를 받았어요?
🔲 친구 생일 선물을 살 때 얼마를 썼어요?
🔲 9월 10일에 친구와 같이 무엇을 사 먹었어요?
🔲 9월 12일에 혼자 무엇을 사 먹었어요?
🔲 남은 용돈이 얼마예요?

3) 빈칸에 알맞은 답을 〈보기〉에서 찾아 쓰게 한다.

3 과제 2 - 20분

1) 1번 활동을 참고로 날짜와 내용, 수입, 지출을 쓰게 하고 잔액도 계산해 보도록 한다.

3) 용돈 기입장을 쓴 후 질문에 맞게 답하도록 한다.

  🔲 이번 달에 들어온 돈은 얼마예요? 용돈으로 무엇을 했어요? 용돈이 얼마 남았어요?

4 정리 - 2분

1) 배운 어휘와 표현으로 용돈 기입장을 쓸 수 있는지 확인한다.

2) 차시 예고를 한다.

10 생각 넓히기

1. 한국에서 유명한 전통 시장은 어디일까요? 찾아 봅시다.

남대문 시장

동대문 시장

2. 시장에서는 무엇을 많이 팔까요? 〈보기〉에서 찾아 써 봅시다.

〈보기〉 생선 조개 채소 꽃 옷 곡식

농산물 시장

구리 농산물 시장

수산물 시장

부산 자갈치 시장

꽃 시장

양재 꽃 시장

의류 시장

동대문 의류 시장

3. 우리 동네의 전통 시장을 조사해 봅시다.

1) 우리 동네 전통 시장의 이름을 써 보세요.

2) 우리 동네 시장에 무슨 가게가 있는지 이야기하고 써 보세요.

채소 가게

시장

3) 시장에서 무엇을 샀는지 친구들과 이야기해 보세요.

10차시 생각 넓히기

• **주요 학습 내용**

과제 1
한국의 전통 시장
과제 2
우리 동네 전통 시장

• **학습 목표**
• 여러 종류의 시장과 우리 동네 전통 시장에 대해 안다.

1 도입 - 2분

1) 한국의 전통 시장에 가 봤는지 물어보며 차시 주제를 안내한다.

2 과제 1, 2 - 18분

1) 한국의 유명한 전통 시장을 아는지 물어본다.
   선 한국에서 유명한 전통 시장이 어디예요?

2) 다양한 시장의 종류를 알려 준다.
   선 농산물 시장에서는 쌀, 콩 같은 곡식을 많이 팔아요.
   선 수산물 시장에서는 생선, 조개 같은 바다에서 나는 것을 많이 팔아요.
   선 꽃 시장에서는 여러 종류의 꽃과 화분을 팔아요.
   선 의류 시장에서는 바지, 티셔츠, 원피스 같은 옷을 많이 팔

아요.

3) 빈칸에 알맞은 것을 〈보기〉에서 찾아서 쓰도록 한다.

3 과제 3 - 18분

1) 우리 동네에 있는 전통 시장에 대해 알아본다.
   선 우리 동네에 있는 전통 시장의 이름은 뭐예요?
   선 부모님과 같이 그 시장에 가 봤어요?
   선 시장에서 뭘 봤어요?

2) 동네 시장에 무슨 가게가 있는지 이야기하고 써 보도록 한다.
   선 우리 동네 시장에 무슨 가게가 있어요?
   선 그 가게에서 무엇을 샀어요?

3) 시장에서 무엇을 샀는지 친구들과 이야기해 보도록 한다.

4 정리 - 2분

1) 배운 어휘로 우리 동네의 전통 시장과 시장에 있는 여러 가게를 말할 수 있다.
   선 우리 동네 전통 시장에서 뭘 구경했어요?
   선 다시 가고 싶은 가게가 있어요?

2) 대단원을 정리한다.

8단원 • 예절

● 단원의 개관

이 단원에서는 식사 예절, 친구 집 방문 예절, 놀이터 예절, 버스 예절, 음식점 예절을 알고 말할 수 있으며 또한 방송 듣기, 이야기 읽기, 게임을 통해 공공장소에서의 예절을 표현할 수 있다.

학습 목표	• 식사 예절을 말할 수 있다. • 친구 집 방문 예절을 말할 수 있다. • 공공장소에서의 예절을 말할 수 있다.						
주제	장면		기능	문법	어휘	문화	담화 유형
	일상생활	학교생활					
예절	식사 예절	놀이터 예절	식사 예절 말하기 공공장소 예절 말하기	−어야 하다 −는 게 좋다 −을게요 −지 말고	공공장소 어휘 예절 관련 어휘	세계 여러 나라의 식사 예절	대화 안내문 인터뷰
	방문 예절	공공장소 예절					

차시 전개 과정

차시	차시 제목	성격	학습 내용	교재 쪽수	익힘책 쪽수
1	식사 예절	필수	• '-어야 하다'를 사용해 식사 예절을 말할 수 있다.	172	98
2	친구 집 방문 예절	필수	• '-는 게 좋다'를 사용해 친구 집을 방문할 때의 예절을 말할 수 있다.	174	100
3	공공장소	필수	• 공공장소 어휘를 익히고 공공장소에서 지켜야 하는 예절을 말할 수 있다.	176	102
4	놀이터 예절	필수	• '-을게요'를 사용해 놀이터에서 지켜야 하는 예절을 말할 수 있다.	178	104
5	버스 예절	필수	• '-지 말고'를 사용해 버스 예절을 말할 수 있다.	180	106
6	음식점 예절	필수	• 음식점 예절 표현을 익혀 음식점에서 지켜야 하는 예절을 말할 수 있다.	182	108
7	학교 아침 방송 듣기	선택	• 학교 아침 방송을 듣고 이해할 수 있다.	184	-
8	이야기 읽기	선택	• 공공 예절을 지키지 않아 불편했던 점을 말할 수 있다.	186	-
9	게임하며 말하기	선택	• 게임을 통해 공공장소에서의 예절이나 질서를 알고 말할 수 있다.	188	-
10	생각 넓히기	선택	• 세계 여러 나라의 식사 예절을 알고 부모님 나라의 식사 예절을 말할 수 있다.	190	-

단원 지도상의 유의점

◆ 숙달도가 초급 수준인 학습자를 고려하여 어휘, 표현, 문법을 분리하여 명시적으로 학습하지 않고, 주어진 장면과 상황, 대화 속에서 어휘 및 표현을 이해하고 연습할 수 있도록 교수한다.

◆ 교사의 판서를 최소화하고 전자책이나 그림 자료를 보면서 말하기를 통해 학습이 이루어지도록 한다.

◆ 마지막 활용 문항에서는 매 차시 배운 어휘나 문법을 활용해 차시별 학습 주제를 두 문장 이상의 복문으로 말하고 쓸 수 있도록 지도한다.

• 주요 학습 내용

> **어휘**
> 예절을 지키다, 어른, 기다리다, 골고루 먹다, 소리를 내다, 뒤적거리다
>
> **문법 및 표현**
> -어야 하다
>
> **준비물**
> 듣기 자료

• 학습 목표

• '-어야 하다'를 사용해 식사 예절을 말할 수 있다.

1 도입 – 3분

1) 도입 그림을 보고 질문을 한다.

- 🔵 가족들이 같이 밥을 먹어요. 할아버지, 할머니가 식사를 시작하시기 전에 먼저 먹어도 될까요?
- 🔵 친구 부모님을 만나면 어떻게 해요?
- 🔵 버스를 탈 때 이렇게 먼저 타려고 하는 건 바른 행동이에요?
- 🔵 음식점에서 뛰어다녀도 돼요?

2) 교재에 나온 도입 질문을 한다.

- 🔵 할아버지, 할머니와 같이 밥을 먹을 때 어떻게 해요?
- 🔵 많은 사람들이 같이 이용하는 곳은 어디예요?

3) 식사할 때 어떤 예절이 있는지 질문하며 차시 주제를 안내한다.

- 🔵 식사할 때 지켜야 하는 예절은 무엇이 있을까요?

2 제시, 설명 – 15분

1) 새 어휘가 쓰여 있는 그림을 같이 보며 질문을 통해 어휘를 학습한다. 교사의 설명을 듣고 학생들이 해당 어휘를 가리켜 보게 한다.

- 🔵 (예절을 지키다) 장위는 할아버지께서 식사하시기 전에 먼저 먹지 않아요. 장위는 식사 예절을 잘 지켰어요.
- 🔵 (어른) 할아버지, 할머니는 나이가 많아요. 선생님, 부모님, 할아버지, 할머니는 어른이에요.
- 🔵 (기다리다) 할아버지께서 식사를 시작하실 때까지 저는 먹지 않아요. 할아버지께서 식사를 시작하실 때까지 기다려요.
- 🔵 (골고루 먹다) 좋아하는 음식만 먹지 않아요. 고기도 채소도 과일도 모두 맛있게 잘 먹어요. 음식을 골고루 먹어요.
- 🔵 (소리를 내다) 밥 먹을 때 '쩝쩝' 소리를 내요. 밥 먹을 때 소리를 내지 않아요.
- 🔵 (뒤적거리다) (반찬을 뒤적이는 동작과 함께) '내가 좋아하는 소시지가 어디에 있지?' 하면서 젓가락으로 반찬을 이리 저리 뒤집어요. 반찬을 뒤적거려요.

---

1 식사 예절

1. 식사할 때 예절에 대해 알아봅시다.

1) 그림을 보고 가리켜 보세요.

| 예절을 지키다 |
| 어른   기다리다 |
| 다 맛있어. |
| 골고루 먹다 |

| 예절을 안 지키다 |
| 쩝쩝! |
| 소리를 내다 |
| 뒤적거리다 |

2) 듣고 따라 하세요. 🎧43

식사할 때 지켜야 하는 예절이 있어요?

어른이 식사를 시작할 때까지 기다려야 해요.

또 다른 예절은요?

밥을 먹을 때 소리를 내지 않아야 해요.

어휘 지식

예절	사람이 사회생활에서 지켜야 하는 바르고 공손한 태도나 행동. 예 민준이는 예절이 바른 아이다. 부모님보다 먼저 밥을 먹는 것은 예절에 어긋난다.
지키다	약속이나 법, 예의, 규정 등을 잘 따르다. 예 복도에서 질서를 지키지 않는 학생들이 많다. 공공장소에서 예절을 지켜야 한다.
어른	나이나 지위 등이 높은 윗사람. 예 어른이 말씀하실 때 잘 들어야 해요. 어른이 식사를 시작한 후에 밥을 먹어요.
기다리다	사람, 때가 오거나 어떤 일이 이루어질 때까지 시간을 보내다. 예 십 분만 기다려 줘. 지수를 기다리는 동안 노래를 들었다.
골고루	빼놓지 않고 이것저것 모두. 예 음식을 골고루 먹는 습관이 건강에 좋아요. 고기만 먹지 말고 채소도 과일도 골고루 먹어야 해요.
소리	물체가 진동하여 생긴 음파가 귀에 들리는 것. 예 교실에서 친구들이 시끄럽게 떠드는 소리가 들렸다. 문 밖에서 '쿵' 하는 소리가 났다.
내다	소리나 냄새 등을 밖으로 드러내다. 예 동생이 이제 막 잠들었으니까 소리 내지 말고 조용히 해. 친구 중에 강아지 소리를 잘 내는 친구가 있다.
뒤적거리다 [뒤적꺼리다]	물건이나 몸을 자꾸 이리저리 움직이거나 뒤집다. 예 음식을 먹을 때 젓가락으로 음식을 뒤적거리면 안 된다. 동생은 좋아하는 것만 먹으려고 반찬을 뒤적거렸다.

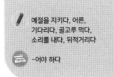
예절을 지키다, 어른,
기다리다, 골고루 먹다,
소리를 내다, 뒤적거리다

-어야 하다

2. 그림에 맞는 식사 예절을 찾아 연결해 봅시다.

잘 먹었습니다.   다 맛있어.

밥 먹기 전에   음식을 뒤적거리지   음식을 골고루   다 먹은 후에 감사
손을 씻어야 해요.   않아야 해요.   먹어야 해요.   인사를 해야 해요.

3. 〈보기〉와 같이 바른 식사 예절을 말하고 써 봅시다.

〈보기〉   배가 고프니까
        빨리 밥 먹자.   밥 먹기 전에 손을 씻어야 해.

① 나는 채소는 싫어!
  고기만 먹을 거야.

② 할아버지, 저는 다 먹었으니까
  먼저 갈게요.

③ 와, 맛있다. 쩝쩝!

8. 예절 • 173

173

문법 지식

-어야 하다

· 동사나 형용사 '이다, 아니다'에 붙어 어떤 행위를 해야 할
  의무가 있거나 어떤 상태로 되어야 할 필요가 있음을 나타
  낸다. 반드시 수행되어야 하는 의무나 필연적 조건에 대해
  말할 때 사용한다.

	조건	형태	예시
①	ㅏ, ㅗ	-아야 하다	일어나야 하다, 놓아야 하다, 봐야 하다, 자야 하다, 많아야 하다, 싸야 하다
②	ㅏ, ㅗ 이외	-어야 하다	먹어야 하다, 입어야 하다, 쉬어야 하다, 마셔야 하다, 적어야 하다, 예뻐야 하다
③	-하다	-여야 하다 (해야 하다)	운동해야 하다, 건강해야 하다, 편해야 하다, 친절해야 하다, 숙제해야 하다, 청소해야 하다

예 차에 타면 안전벨트를 매야 해요.
  가수가 되려면 노래를 잘 불러야 해요.

---

2) 대화문에 제시된 그림을 확인한다.

　신 장위가 선생님께 식사 예절을 물어봐요. 잘 들어 보세요.

3) 듣기 자료를 들은 후 교사와 학생이 나누어 읽는다.

4) 친구들과 역할을 나누어 읽게 한다.

5) 대화 내용을 확인한다.

　신 할아버지, 할머니가 식사를 시작하시기 전에 먼저 먹어도
　　돼요? 아니면 식사를 시작하실 때까지 기다려야 해요?

　신 밥을 먹을 때 '쩝쩝' 소리를 내도 돼요?

3

1) 그림 속 친구들이 식사 예절을 잘 지키고 있는지 이야
　기해 보도록 한다.

　신 장위가 무엇을 하고 있어요? 밥 먹기 전에 꼭 손을 씻어
　　요. 손을 씻어야 해요.

　신 장위가 좋아하는 반찬을 찾고 있어요. 반찬을 뒤적거리지
　　않아야 해요.

　신 장위가 밥을 다 먹은 후에 인사를 하고 있어요. 밥을 다
　　먹은 후 감사 인사를 해야 해요. 뭐라고 인사할까요?

　신 장위는 모든 음식을 다 맛있게 먹고 있어요. 좋아하는 음
　　식만 먹어도 돼요? 음식을 골고루 먹어야 해요.

2) 아래의 문장 카드를 학생들이 읽게 한다.

3) 그림에 맞는 문장 카드를 연결하도록 한다.

4

1) 교사가 예절을 지키지 않는 학생이 되어 〈보기〉의 문
　장을 말한다.

　신 배가 고프니까 빨리 밥 먹자.

2) 학생은 바른 식사 예절을 이야기해 주는 역할을 한다.

　학 밥 먹기 전에 손을 씻어야 해.

3) 교사가 ①, ②, ③을 말하면 학생들은 바른 식사 예절을
　말하도록 한다.

　신 나는 채소는 싫어! 고기만 먹을 거야.

　학 음식을 골고루 먹어야 해.

　신 할아버지, 저는 다 먹었으니까 먼저 갈게요.

　학 어른이 식사가 끝날 때까지 기다려야 해.

5

1) 익힘책 98쪽 2번 문항에서는 식사 예절을 잘 지킨 친
　구를 찾아 이름을 쓰게 한다.

2) 익힘책 99쪽 4번 문항에서는 교재를 참고해 바른 식사
　예절을 쓰도록 한다.

3) 배운 어휘와 표현으로 바른 식사 예절을 말해 보도록
　한다.

　신 어른과 같이 밥을 먹을 때는 어떻게 해야 해요?

4) 차시 예고를 한다.

·주요 학습 내용

> **어휘**
> 전화하다, 양말을 신다, 허락을 받다, 만지다, 이른 아침, 늦은 저녁
>
> **문법 및 표현**
> -는 게 좋다
>
> **준비물**
> 듣기 자료

·학습 목표

· '-는 게 좋다'를 사용해 친구 집을 방문할 때의 예절을 말할 수 있다.

1 도입 – 2분

1) 친구 집 방문 예절을 물어보며 차시 주제를 안내한다.

> 선 친구 집에 갈 때 지켜야 하는 예절은 무엇일까요? 친구 집에 갈 때 어떻게 하는 것이 예의 있는 행동일까요?

2 제시, 설명 – 15분

1) 새 어휘가 쓰여 있는 그림을 같이 보며 질문을 통해 어휘를 학습한다. 교사의 설명을 듣고 학생들이 해당 어휘를 가리켜 보게 한다.

> 선 (전화하다) (전화 통화를 하는 행동을 하며) 친구 집에 가고 싶으면 "너희 집에 가도 돼?" 하고 전화를 해요.
>
> 선 (양말을 신다) (양말을 신는 행동을 하며) 다른 사람 집에 갈 때 양말을 신어요. 안 신는 것보다 좋아요.
>
> 선 (허락을 받다) 친구 집에 가고 싶으면 부모님에게 여쭤봐요. "○○ 집에 가도 돼요?" 허락을 받고 친구 집에 가요.
>
> 선 (만지다) (물건을 만지는 행동을 하며) 친구 집 물건은 허락을 받고 만져요.
>
> 선 (이른 아침) 아침 7시예요. 아침 중에서도 빠른 아침이에요.
>
> 선 (늦은 저녁) 저녁 9시예요. 저녁 중에서도 늦은 저녁이에요.

어휘 지식

전화하다 [전:화하다]	전화기를 통해 사람들끼리 말을 주고받다. 예 제시는 수업이 끝나고 집에 올 때 엄마에게 전화한다. 부모님이 전화하실 때는 조용히 해야 한다.
양말	발을 보호하거나 추위를 막기 위해 실이나 천으로 만들어 발에 신는 물건. 예 아이는 색이 다른 양말을 짝짝이로 신고 있었다. 아버지는 겨울이 되면 두꺼운 양말을 신고 다니신다.
신다 [신:따]	신발이나 양말 등의 속으로 발을 넣어 발의 전부나 일부를 덮다. 예 영수는 추운 날에 양말도 안 신고 운동화를 신고 학교에 왔다. 산에 갈 때는 운동화를 신어야 한다.
허락	요청하는 일을 하도록 들어줌. 예 수업 시간에 화장실에 갈 때는 선생님의 허락을 받아야 해요. 하교 후에 친구와 놀 때는 꼭 부모님의 허락을 받고 놀아요.

---

2 친구 집 방문 예절

1. 친구 집에 갈 때 지켜야 하는 예절을 알아봅시다.

1) 그림을 보고 가리켜 보세요.

전화하다   양말을 신다   허락을 받다   만지다

이른 아침   늦은 저녁

2) 듣고 따라 하세요. 44

엄마, 다니엘 집에서 놀다 올게요.

네, 알겠어요.

그래, 그런데 양말을 안 신었어? 친구 집에 갈 때는 양말을 신는 게 좋아.

만지다	어떤 곳에 손을 대어 움직이다. 예 아이는 가게에 있는 장난감을 만져 보았다. 박물관에 전시된 물건은 만지면 안 돼요.
이르다	기준이 되는 때보다 앞서거나 빠르다. 예 이른 봄인데도 벌써 여기저기 활짝 핀 꽃들이 보인다. 나는 소풍 가는 날 아침에 이른 새벽부터 잠이 깼다.
늦다 [늗따]	적당한 때를 지나 있다. 또는 시기가 한창인 때를 지나 있다. 예 늦은 저녁에는 선생님께 전화를 안 하는 것이 좋다. 일요일에 늦잠을 자서 우리는 늦은 아침을 먹었다.

2) 대화의 내용을 안내한다.

> 선 엠마가 엄마와 친구 집 방문 예절에 대해 이야기해요. 잘 들어 보세요.

3) 듣기 자료를 들은 후 교사와 학생이 역할을 나누어 읽는다.

4) 친구들과 역할을 나누어 읽게 한다.

5) 대화 내용을 확인한다.

> 선 엠마가 어디에 가요? 친구 집에 갈 때 양말을 신는 게 좋을까요? 안 신는 게 더 좋을까요?

전화하다, 양말을 신다,
허락을 받다, 만지다,
이른 아침, 늦은 저녁

-는 게 좋다

2. 친구 집을 방문할 때 지켜야 하는 예절을 읽어 봅시다.

1) 방문 예절을 읽어 보세요.

① 친구 집에 가기 전에 미리 전화를 하는 게 좋아요.

② 맨발로 가지 않고 양말을 신는 게 좋아요.

③ 친구 부모님을 만나면 인사를 잘 해야 해요.

④ 친구 부모님의 허락을 받고 친구 집 물건을 만져야 해요.

⑤ 이른 아침이나 늦은 저녁에는 가지 않는 게 좋아요.

2) 방문 예절을 잘 지킨 친구는 ☺에 예절을 안 지킨 친구는 ☹에 색칠해 보세요.

① 만져도 돼요?
② 안녕하세요.
③ 너희 집에 가도 돼?
④ 지금 다니엘 집에 가야지.
⑤ 양말을 신고 다니엘 집에 갈 거야.

3. 친구 집에 갈 때 예절을 잘 지켰나요? 친구들 앞에서 이야기해 봅시다.

8. 예절 • 175

175

문법 지식

-는 게 좋다

· 동사에 붙어 어떤 행위를 하는 것이 더 낫다는 것을 나타낸다.

	조건	형태	예시
①	받침 ○	-는 게 좋다	일어나는 게 좋다, 보는 게 좋다, 자는 게 좋다,
②	받침 ✕		먹는 게 좋다, 쉬는 게 좋다, 운동하는 게 좋다

예 늦은 시간에는 친구 집에 안 가는 게 좋다.
숙제를 미루지 않는 게 좋아.

3 연습 - 16분

1) 친구 집을 방문할 때 지켜야 하는 예절을 학생들이 돌아가면서 읽도록 한다.

2) 읽은 후 질문을 통해 내용 확인을 한다.

🔵 친구 집에 가기 전에 미리 전화를 하는 게 좋을까요? 안 하는 것보다 좋아요.

🔵 친구 집에 아무것도 신지 않은 맨발로 가는 게 좋을까요? 양말을 신고 가는 게 더 좋을까요?

🔵 친구 부모님을 만났을 때 제일 먼저 무엇을 해야 해요?

🔵 친구 집의 물건을 만지고 싶으면 친구 부모님께 무엇부터 받아야 할까요? 허락을 받을 때 어떻게 말해요?

🔵 아침 일찍, 저녁 늦게 전화를 하는 것이 좋을까요?

3) 방문 예절을 잘 지킨 친구는 웃는 얼굴에, 안 지킨 친구는 찡그린 얼굴에 색칠하도록 한다.

4) 학생들이 그림을 보고 어떤 예절을 잘 지켰는지 이야기하도록 한다.

5) 이후 교사의 질문을 통해 답을 확인한다.

🔵 엠마가 친구 집 물건을 만져 보고 싶어 해요. 어떻게 말했어요? 예절을 잘 지켰나요?

🔵 오딜이 친구 부모님을 보고 인사를 해요. 예절을 잘 지켰나요?

🔵 엠마가 친구 집에 가기 전에 무엇을 하고 있어요? 엠마는 예절을 잘 지켰어요?

🔵 이른 아침도 아니고 늦은 저녁도 아니에요. 이런 시간에 친구 집에 가는 건 괜찮아요?

🔵 엠마가 다니엘 집에 가기 전에 뭘 신고 있어요?

4 적용 - 5분

1) 친구 집을 방문할 때 어떤 예절을 잘 지켰는지 친구들 앞에서 말해 보도록 한다.

※ 유의점: 학생들이 지키지 않은 예절보다 잘 지킨 예절을 말할 수 있도록 지도한다.

5 정리 - 2분

1) 익힘책 100쪽 1번 문항에서는 그림에 맞는 표현을 찾아 연결하도록 한다.

2) 익힘책 101쪽 2번 문항에서는 주어진 동사를 '-는 게 좋다'와 결합하도록 한다.

3) 익힘책 101쪽 3번 문항에서는 '-는 게 좋다'를 사용해 질문에 맞게 답하도록 한다.

4) 오늘 배운 어휘와 문법으로 친구 집을 방문할 때의 예절을 말하도록 한다.

🔵 친구 집을 방문할 때 어떤 예절을 지켜야 해요?

5) 차시 예고를 한다.

3차시 공공장소

- **주요 학습 내용**

  어휘
  음식점, 영화관, 버스 정류장, 지하철역, 기차역, 공항,
  차례를 지키다, 뛰어다니다, 조용히, 시끄럽게

- **학습 목표**
- 공공장소 어휘를 익히고 공공장소에서 지켜야 하는 예절을 말할 수 있다.

1

1) 사람들이 같이 이용하는 곳이 어디인지 질문하며 오늘 배울 내용을 안내한다.
   - 🔲 사람들이 같이 이용하는 곳이 어디예요?
   - 🔲 이렇게 사람들이 같이 이용하는 곳을 공공장소라고 해요. 그곳에서 어떻게 해야 할까요?

2

1) 새 어휘가 쓰여 있는 그림을 같이 보며 질문을 통해 어휘를 학습한다. 교사의 설명을 듣고 학생들이 해당 어휘를 가리켜 보게 한다.
   - 🔲 책을 읽거나 빌리고 싶어요. 어디에 가면 돼요?
   - 🔲 돈을 주고 음식을 사 먹을 수 있어요. 어디일까요?
   - 🔲 영화를 보러 가요. 어디에 갈까요?
   - 🔲 버스를 기다리는 곳이에요. 어디일까요?
   - 🔲 지하철을 기다리는 장소예요. 이곳은 어디일까요?
   - 🔲 기차를 타고 할머니 댁에 가요. 기차를 어디에서 타요?
   - 🔲 비행기를 타고 외국에 가요. 어디에서 비행기를 탈까요?
   - 🔲 친구들이 줄을 잘 섰어요. 친구들은 차례를 잘 지켜요.
   - 🔲 친구들이 천천히 걷지 않아요. 뛰어다녀요. 도서관에서 뛰어다녀도 돼요?
   - 🔲 도서관에서 떠들지 않아요. 조용히 해야 해요.
   - 🔲 어떤 친구들은 도서관에서 큰 소리로 말해요. 시끄럽게 해요.

   ※ 유의점: 교사의 설명 대신 사진 속 장소에서 무엇을 하는지 학생들이 이야기하도록 할 수도 있다.

   #### 어휘 지식

음식점 [음ː식쩜]	음식을 만들어서 파는 가게. 🔵 우리는 배가 고파서 가까운 음식점에서 식사부터 했다. 나는 여러 종류의 음식을 파는 음식점이 좋다.
영화관	많은 사람이 함께 영화를 볼 수 있도록 시설을 갖추어 놓고 영화를 상영하는 곳. 🔵 엄마, 우리 방학 때 영화 보러 영화관에 갈까요? 저는 영화관에서 만화 영화 보는 것을 좋아해요.
버스 정류장 [버스 정뉴장]	버스가 사람을 태우거나 내려 주기 위해 멈추는 정해진 장소. 🔵 학교 앞 버스 정류장에서 버스를 타면 돼요. 새로 이사 온 집은 버스 정류장이 가까워서 편해요.

3 공공장소

1. 사람들이 같이 이용하는 장소에서 지켜야 하는 예절을 알아봅시다.

   1) 공공장소예요. 그림을 보고 가리켜 보세요.

| 도서관 | 음식점 | 영화관 |

| 버스 정류장 | 지하철역 | 기차역 | 공항 |

| 차례를 지키다 | 뛰어다니다 | 조용히 (하다) | 시끄럽게 (하다) |

   2) 1)의 장소 중에서 가 본 곳에 ○표 해 보세요.

176

지하철역 [지하철력]	지하철을 타고 내리는 곳. 🔵 우리 집에서 가장 가까운 지하철역은 시청역이에요. 지하철역에서 지하철을 기다릴 때 장난치지 마세요.
기차역	기차를 타고 내리는 장소. 🔵 할머니 댁에 갈 때 항상 기차역에서 기차를 타요. 엄마와 같이 기차역으로 할아버지 마중을 나갔다.
공항	비행기가 내리고 뜨기 위한 시설이 마련된 장소. 🔵 가족과 비행기를 타러 공항에 갔어요. 비행기가 출발하기 세 시간 전에는 공항에 가야 한다.
차례	어떤 일을 하거나 어떤 일이 일어나는 순서. 🔵 아이들은 차례를 지켜 질서 있게 버스에 오르고 있었다. 학생들이 급식 시간에 차례를 지켜서 음식을 받았다.
뛰어다니다 [뛰어다니다/ 뛰여다니다]	이곳저곳을 뛰면서 돌아다니다. 🔵 아이들은 쉬는 시간에 복도에서 뛰어다녔다. 바닥이 미끄러워서 뛰어다니면 미끄러질 수 있어.
조용히	말이 적고 행동이 얌전하게. 🔵 지수는 동생이 자고 있어서 조용히 말을 했다. 수업 시간에는 떠들지 말고 조용히 하세요.
시끄럽게	듣기 싫을 만큼 소리가 크고 떠들썩하다. 🔵 지수가 옆 친구와 시끄럽게 떠들어서 선생님께 혼이 났다. 도서관에서 시끄럽게 하면 안 돼요.

음식점, 영화관, 버스 정류장, 지하철역, 기차역, 공항, 차례를 지키다, 뛰어다니다, 조용히, 시끄럽게

2. 공공장소와 거기에서 지켜야 하는 예절을 말해 봅시다.

1) 여기는 어디일까요? 써 보세요.

① 음식을 사 먹는 곳이에요.

② 기차를 타는 곳이에요.

③ 책을 읽거나 빌리는 곳이에요.

④ 비행기를 타는 곳이에요.

⑤ 버스를 기다리는 곳이에요.

2) 공공장소에서 예절을 잘 지킨 친구에게 ○표, 예절을 지키지 않은 친구에게 ×표 하세요.

① 식당에서 뛰어다녀요.
② 도서관에서 조용히 책을 봐요.
③ 버스 안에서 시끄럽게 해요.
④ 지하철을 탈 때 차례를 지켜요.

3. 우리 동네에 있는 공공장소를 이야기하고 그곳에서 지켜야 할 예절을 친구들과 이야기해 봅시다.

8. 예절 • 177

177

1) 우리 동네에 어떤 공공장소가 있는지 질문한다.

　선 우리 동네에는 어떤 공공장소가 있어요? 여러분은 어디에 가 봤어요?

2) 학생들이 공공장소에서 어떤 예절을 잘 지켰는지 이야기하도록 한다.

　선 그곳에서 어떤 예절을 잘 지켰어요?

1) 익힘책 102쪽 1번 문항에서는 '도서관, 영화관, 기차역, 지하철역, 버스 정류장'을 찾아 빈칸에 쓰도록 한다.

2) 익힘책 102쪽 2번 문항에서는 등장인물의 이야기를 읽고 공공장소에서의 예절을 잘 지킨 세 명을 찾아 ○표 하도록 한다.

　선 친구들이 공공장소에서의 예절을 이야기하고 있어요. 누가 맞게 말했어요?

3) 익힘책 103쪽 3번 문항에서는 문장을 읽고 맞는 장소를 찾아 빈칸에 쓰도록 한다.

4) 익힘책 103쪽 4번 문항에서는 도서관과 지하철역에서 지켜야 하는 예절을 두 가지씩 찾아 쓰도록 한다.

　선 다음 예절을 읽어 보세요.

　선 도서관에서 어떤 예절을 지켜야 해요?

　선 지하철역에서는 어떻게 해야 해요?

5) 배운 어휘로 우리 동네에 있는 공공장소와 그곳에서 지켜야 하는 예절을 말할 수 있는지 확인한다.

　선 영화관에서 어떻게 해야 해요?

6) 차시 예고를 한다.

2) 그림 속 장소 중에서 학생들이 가 본 곳에 ○표 하도록 한다.

　선 어디에 가 봤어요? 언제 갔어요? 그곳에서 무엇을 했어요?

1) 공공장소를 설명하는 문장을 학생들이 읽은 후 어디인지 말하고 쓰게 한다.

2) 그림과 그림 아래의 문장을 보고 예절을 잘 지킨 친구에게 ○표, 예절을 잘 지키지 않은 친구에게 ×표 하게 한다.

　선 오딜이 음식점에서 뛰어다녀요. 예절을 잘 지켰어요? ○표 할까요? ×표 할까요?

　선 유키가 어디에 있어요? 유키가 무엇을 하고 있어요? ○표 할까요? ×표 할까요?

　선 유키가 무엇을 타고 있어요? 버스 안에서 어떻게 하고 있어요? 예절을 잘 지켰어요? 안 지켰어요?

　선 친구들이 지하철을 탈 때 차례를 지켜요. 이 친구들은 예절을 잘 지켰나요?

4차시 놀이터 예절

· 주요 학습 내용

> **어휘**
> 모래를 던지다, 싸우다, 양보하다, 사과하다,
> 거꾸로 올라가다, 부딪히다, 낙서하다
>
> **문법 및 표현**
> -을게요

· 학습 목표

· '–을게요'를 사용해 놀이터에서 지켜야 하는 예절을 말할 수 있다.

1 도입 – 2분

1) 그림을 보고 어디인지, 그림 속 아이들이 무엇을 하는지 물어보며 차시 주제를 안내한다.

> 🔲 여기는 어디일까요? 친구들이 뭘 하고 있어요?

2 제시, 설명 – 13분

1) 새 어휘가 쓰여 있는 그림을 같이 보며 질문을 통해 어휘를 학습한다. 교사의 설명을 듣고 학생들이 해당 어휘를 가리켜 보게 한다.

> 🔲 (모래를 던지다) 놀이터에 모래놀이를 할 수 있는 곳이 있어요. (던지는 행동과 함께) 모래를 친구에게 던져요. 모래를 던지면 친구 기분이 어떨까요?
>
> 🔲 (싸우다) 친구들이 화를 내요. "내 말이 맞아.", "아니야, 내 말이 맞아."라고 하면서 싸우고 있어요.
>
> 🔲 (양보하다) "네가 먼저 그네를 타." 친구가 먼저 타지 않고 나에게 양보했어요.
>
> 🔲 (사과하다) 사과할 때 어떻게 말할까요? "미안해.", "죄송해요." 이렇게 말해요.
>
> 🔲 (거꾸로 올라가다) 미끄럼틀을 탈 때 계단으로 올라가야 해요. 그런데 계단으로 올라가지 않고 거꾸로 올라가면 안돼요.
>
> 🔲 (부딪히다) 미끄럼틀에서 거꾸로 올라가면 내려오는 친구에게 부딪힐 수 있어요.
>
> 🔲 (낙서하다) 벽에 아무 그림을 그리고 글씨를 써요. 벽에 낙서를 해요.

어휘 지식

모래	자연의 힘으로 잘게 부스러진 돌의 알갱이. ⚫ 지수는 놀이터에서 친구들과 모래놀이를 했다. 손에 모래가 묻었으니까 손을 깨끗하게 씻으세요.
던지다	손에 든 물건을 팔을 움직여 공중으로 내보내다. ⚫ 케빈은 운동장에서 공을 던지면서 놀았다. 지우개를 친구에게 던졌는데 친구가 지우개를 못 받았다.
양보하다	다른 사람을 위해 자리나 물건 등을 내주거나 넘겨주다. ⚫ 버스에서 할머니가 계셔서 자리를 양보했다. 화장실에서 기다릴 때 어린이에게는 차례를 양보한다.
사과하다 [사:과하다]	자신의 잘못을 인정하며 용서해 달라고 빌다. ⚫ 하미는 자신의 잘못을 친구에게 사과했다. 친구가 잘못했다고 사과하면 나는 용서해 줄 마음이 있다.

4 놀이터 예절

> 모래를 던지다
> 싸우다
> 너 먼저 그네를 타.
> 양보하다

> **1.** 놀이터에서 지켜야 하는 예절에 대해 이야기해 봅시다.
> 1) 그림을 보고 가리켜 보세요.

2. 타이선이 놀이터에서 지켜야 하는 예절을 〈보기〉와 같이 쓰고 말해 봅시다.

〈보기〉	친구에게 모래를 던지지 마.	네, 친구에게 모래를 던지지 않을게요.
①	미끄럼틀에서 거꾸로 올라가면 친구에게 부딪혀.	
②	벽에 낙서하는 건 나빠.	
③	친구와 싸우지 마.	
④	혼자만 타지 마. 서로 양보해야 해.	

178

거꾸로	순서, 방향, 위치가 반대로 되게. ⚫ 영어 선생님은 지수의 이름을 수지라고 거꾸로 부르셨다. 미끄럼틀을 계단으로 올라가지 않고 거꾸로 올라가는 아이들이 있다.
부딪히다 [부디치다]	매우 세게 마주 닿게 되다. ⚫ 동생이 집 안을 뛰어다니다가 머리가 식탁에 부딪혔다. 차에 부딪힐 수 있으니까 횡단보도를 건널 때 조심하세요.
낙서하다 [낙써하다]	글이나 그림을 장난으로 아무 데나 함부로 쓰거나 그리다. ⚫ 아이가 벽에 크레파스로 낙서했다. 도서관에서 빌린 책에는 낙서하지 마세요.

3 제시, 연습 – 10분

1) 교사가 〈보기〉의 말을 하면 듣고 약속할 말을 연습한다.

> 🔲 친구에게 모래를 던지지 마. 그러면 선생님에게 이렇게 약속해요. "네, 친구에게 모래를 던지지 않을게요."
>
> 🔲 미끄럼틀에서 거꾸로 올라가면 친구에게 부딪혀.
>
> 🔲 벽에 낙서하는 건 나빠.
>
> 🔲 친구와 싸우지 마.
>
> 🔲 혼자만 타지 마. 서로 양보해야 해.

모래를 던지다, 싸우다,
양보하다, 사과하다,
거꾸로 올라가다,
부딪히다, 낙서하다

-을게요

거꾸로 올라가다

부딪히다

미안해.

사과하다

낙서하다

3. 놀이터에서 지켜야 하는 예절을 읽고 친구들 앞에서 약속해 봅시다.

1) 읽어 보세요.

① 미끄럼틀에서 거꾸로 올라가지 않아요. 계단으로 올라가요.
② 친구에게 모래를 던지지 않아요.
③ 놀이 기구에 낙서하지 않아요.
④ 놀이터에서 친구와 싸우지 않아요.
⑤ 놀이 기구를 혼자만 계속 타지 않아요. 서로 양보해요.

2) 놀이터에서 지킬 예절을 약속해 보세요.

앞으로 놀이 기구를 혼자만 타지 않을게요.
친구에게 양보할게요.

8. 예절 • 179

179

문법 지식

-을게요

· 동사에 붙어 말하는 사람이 미래의 어떤 일을 하겠다는 뜻
  이나 의지를 나타낸다. 또한 약속을 할 때 사용한다.

	조건	형태	예시
①	받침 ○	-을게요	먹을게요, 찾을게요, 찍을게요, 끊을게요, 받을게요, 입을게요
②	받침 ×	-ㄹ게요	갈게요, 살게요, 탈게요, 마실게요
	ㄹ 받침	-ㄹ게요 (어간 'ㄹ' 탈락)	만들게요, 팔게요

⑩ 이번 주말에는 저희가 할머니 댁에 갈게요.
   복도에서 뛰지 않을게요.

1) 놀이터에서 지켜야 하는 예절을 학생들이 돌아가면서
   읽도록 한다.

2) 읽은 후 질문을 통해 내용 확인을 한다.

   선 미끄럼틀에서 어디로 올라가야 해요?

   선 모래 놀이를 할 때 모래를 던져도 돼요?

   선 그네, 미끄럼틀 같은 놀이 기구에 낙서하는 것은 괜찮아요?

   선 놀이터에서 그네를 먼저 타겠다고 싸워요. 놀이터에서 싸
   우지 않아요.

   선 그네, 미끄럼틀, 시소를 혼자만 계속 타도 될까요? 그럼
   어떻게 해야 해요?

3) 〈보기〉처럼 놀이터에서 지킬 약속을 친구들 앞에서 말
   해 보도록 한다.

1) 익힘책 104쪽 1번 문항에서는 그림을 보고 알맞은 표
   현을 찾아 빈칸에 쓰도록 한다.

2) 익힘책 104쪽 2번 문항에서는 글을 읽고 그림을 참고
   해 문맥에 맞는 단어를 찾아 ○표 하도록 한다.

3) 익힘책 105쪽 3번 문항에서는 주어진 동사를 '-을게
   요'와 결합하도록 한다.

4) 익힘책 105쪽 4번 문항에서는 등장인물의 이야기를
   읽고 '-을게요'를 사용해 문장을 완성하도록 한다.

   선 서영이가 요즘에 아침에 늦게 일어나요. 그래서 앞으로
   이렇게 할 거예요.
   (서영이 목소리로) 내일부터 아침에 일찍 일어날게요.

   선 타이선은 무엇을 잘못했어요? 타이선이 뭐라고 했어요?

   선 다니엘이 뭘 잘못했어요?
   다니엘이 뭐라고 했어요?

   선 엠마는 뭘 잘못했어요?
   엠마가 뭐라고 했어요?

5) 배운 어휘와 문법으로 놀이터에서 지켜야 하는 예절을
   말할 수 있는지 확인한다.

   선 놀이터에서 친구와 놀 때 어떻게 해야 해요?

6) 차시 예고를 한다.

· 주요 학습 내용

어휘

멈추다, 차도, 새치기하다, 한 줄로 서다, 손잡이를 잡다,
노약자석, 하차 벨을 누르다

문법 및 표현

-지 말고

· 학습 목표

· '-지 말고'를 사용해 버스 예절을 말할 수 있다.

1 도입 - 2분

1) 그림을 보고 어디인지, 친구들이 어떻게 하고 있는지
질문하며 차시 주제를 안내한다.

🔵 이곳은 어디일까요? 친구들이 줄을 잘 섰어요? 버스 정류
장에서 어떻게 해야 할까요? 버스 안에서는 어떤 예절을
지켜야 할까요?

2 제시, 설명 - 18분

1) 새 어휘가 쓰여 있는 그림을 같이 보며 질문을 통해 어
휘를 학습한다. 교사의 설명을 듣고 학생들이 해당 어
휘를 가리켜 보게 한다.

🔵 (멈추다) 버스가 도착했어요. 버스가 움직이지 않아요. 버
스가 멈췄어요.

🔵 (차도) 차가 다니는 길이에요. 차도에 내려가면 위험해요.

🔵 (새치기하다) 친구들이 모두 줄을 섰어요. 그런데 빨리 타
고 싶어서 한 친구가 다른 친구 사이에 들어와요. 새치기
를 해요.

🔵 (한 줄로 서다) 버스를 탈 때나 화장실에서는 두 줄로 안 서
요. 한 줄로 서요.

🔵 (손잡이를 잡다) 버스를 타면 (그림을 가리키며) 손잡이를 잡
아야 해요. 그냥 서 있으면 넘어져요.

🔵 (노약자석) 할아버지, 할머니, 몸이 아픈 사람이 앉을 수
있는 자리예요.

🔵 (하차 벨을 누르다) 버스에서 내리고 싶으면 벨을 눌러요.
내릴 때 누르는 벨이 하차 벨이에요.

어휘 지식	
멈추다	움직임이나 동작이 그치다. 📝 버스가 멈추기 전에 자리에서 일어나면 위험해요. 지하철이 멈추고 문이 열릴 때 내리세요.
차도	자동차가 다니는 길. 📝 자동차는 차도로 사람은 인도로 다녀야 한다. 차도에 내려가면 위험해요.
새치기하다 [새:치기하다]	차례를 지키지 않고 남의 앞에 끼어들다. 📝 새치기하는 애들 때문에 줄이 짧아지지 않았다. 모두 줄을 서서 기다리는데 새치기하지 마세요.
손잡이 [손자비]	어떤 물건을 손으로 잡기 쉽게 만들어 붙인 부분. 📝 버스를 타면 꼭 손잡이를 잡으세요. 이 스케치북에는 손잡이가 달려 있다.
잡다 [잡따]	손으로 쥐고 놓지 않다. 📝 버스에서 서 있을 때는 손잡이를 꼭 잡아야 해요. 나는 넘어질 것 같아서 옆 친구의 팔을 꽉 잡았다.

5 버스 예절

1. 버스에서 지켜야 하는 예절에 대해 이야기해 봅시다.

1) 그림을 보고 가리켜 보세요.

멈추다 / 차도 / 새치기하다 / 한 줄로 서다

 손잡이를 잡다

 노약자석

 하차 벨을 누르다

| 노약자석
[노:약짜석] | 버스나 지하철 등의 공공장소에서 늙거나 약한 사람을 위
해 마련한 좌석.
📝 노인이 버스에 타자 노약자석에 앉아 있던 학생이 자리
를 양보했다.
몸이 불편한 사람은 노약자석에 앉아도 돼요. |
|---|---|
| 하차 벨 | 버스에서 내릴 때 누르는 벨.
📝 버스에서 내리기 전에 꼭 하차 벨을 눌러요.
죄송하지만 하차 벨 좀 눌러 주세요. |
| 누르다
[누:르다] | 물체의 전체나 부분에 대하여 위에서 아래로 힘을 주어 무
게를 가하다.
📝 지수는 집에 들어가서 스위치를 눌러 불을 켰다.
제가 엘리베이터 버튼을 눌러 드릴게요. 몇 층에 가세
요? |

2) 버스 예절 안내문을 학생들이 돌아가면서 읽도록 한다.

3) 읽은 후 질문을 통해 내용 확인을 한다.

🔵 버스가 멈추기 전에 움직이면 될까요?

🔵 버스가 왔을 때 차도에 내려가지 않아요. 위험해요.

🔵 버스를 기다릴 때 줄을 서야 해요. 새치기하지 않아요.
차례를 지켜야 해요.

🔵 버스가 도착하면 앞문으로 타요? 뒷문으로 타요? 뒷문으
로 타지 말고 앞문으로 타세요.

멈추다, 차도, 새치기하다,
한 줄로 서다, 손잡이를 잡다,
노약자석, 하차 벨을 누르다

-지 말고

2) 버스 예절 안내문입니다. 읽어 보세요.

① 버스가 멈출 때까지 기다려요.
② 차도에 내려가지 않아요.
③ 새치기하지 말고 차례를 지키세요.
④ 뒷문으로 타지 말고 앞문으로 타세요.
⑤ 그냥 서 있지 말고 손잡이를 꼭 잡으세요.
⑥ 버스가 움직일 때 자리에서 일어나지 말고 버스가 멈추면 일어나세요.

2. 그림을 보고 알맞은 말을 〈보기〉와 같이 써 봅시다.

〈보기〉
앞사람을 밀지 말고 한 줄로 서세요.

① 새치기를 _____
차례를 지키세요.

② 뒷문으로 _____
앞문으로 타세요.

③ 그냥 _____
손잡이를 잡으세요.

3. 버스 예절 중에서 무엇을 잘 지키고 있어요? 이야기해 봅시다.

8. 예절 • 181

181

[교] 버스를 타면 손잡이를 잡으세요. 손잡이를 안 잡으면 넘어져요.

[교] 버스에서 내릴 때 언제 일어나요? 버스가 움직일 때 일어나지 말고 버스가 멈추면 그때 일어나세요.

문법 지식

-지 말고

· 동사에 붙어 어떤 행위를 금지하는 표현이다. 뒤 문장에는 명령형 '-으십시오/십시오, -어라/아라/여라', 청유형 '-읍시다/ㅂ시다, -자'가 오는 경우가 많다.

조건	형태	예시
받침 ○	-지 말고	먹지 말고, 읽지 말고, 살지 말고, 만들지 말고
받침 ×	-지 말고	가지 말고, 다니지 말고

❻ 내일 국어책은 가져오지 말고 국어 활동 책만 가지고 오세요.
교실에서 떠들지 말고 조용히 하자.

---

1) 그림 속 상황을 보고 '-지 말고'를 사용해 내용을 완성하도록 한다.

[교] 친구가 줄을 안 서요. 새치기를 해요. 새치기를 하지 말고 차례를 지키세요.

[교] 버스가 도착했는데 뒷문으로 타면 될까요? 뒷문으로 타지 말고 앞문으로 타세요.

[교] 버스를 타서 그냥 서 있지 마세요. 넘어질 수 있어요. 그냥 서 있지 말고 손잡이를 잡으세요.

1) 버스를 탔을 때 어떤 예절을 잘 지켰는지 이야기하도록 한다.

1) 익힘책 106쪽 1번 문항에서는 그림을 보고 알맞은 표현을 찾아 빈칸에 쓰도록 한다.

2) 익힘책 106쪽 2번 문항에서는 문장을 읽고 그림을 참고해 알맞은 단어를 찾아 ○표 하도록 한다.

3) 익힘책 107쪽 3번 문항에서는 어울리는 두 문장을 찾아 '-지 말고'를 사용해 한 문장으로 만들어 써 보도록 한다.

4) 익힘책 107쪽 4번 문항에서는 교재를 참고해 버스를 탈 때 지켜야 하는 예절을 쓰도록 한다.

[교] 버스가 오고 있어요. 차도에 내려가지 마세요. 그럼 어떻게 해요?

[교] 버스를 탈 때 새치기하지 마세요. 차례를 지키세요.

[교] 버스를 탈 때 뒷문으로 타지 마세요. 앞문으로 타세요.

5) 배운 어휘와 표현으로 버스 예절을 말해 보도록 한다.

[교] 버스를 기다리거나 탈 때 어떻게 해야 할까요?

6) 차시 예고를 한다.

8단원 예절 • 151

- 주요 학습 내용

> 어휘
> 돌아다니다, 의자에 올라가다, 음식을 쏟다,
> 뜨거운 음식을 만지다, 코를 풀다

- 학습 목표
- 음식점 예절 표현을 익혀 음식점에서 지켜야 하는 예절을 말할 수 있다.

1 도입 - 2분

1) 그림을 보고 음식점에서 어떤 예절을 지켜야 하는지 질문하며 차시 주제를 안내한다.

2 제시, 설명 - 15분

1) 교사의 설명을 듣고 〈보기〉에서 맞는 단어를 찾아 빈칸에 쓰도록 한다.

- 🔵 (돌아다니다) 유키가 음식점에서 여기저기 다녀요. 여기저기 돌아다녀요.
- 🔵 (의자에 올라가다) 의자에 앉아 있지 않아요. 의자 위에 올라가요.
- 🔵 (음식을 쏟다) 그릇이 미끄러워요. 음식을 쏟았어요. 쏟지 않게 조심해야 해요.
- 🔵 (뜨거운 음식을 만지다) 음식이 처음 나올 때 뜨거워요. 뜨거운 음식이 나오면 조심해야 해요.
- 🔵 (코를 풀다) 음식을 먹을 때 (코를 푸는 행동과 함께) '흥' 하고 코를 풀어요. 한국에서는 식사를 할 때 코를 푸는 것은 예의가 없는 행동이에요.

어휘 지식	
돌아다니다 [도라다니다]	여기저기를 두루 다니다. 📕 친구들과 수업 끝나고 동네 여기저기를 돌아다녔다. 밤늦게까지 돌아다니지 말고 일찍 집에 들어와.
올라가다	아래에서 위로, 낮은 곳에서 높은 곳으로 가다. 📕 산 위에 올라가니까 멀리까지 잘 보였다. 거기는 위험하니까 올라가지 마.
쏟다 [쏟따]	그릇 등에 담겨 있는 액체나 물질이 밖으로 나오게 하다. 📕 서정이는 바닥에 물을 쏟았다. 음식을 쏟지 않게 잘 들고 가.
코를 풀다	콧속에 있는 콧물을 숨을 세게 내쉬어 밖으로 나오게 하다. 📕 밥상 앞에서 코를 푸는 것은 예의가 없는 행동이다. 서영이가 감기에 걸려서 계속 코를 풀고 있다.

---

6 음식점 예절

1. 음식점에서 식사할 때 지켜야 하는 예절에 대해 이야기해 봅시다.

1) 그림을 보고 〈보기〉에서 골라 써 보세요.

> 〈보기〉   돌아다니다   의자에 올라가다   음식을 쏟다
> 뜨거운 음식을 만지다   코를 풀다

앗, 뜨거워!

---

3 연습 - 15분

1) 그림을 보고 질문한다.

- 🔵 유키가 음식점에서 어떻게 하고 있어요?

2) 교사가 그림의 부모님의 말을 하면 학생들은 이에 알맞은 대답을 찾아 이야기하게 한다.

- 🔵 유키 어머니께서 말해요. "유키, 돌아다니지 말고 자리에 앉는 게 어때?" 그러면 유키는 어떻게 대답할까요?
- 🔵 타이선 아버지께서 말해요. "타이선, 음식을 쏟지 말고 조심해서 먹어." 그러면 타이선은 어떻게 대답할까요?
- 🔵 다니엘 아버지께서 말해요. "다니엘, 뜨거운 음식을 만지지 마." 그러면 다니엘은 어떻게 대답할까요?
- 🔵 엠마 어머니께서 말해요. "엠마, 신발을 신고 의자 위에 올라가면 안 돼." 그러면 엠마는 어떻게 대답할까요?

돌아다니다, 의자에
올라가다, 음식을 쏟다,
뜨거운 음식을 만지다,
코를 풀다

2. 부모님의 말씀에 알맞은 대답을 〈보기〉에서 찾아봅시다.

〈보기〉 뜨거운 음식을 만지지 않을게요.　음식을 쏟지 않을게요.
의자 위에 올라가지 않을게요.　　돌아다니지 않을게요.

① 유키, 돌아다니지 말고 자리에 앉는 게 어때?

② 타이선, 음식을 쏟지 말고 조심해서 먹어.

③ 다니엘, 뜨거운 음식을 만지지 마.

④ 엠마, 신발을 신고 의자 위에 올라가면 안 돼.

3. 음식점에서 지켜야 하는 예절이 더 있나요? 친구들과 같이 이야기해 봅시다.

🔴 엄마가 장위에게 무슨 말을 했을까요?

4) 배운 표현으로 음식점에서 지켜야 하는 예절을 말할 수 있는지 확인한다.

🔴 부모님과 음식점에 가서는 어떻게 해야 해요?

5) 차시 예고를 한다

● 메모

---

4 적용 - 5분

1) 음식점에서 지켜야 하는 예절이 더 있는지 물어보고 이야기하도록 한다.

🔴 음식점에서 큰 소리로 떠들어도 돼요?

🔴 음식점에서 지켜야 하는 예절이 더 있어요?

5 정리 - 3분

1) 익힘책 108쪽 1번 문항에서는 그림을 보고 알맞은 표현을 찾아 빈칸에 쓰도록 한다.

2) 익힘책 108쪽 2번 문항에서는 글을 읽고 음식점에서 지켜야 하는 예절을 찾아 ○표 하도록 한다.

3) 익힘책 109쪽 3번 문항에서는 글을 읽고 맞는 단어나 표현을 글에서 찾아 빈칸에 쓰도록 한다.

🔴 장위는 가족들과 같이 어디에 갔어요?

🔴 음식점에서 뭘 먹었어요?

🔴 왜 뜨거운 찌개 그릇을 만졌어요?

7 학교 아침 방송 듣기

1. 선생님의 말씀을 들어 봅시다. 🔊45

1) 선생님이 이야기한 예절을 잘 지킨 친구에게 ○표 해 보세요.

2) 다시 듣고 빈칸에 알맞은 말을 써 보세요.

안녕하세요. 나래초등학교 학생 여러분.

오늘은 버스를 탈 때 지켜야 하는 ①_____ 에 대해 이야기할게요.
먼저 버스가 도착하기 전에 차도에 ②_____ 지 마세요.
차에 부딪힐 수 있어요.
그리고 한 줄로 서서 ③_____ 해요. 새치기하면 안 돼요.
그리고 버스에서는 꼭 ④_____ 을/를 잡아야 해요.
그렇지 않으면 버스가 갑자기 멈출 때 넘어질 수 있어요.
우리 모두 버스 예절을 잘 지키는 나래초등학교 학생이 됩시다.

2. 친구들의 행동을 보고 물음에 답해 봅시다.

1) 친구들이 어떤 예절을 잘 지키지 않았는지 말해 보세요.

① 장위   ② 빈센트

③ 오딜   ④ 다니엘

2) 친구들에게 어떤 말을 해 주어야 할지 쓰고 말해 봅시다.

〈보기〉
① 장위, 할아버지께서 식사를 시작하신 후에 먹어야 해.

③ 오딜, _____

② 빈센트, _____

④ 다니엘, _____

7차시 학교 아침 방송 듣기

· **주요 학습 내용**

과제 1
학교 아침 방송 듣고 이해하기
과제 2
바른 공공 예절 알려 주기

· **학습 목표**
· 아침 방송을 듣고 이해할 수 있다.

1 도입 - 3분

1) 아침 방송에서 어떤 내용이 나오는지 질문하며 차시 안내를 한다.

2 과제1 - 17분

1) 교사는 듣기 자료를 듣기 전에 그림을 보며 같이 이야기한다.

🔵 친구들이 차도에 내려갔어요? 줄을 잘 서 있어요?

🔵 버스를 타고 갈 때 손잡이를 잘 잡은 친구는 누구예요?

2) 듣기 자료를 듣고 예절을 잘 지킨 친구에게 ○표 하도록 한다.

3) 다시 듣고 2)의 빈칸에 알맞은 말을 쓰도록 한다.

듣기 자료 🔊 45

안녕하세요. 나래초등학교 학생 여러분.
오늘은 버스를 탈 때 지켜야 하는 예절에 대해 이야기할게요.
먼저 버스가 도착하기 전에 차도에 내려가지 마세요.
차에 부딪힐 수 있어요. 그리고 버스를 탈 때 한 줄로 서서 차례를 지켜야 해요. 새치기하면 안 돼요. 그리고 버스에서는 꼭 손잡이를 잡아야 해요. 그렇지 않으면 버스가 갑자기 멈출 때 넘어질 수 있어요.
우리 모두 버스 예절을 잘 지키는 나래초등학교 학생이 됩시다.

3 과제 2 - 18분

1) 친구들이 어떤 예절을 지키지 않았는지 질문한다.

🔵 장위가 누구와 같이 밥을 먹어요? 할아버지께서 먼저 드세요? 장위가 먼저 먹어요?

🔵 빈센트가 어디에 그림을 그려요? 벽에 낙서해도 돼요?

🔵 오딜이 다른 사람과 밥을 먹을 때 어떤 행동을 했어요?

🔵 다니엘은 버스 안에서 손잡이를 잡고 있어요?

2) 예절을 지키지 않은 친구에게 어떤 말을 할지 짝과 함께 이야기해 보도록 한다.

※ 유의점: 한 명은 바른 예절을 알려 주는 역할을, 다른 한 명은 예절을 지키겠다는 다짐을 하는 역할을 할 수도 있다.

4 정리 - 2분

1) 아침 방송을 이해하고 올바른 예절을 말할 수 있는지 확인한다.

2) 차시 예고를 한다.

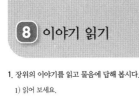

8 이야기 읽기

1. 장위의 이야기를 읽고 물음에 답해 봅시다.

1) 읽어 보세요.

지난주 토요일 저녁에 가족과 같이 음식점에 갔어요.
저는 음식점에 들어가서 조용히 자리에 앉았어요.
그런데 옆자리의 아이는 이리저리 돌아다녔어요.
뜨거운 음식 때문에 위험해 보였어요.
다른 아이는 신발을 신고 의자 위에 올라갔어요.
아이의 엄마는 아이들에게 이렇게 말했어요.

"   "

엄마의 말을 듣고 아이들은 조용해졌어요.
예절을 지키지 않는 사람들 때문에 저는 기분이 조금 나빴어요.
공공장소에서 모두 예절을 잘 지켰으면 좋겠어요.

2) 장위는 음식점에 가서 어떻게 했어요?

3) 옆자리 아이들은 음식점에서 어떻게 했어요?

4) 엄마는 아이들에게 무슨 말을 했을까요?

2. 질서나 예절을 지키지 않는 사람 때문에 기분이 나쁜 적이 있었나요?
친구들처럼 이야기해 봅시다.

질서나 예절을 지키지 않는 친구 때문에 기분이 나쁜 적이 있었나요?

놀이터에서 놀 때 친구가 혼자만 계속 그네를 타서 기분이 나빴어요.

버스 탈 때 뒷사람이 줄을 안 서고 새치기를 해서 기분이 나빴어요.

_____ 기분이 나빴어요.

나

186 • 의사소통 한국어 2

8. 예절 • 187

186

187

8차시 이야기 읽기

- **주요 학습 내용**

과제 1
음식점 예절 읽기

과제 2
예절을 지키지 않아 불편했던 점 말하기

- **학습 목표**
- 공공 예절을 지키지 않아 불편했던 점을 말할 수 있다.

1

1) 공공장소에서 질서나 예절을 잘 안 지키는 사람이 있는지 물어보며 차시 안내를 한다.

🔵 공공장소에서 질서나 예절을 잘 안 지키는 사람이 있었어요? 그때 기분이 어땠어요?

2

1) 교사가 장위의 이야기를 읽는다.

2) 학생들이 한 문장씩 돌아가며 읽도록 한다.

3) 질문을 통해 내용을 확인한다.

🔵 언제 음식점에 갔어요? 누구와 같이 음식점에 갔어요?
🔵 장위는 음식점에 들어가서 어떻게 했어요?

🔵 옆 친구들은 어떤 행동을 했어요?
🔵 아이들의 엄마가 어떻게 말했을까요?
🔵 아이들은 엄마의 말을 잘 들었어요?
🔵 예절을 안 지킨 친구들 때문에 장위는 기분이 어땠어요?

4) 질문을 통해 내용을 이해했는지 2번 문항을 읽고 답을 말하도록 한다.

3 과제2 - 187쪽

1) 공공질서를 지키지 않아서 타이선과 엠마가 기분 나빴던 경험을 읽어 본다.

🔵 타이선은 왜 기분이 나빴어요?
🔵 엠마가 버스를 탈 때 뒷사람이 어떻게 했어요?

2) 실제로 학생들이 이런 경험이 있었는지 질문한다.

🔵 어디에 갔어요? 다른 사람들이 어떤 행동을 했어요? 기분이 어땠어요?

4 정리 - 2분

1) 공공질서를 지키지 않는 사람들 때문에 기분 나빴던 경험을 말할 수 있는지 확인한다.

2) 차시 예고를 한다.

8단원 예절 • 155

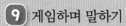

9 게임하며 말하기

1. 그림을 보고 대답해 봅시다.

안녕하세요.
타이선

준서

오딜

다니엘

잘 먹겠습니다.
유키

장위

1) 예절을 잘 지킨 친구는 누구예요? 무엇을 잘했어요?

2) 예절을 안 지킨 친구는 누구예요? 어떻게 하면 좋을까요?

2. '내가 예절왕' 빙고 놀이를 해 봅시다. [붙임 딱지]

〈놀이 방법〉
① 빙고판에 9개의 붙임 딱지를 붙여 보세요.
② 자신이 붙인 붙임 딱지 속 친구들이 어떤 예절을 지켰는지, 어떤 예절을 안 지켰는지 하나씩 말해 보세요.
③ 친구들의 이야기를 듣고 가로, 세로, 대각선 모두 완성한 사람은 '내가 예절왕'이라고 크게 외치세요.

[붙임 딱지]	[붙임 딱지]	[붙임 딱지]
[붙임 딱지]	[붙임 딱지]	[붙임 딱지]
[붙임 딱지]	[붙임 딱지]	[붙임 딱지]

9차시 게임하며 말하기

• 주요 학습 내용

> 과제 1
> 예절을 잘 지킨 친구 찾기
> 과제 2
> '내가 예절왕' 빙고 놀이
> 준비물
> 붙임 딱지

• 학습 목표

• 게임을 통해 공공장소에서의 예절이나 질서를 알고 말할 수 있다.

1 도입 - 2분

1) 공공장소는 어디인지, 그곳에서 어떤 예절을 지켜야 하는지 질문하며 차시 안내를 한다.

2 과제 1 - 15분

1) 그림 속 인물이 어디에 있는지, 그곳에서 무엇을 하고 있는지 질문한다.

🗣 타이선이 어디에 갔어요? 누구에게 인사해요?

🗣 준서는 어디에 있어요? 미끄럼틀에 무엇을 하고 있어요?

🗣 오딜은 지금 어디에 있어요? 버스에서 무엇을 듣고 있어요? 조용히 했어요? 시끄럽게 했어요?

🗣 다니엘은 어디에 있어요? 음식점에서 어떻게 하고 있어요?

🗣 유키는 밥 먹기 전에 어떻게 해요?

🗣 장위는 화장실에서 줄을 잘 섰어요?

2) 예절을 잘 지킨 친구는 누구인지 질문한다.

3) 예절을 잘 지키지 않은 친구는 누구인지 이야기하고 어떻게 해야 하는지 말해 보게 한다.

3 과제 2 - 20분

1) 12개의 붙임 딱지 중 9개를 골라 빙고판에 붙여 보게 한다.

2) 자신이 고른 붙임 딱지 속 친구들이 어떤 예절을 지켰는지 어떤 예절은 안 지켰는지 한 사람씩 돌아가며 말하게 한다.

3) 친구들의 이야기를 듣고 가로, 세로, 대각선이 모두 완성되면 "내가 예절왕!"이라고 크게 외치게 한다.

> ※ 유의점: 빙고 게임을 통해 공공장소에서의 예절을 말하는 연습을 하는 활동이다. 예절을 지키지 않는 경우 교사가 "그럼 이 친구는 어떻게 해야 할까요?"라는 질문을 통해 바른 예절을 말하도록 지도한다.

4 정리 - 3분

1) 공공장소에서 지켜야 하는 바른 예절을 말할 수 있는지 확인한다.

2) 차시 예고를 한다.

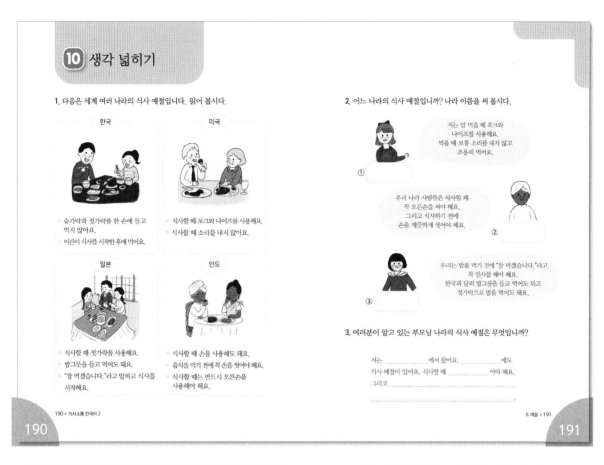

10차시 생각 넓히기

• 주요 학습 내용

> 과제 1
> 세계 여러 나라의 식사 예절 읽기
>
> 과제 2
> 부모님 나라의 식사 예절 말하기

• 학습 목표

• 세계 여러 나라의 식사 예절을 알고 부모님 나라의 식사 예절을 말할 수 있다.

1 도입 – 2분

1) 나라마다 식사할 때 예절이 다르다고 알려 주며 차시 안내를 한다.

> 🔊 한국에서는 밥 먹을 때 할아버지, 할머니가 먼저 드세요. 다른 나라에서는 어떻게 할까요?

2 과제 1 – 15분

1) 세계 여러 나라의 식사 예절을 읽어 보도록 한다.

2) 교사의 질문을 통해 내용을 확인한다.

> 🔊 어느 나라예요? 한국에서 밥을 먹을 때 무엇으로 먹어요? 숟가락과 젓가락으로 먹을 때 (행동을 하며) 한 손에 모두 들고 먹을까요? 어른들보다 먼저 먹어도 될까요?
>
> 🔊 어느 나라예요? 미국에서 식사할 때 무엇으로 먹어요?

음식을 먹을 때 '쩝쩝' 소리를 내도 괜찮아요?

> 🔊 어느 나라예요? 일본에서 밥을 먹을 때 젓가락으로 먹어요. 한국에서는 밥그릇을 들고 먹지 않아요. 일본에서는 밥그릇을 들고 먹어도 괜찮아요? 식사하기 전에 어떻게 인사할까요?
>
> 🔊 어느 나라예요? 인도에서는 식사할 때 손으로 먹어도 돼요. 그렇지만 왼손으로 먹지 않아요. 밥 먹기 전에 꼭 무엇을 해야 할까요?

3 과제 2 – 10분

1) 2번 문제에서 각 나라의 식사 예절을 학생이 읽어 보도록 한다.

2) 어느 나라의 예절인지 학생들이 이야기하도록 한다.

4 과제 3 – 10분

1) 학생들에게 부모님 나라, 또는 자신이 살았던 나라의 식사 예절을 알고 있는지 물어보고 쓰고 말하게 한다.

> 🔊 어느 나라에서 왔어요? 그 나라에서는 식사할 때 어떻게 해야 해요?

5 정리 – 3분

1) 세계 여러 나라의 다른 식사 예절을 말할 수 있는지 확인한다.

2) 대단원을 정리한다.

● 메모

기획·담당 연구원 ——

정혜선 국립국어원 학예연구사
이승지 국립국어원 연구원
박지수 국립국어원 연구원

집필진 ——

책임 집필
이병규 서울교육대학교 국어교육과 교수

공동 집필
박지순 연세대학교 글로벌인재학부 교수
손희연 서울교육대학교 국어교육과 교수
안찬원 서울창도초등학교 교사
오경숙 서강대학교 전인교육원 교수
이효정 국민대학교 교양대학 교수
김세현 서울명신초등학교 교사
김정은 서울가원초등학교 교사
박유현 연세대학교 언어연구교육원 한국어학당 강사
박지현 연세대학교 언어연구교육원 한국어학당 강사
박창균 대구교육대학교 국어교육과 교수

박혜연 서울교대부설초등학교 교사
박효훈 서울원명초등학교 교사
신윤정 서울도림초등학교 교사
신현진 서울강동초등학교 교사
이은경 세종사이버대학교 한국어학과 교수
이현진 서울천일초등학교 교사
조인옥 연세대학교 언어연구교육원 한국어학당 교수
최근애 서울사근초등학교 교사
강수연 서울구로중학교 다문화이중언어 교원

초등학생을 위한
표준 한국어 교사용 지도서
고학년 의사소통 2

ⓒ 국립국어원 기획 ㅣ 이병규 외 집필

초판 1쇄 발행 ㅣ 2020년 3월 20일
초판 2쇄 발행 ㅣ 2024년 9월 12일

기획 ㅣ 국립국어원
지은이 ㅣ 이병규 외
발행인 ㅣ 정은영
책임 편집 ㅣ 한미경
디자인 ㅣ 디자인붐, 박현정, 이경진, 정혜미
일러스트 ㅣ 우민혜, 민효인, 김채원, 고굼씨

펴낸 곳 ㅣ 마리북스
출판 등록 ㅣ 제2019-000292호
주소 ㅣ (04037) 서울특별시 마포구 양화로 59 화승리버스텔 503호
전화 ㅣ 02)336-0729   팩스 ㅣ 070)7610-2870
이메일 ㅣ mari@maribooks.com
인쇄 ㅣ (주)신우인쇄

ISBN 979-11-89943-36-3 (64710)
       979-11-89943-30-1 (set)

＊이 책은 마리북스가 저작권사와의 계약에 따라 발행한 것이므로
   본사의 허락 없이는 어떠한 형태나 수단으로도 이용하지 못합니다.
＊잘못된 책은 바꿔 드립니다.
＊가격은 뒤표지에 있습니다.